伝統高校100〔西日本篇〕

目　次――伝統高校100〔西日本篇〕

2章　関西の伝統高校　25校

3章　北陸の伝統高校　8校

4章 中国の伝統高校 19校

目次――伝統高校100〈東日本篇〉

木更津高校（千葉県立・木更津市）
東葛飾高校（千葉県立・柏市）
市川高校（私立・千葉県市川市）
土浦第一高校（茨城県立・土浦市）
下妻第一高校（茨城県立・下妻市）
竜ヶ崎第一高校（茨城県立・龍ケ崎市）
宇都宮女子高校（栃木県立・宇都宮市）
栃木高校（栃木県立・栃木市）
足利高校（栃木県立・足利市）
太田高校（群馬県立・太田市）
桐生高校（群馬県立・桐生市）

3章　北海道の伝統高校 7校
札幌北高校（北海道立・札幌市北区）
旭川東高校（北海道立・旭川市）
札幌西高校（北海道立・札幌市中央区）
室蘭栄高校（北海道立・室蘭市）
帯広柏葉高校（北海道立・帯広市）
北海高校（私立・札幌市豊平区）
函館ラ・サール高校（私立・函館市）

4章　東北の伝統高校 9校
八戸高校（青森県立・八戸市）
横手高校（秋田県立・横手市）
角館高校（秋田県立・仙北市）
一関第一高校（岩手県立・一関市）
石巻高校（宮城県立・石巻市）
宮城第一高校（宮城県立・仙台市青葉区）
米沢興譲館高校（山形県立・米沢市）
会津高校（福島県立・会津若松市）
磐城高校（福島県立・いわき市）

5章　甲信越の伝統高校 9校
日川高校（山梨県立・山梨市）
韮崎高校（山梨県立・韮崎市）
上田高校（長野県立・上田市）
諏訪清陵高校（長野県立・諏訪市）
野沢北高校（長野県立・佐久市）
飯田高校（長野県立・飯田市）
高田高校（新潟県立・上越市）
佐渡高校（新潟県立・佐渡市）
新潟明訓高校（私立・新潟県新潟市江南区）

6章　東海の伝統高校 13校
明和高校（愛知県立・名古屋市東区）
時習館高校（愛知県立・豊橋市）
瑞陵高校（愛知県立・名古屋市瑞穂区）
刈谷高校（愛知県立・刈谷市）
掛川西高校（静岡県立・掛川市）
浜松西高校（静岡県立・浜松市中区）
四日市高校（三重県立・四日市市）
上野高校（三重県立・伊賀市）
宇治山田高校（三重県立・伊勢市）
伊勢高校（三重県立・伊勢市）
大垣北高校（岐阜県立・大垣市）
加納高校（岐阜県立・岐阜市）
加茂高校（岐阜県立・美濃加茂市）

序章

逸材輩出のゆりかごとなった伝統高校

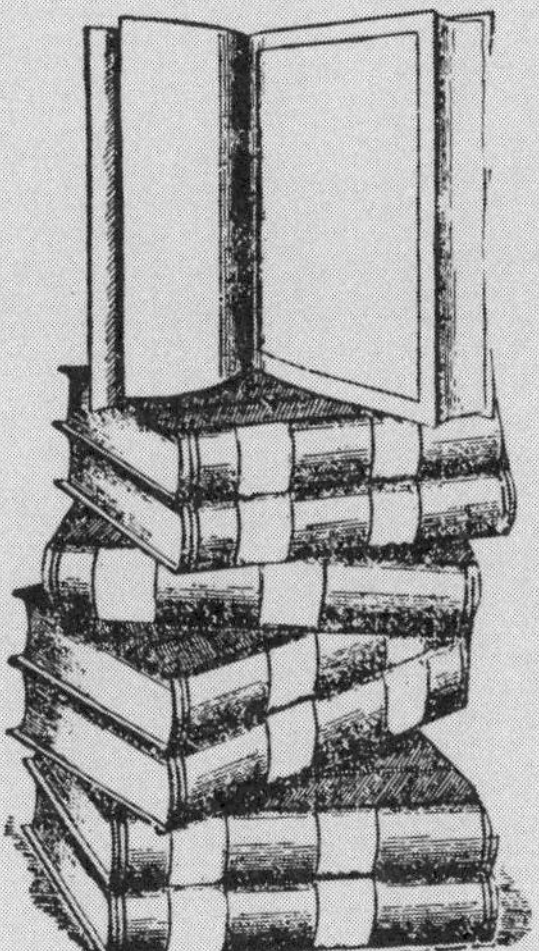

日本経済は、平成時代に世界から取り残された。「失われた30年」とか、「失敗の30年」と酷評されている。スイスの有力ビジネススクールが発表した国際競争力ランキングでは、日本は30位に落ち込んでしまった。「世界3位の経済大国」などとは、もはや言えなくなってきた。

だが、科学や科学者に対する評価は、そうではない。欧米先進国に伍して、高い評価を受けている。ノーベル賞受賞者が次々と誕生していることが例証している。

京都大特別教授の本庶佑（山口県立宇部高校―京都大卒）が２０１８年に、ノーベル医学生理学賞を受賞した。続いて19年には、旭化成名誉フェローの吉野彰（大阪府立北野高校―京都大卒）が化学賞を受賞した。

吉野彰

これで日本人のノーベル賞受賞者は累計で27人（米国籍の２人を含む）となった。数学のノーベル賞といわれるフィールズ賞の受賞者は３人だ。そのリストを20頁に掲げる。

昭和時代のノーベル賞受賞者は７人。平成時代（１９８９年～２０１９年４月）には19人を数える。それと令和に入ってすぐに１人。英教育誌の調べでは、これは米国、英国に次いで世界の第3位にランクされる。

フィールズ賞を含め、この計30人の受賞者の出身大学について、よく話題になる。「自然科学系の受賞者は、京都大出身者が多い」とか、「文学賞は東京大出身者しかいない」「村上春樹が私立大出身者（早稲田大卒）として初めて受賞するのではないか」などと、クイズ番組などでもしばしばとりあげられる。

出身大学ではなく、ノーベル賞、フィールズ賞受賞者の出身高校について興味を抱いた人はいるだろうか。

筆者は18年夏までの7年余、全国の名門高校・伝統高校をくまなく訪問し、週刊エコノミスト誌（毎日新聞出版）に「名門高校の校風と人脈」というタイトルで３００回にわたり連載を続けた。

その過程で「おやっ」という現象に気がついた。それは、「ノーベル賞やフィールズ賞の受賞者は、地方の高校出身者ばかりだ」という事実だ。

正確には、ノーベル賞については東京の高校出身者が1人だけいる。医学生理学賞を受賞した利根川進が、東京都立日比谷高校卒だ。あとの26人の出身高校は、東京以外にあるのだ。利根川が受賞したのは昭和62（1987）年だったから、平成時代以降に限っていうと都内の高校出身者でノーベル賞を受賞した者はゼロということになる。

全国の中でも東京都内には、名門高校、伝統校、進学校がひしめいている。国立、都区立、私立で、大学受験に有利な6年制中高一貫の学校がいっぱいある。東大の19年度入学試験（19年4月入学）での合格者をみると、約37％が都内にある高校の卒業生だ。

東大出身者でノーベル賞を受賞した者は、27人中8人いる。だが、8人はすべて都内以外の高校を卒業しているのだ。前述の利根川は、東大卒ではない。日比谷高校から京大に進学している。

「数学のノーベル賞」と言われるフィールズ賞を見てみよう。日本人の受賞者3人の出身高校はというと、小平邦彦は旧制東京府立第五中学(現都立小石川中等教育学校)を卒業しているものの、旧制長野県立松本中学(現松本深志高校）から転校した。広中平祐は山口県立柳井高校卒、森重文は私立東海高校卒（名古屋市）だ。小平は東大卒、広中、森は京大卒だ。

「都内の高校出身者で東大卒」という経歴で、科学者になった者は、もちろんたくさんいる。しかし、「そこそこ」の科学者にはなるが、未知の分野をブレークスルー（突破）する世界的な研究者は育たない。

どういうわけなのだろうか。それは、偶然・たまたまの現象なのだろうか。

15年に医学生理学賞を受賞した大村智（山梨県立韮崎高校―山梨大卒）は「科学教育において、私が最も重要だと思うのは小さい頃から自然に触れることです」（文藝春秋18年3月号）と強調している。同様のことは、前述の本庶佑も述べている。

都内の高校卒業生は、自然に触れる機会は乏しい。中高一貫校に入るために、小学校高学年から塾通いをしている。それが可能なのは、比較的、恵まれた家庭に育った者が多いということだ。東大に入っても首都圏の自宅から通うことになる。高校時代までと環境が変わらないため、東大合格を「ゴール」と勘違いし、「燃え尽きた学生」「冷めた学生」になりやすい。秀才だが没個性的で、突破力に乏しい。官僚とか大企業経営者などにはむしろ好ましいタイプだろうが、科学者としては「そこそこ」の殻に留まってしまうのだ——そう、判断して構わないだろう。

地方育ちの生徒は、自然に触れる機会はたくさんある。受験勉強で痛めつけられてない分、大学に進学したあとも素直に伸びる。もちろんそうでない学生もいっぱいいるが……。地方育ちの学生は「伸びしろ」がある、ということだ。

都内の高校出身者はノーベル賞やフィールズ賞を取れない、という事実を裏返せば、地方の高校出身者が世界的な科学者の供給源になっている、ということになる。

しかも、「地方の高校」は、必ずしも県庁所在地にあるわけではない。この数年のノーベル賞受賞者の出身高校を見ていただきたい。山口県立宇部高校（本庶佑）、埼玉県立川越高校（梶田隆章）、山梨県立韮崎高校（大村智）、愛媛県立大洲高校（中村修二）、静岡県立浜松西高校（天野浩）など、いわゆる「田舎の高校」出身者が多数いるのだ。

江戸時代には約280の藩があり、領主の居城を中心とした城下町が開けていた。廃藩置県で城や陣屋は壊されたが、明治から大正にかけ各地の城下町には旧制中学が創設された。旧制中学は戦後に新制高校に衣替えされたが、旧制中学を前身とする全国各地の新制高校は100年以上の伝統を誇っているケースがほとんどだ。国内の大学で100年以上の校歴があるところは、数十しかないことと、対照的だ。

前述の「田舎の高校」は、誇るべき伝統がある。なかには藩校をルーツとする学校もある。

要するに、伝統高校・名門高校は、東京や大阪の大都市だけではなく日本の全国各地の中小都市に存在するということだ。どの都道府県でも、伝統高校の数校をピックアップすることは、たやすくできる――先進諸国でこんなことを言えるのは、日本だけかもしれない。日本は、経済は東京に一極集中だが、伝統高校が各地に散在しているのだ。

ノーベル賞受賞者だけに、スポットを当てるわけではない。文化、学術、政官、経済、スポーツ、エンタメなど様々な分野で、各地の伝統高校は時代をリードする個性ある卒業生を輩出してきた。逸材輩出のゆりかごとなった、とも言えるのだ。

いくつかの例を挙げてみよう。

本庶が卒業した宇部高校。映画監督の山田洋次、「ユニクロ」を経営するファーストリテイリング会長兼社長の柳井正も宇部高校の卒業生だ。

梶田が卒業した川越高校では、フリージャーナリストの安田純平が後輩だ。安田は、内戦下のシリアで武装勢力に拘束されたものの18年10月に3年5ヵ月ぶりに解放され帰国した。

大村が卒業した韮崎高校では、サッカー選手だった中田英寿が後輩だ。

天野が卒業した浜松西高校については、「フジヤマのトビウオ」と言われた水泳選手・古橋広之進が前身の旧制浜松第二中学の出身だ。

警察庁長官というポストを浜松西高校の卒業生が2代続けて占めた、という珍しい事例もある。城内康光とその3年次後輩の国松孝次だ。国松は、長官在任中の1995年に何者かに狙撃され一時、危篤状態になった。回復後にスイス大使などを務めた。

筆者は長年「高校オタク」を続けてきた。名刺交換をすれば必ず相手の出身高校を聞いた。メディアに登場する人物については、片っ端から出身高校について調べてきた。全国の伝統高校も約350校を訪問し、校長や同窓会幹部に会い取材してきた。

「大学より出身高校」という考えに、筆者は凝り固まっている。

出身の大学名を聞いても、その人物の郷里や、どんな高校時代を送ったのかはわからない。それに、社会人の半分以上は「大学卒」ではない。「高校卒」ということでは、96%の人が当てはまる。高校時代は青春真っ盛りだ。誰しも、甘酸っぱい想い出を持っていることだろう。

高校野球だけではない。サッカー、ラグビー、剣道、駅伝など都道府県の高校代表チームが競うスポーツは数多い。俳句、かるた、クイズ、漫画、科学、ぼうさい……など「○○の甲子園」と呼ばれる県別対抗戦も目白押しだ。日本国内には約760の大学があるが、県別対抗戦を催すことは不可能だ。「大学より出身高校」と、筆者が考える由縁でもある。

取材は難渋した。「個人情報保護」という理由で、卒業生の動向をオープンにしない高校に、しばしば遭遇した。校長、同窓会事務局の双方から取材を拒否されたり、同窓会は受け入れてくれたが、校長からは断られたケースもあった。その逆もあった。

そもそも卒業生の動向について、無関心の伝統高校もあった。公立高校の校長は2、3年で移動してしまう。伝統高校の校長は定年までの最後の務め、というケースが多く、当該高校の卒業生でない場合には、OB、OG情報についての知識、関心は乏しい。

しかし、「表玄関」では断られても、卒業生個々人は違う。母校愛に燃えていて、取材に好意的な卒業生を探し出し、イモづる式に取材を重ねていった。

ただ、情報を提供してくれた卒業生の話を鵜呑みにすることは、避けた。人によって思い込みがあり、情報に偏りがあるためだ。

インターネット情報は、参考資料として活用した。ネットで人名を検索すると、最終学歴の出身大学は出てくるが、出身高校までは出てこない場合が多い。出ていても、間違っていることがしばしばある。その前提で活用した。

本書は、各地の伝統高校の校風や歴史を紹介するのと同時に、「その高校からどんな人物が巣立ったか」について詳述している。各校の人材輩出力に着目しているのだ。本書は、いわば「高校紳士録」といえるだろう。

「今話題の人物は、あの高校の卒業生だったのか」「自分の出身高校から、あんな著名人が出ていたのか」AさんとBさんが高校の同窓とは、知らなかった」といった効用を本書から見出していただければ幸いだ。

筆者は18年9月に、「名門高校100」（河出書房新社）を刊行した。週刊「エコノミスト」誌（毎日新聞出版）で連載した高校約300校の中から、100校を選んで書籍として出したものだ。

さらに、各地の伝統高校から200校を選び、続編として出版したのが、本書だ。ただし、ページ数がかさむため、「伝統高校　東日本篇100」と「伝統高校　西日本篇100」の2つに分けての出版となった。

200校は、そのほとんどが週刊エコノミスト誌に掲載済の高校だ。本書への転載を快諾していただいた毎日新聞出版には、感謝の意を表したい。

今回の出版に当たっては、元の原稿を大幅に加筆・修正している。その編集・出版にあたっては、武久出版社社長の加藤啓さんと、編集・デザイン担当の小坂知彦さん、木村祐一さんに大変、お世話になった。あらためてお礼を申し上げたい。


2019年（令和元年）10月　東京・瀬田にて

猪熊建夫

ノーベル賞、フィールズ賞受賞者の出身高校

ノーベル賞受賞者

		出身高校	出身大学
湯川秀樹	1949年　物理学賞	京都府立京都第一中学（現洛北高校）	京都大
朝永振一郎	1965年　物理学賞	京都府立京都第一中学（現洛北高校）	京都大
川端康成	1968年　文学賞	大阪府立茨木中学（現茨木高校）	東京大
江崎玲於奈	1973年　物理学賞	私立同志社中学（現同志社高校）＝京都市	東京大
佐藤栄作	1974年　平和賞	山口県立山口中学（現山口高校）	東京大
福井謙一	1981年　化学賞	大阪府立今宮中学（現今宮高校）	京都大
利根川進	1987年　医学生理学賞	都立日比谷高校	京都大
大江健三郎	1994年　文学賞	愛媛県立松山東高校	東京大
白川英樹	2000年　化学賞	岐阜県立高山高校（現飛騨高山高校）	東京工業大
野依良治	2001年　化学賞	私立灘高校＝神戸市	京都大
小柴昌俊	2002年　物理学賞	神奈川県立横須賀中学（現横須賀高校）	東京大
田中耕一	2002年　化学賞	富山県立富山中部高校	東北大
南部陽一郎	2008年　物理学賞	福井県立福井中学（現藤島高校）	東京大
小林誠	2008年　物理学賞	愛知県立明和高校	名古屋大
益川敏英	2008年　物理学賞	名古屋市立向陽高校	名古屋大
下村　脩	2008年　化学賞	長崎県立佐世保中学（現佐世保南高校）から大阪府立住吉中学（現住吉高校）を経て長崎県立諫早中学（現諫早高校）	長崎医科大（現長崎大）
鈴木　章	2010年　化学賞	北海道立苫小牧東高校	北海道大
根岸英一	2010年　化学賞	神奈川県立湘南高校	東京大
山中伸弥	2012年　医学生理学賞	国立大阪教育大学教育学部附属高校天王寺校舎	神戸大
赤崎　勇	2014年　物理学賞	鹿児島県立第二鹿児島中学（現甲南高校）	京都大
天野　浩	2014年　物理学賞	静岡県立浜松西高校	名古屋大
中村修二	2014年　物理学賞	愛媛県立大洲高校	徳島大
大村　智	2015年　医学生理学賞	山梨県立韮崎高校	山梨大
梶田隆章	2015年　物理学賞	埼玉県立川越高校	埼玉大
大隅良典	2016年　医学生理学賞	福岡県立福岡高校	東京大
本庶　佑	2018年　医学生理学賞	山口県立宇部高校	京都大
吉野　彰	2019年　化学賞	大阪府立北野高校	京都大

注＝南部と中村は、日本国籍時の研究成果でノーベル賞を受賞したが、受賞時には米国籍。

フィールズ賞受賞者

小平邦彦	1954年	長野県立松本中学（現松本深志高校）から東京府立第五中学（現都立小石川中等教育学校）に転校し卒業	東京大
広中平祐	1970年	山口県立柳井中学（現柳井高校）	京都大
森　重文	1990年	私立東海高校＝名古屋市	京都大

本書を読まれる前に――

☆人物名の敬称は、すべて省略させていただいた。

☆全体に「澤」は「沢」に「眞」は「真」など、新字体表記に統一した。ただし校名の「附属」は「付属」にはせず、「附属」をとおすなど例外もある。

☆「公立」高校という表現の場合は、県立、市立、区立などをさす。「国立」は「公立」の表現には含めず、国立と県立などを一緒にする場合は「国公立」と記した。

☆当該高校の卒業生でない人物名が出てくる場合は、最終学歴ではなく、出身高校名を記した。

☆文部科学省は、科学教育を強化する施策として「スーパーサイエンスハイスクール」の対象校を指定している。文中では「SSH」と略記した。また国際社会で活躍できる人材を育てる「スーパーグローバルハイスクール」の指定校は「SGH」と略記した。

☆経営者などの会社名が変更されている場合でも、原則として所属当時のままを記入した。「○○ホールディングス」は「○○HD」に、「○○グループ」は「○○G」と略記した。

☆2019年春の大学入試合格実績は、当該高校が19年10月末までに発表した数字を採用した。HPなどで記載のない高校については、サンデー毎日、週刊朝日、大学通信の合同調査の数字を採用した。この数字と学校発表数字とが食い違っていることはしばしばある、ことをご承知願いたい。

☆私立大の合格者数は、1人で複数の学部に合格することがあるため、「延べ人数で」あるいは「延べで」と表記した。また、原則として現役と浪人を合わせた数字だ。

☆文中の顔写真は、毎日新聞社（毎日フォトバンク）からの提供や、各種の機関、会社のHPなどからの引用による。

1章

大阪の伝統高校　15校

八尾高校

●大阪府立　●八尾市

大阪市の東南部にある典型的なベッドタウンの八尾市。人口は約27万人で安定している。

日清戦争さなかの1895（明治28）年、この地に大阪府第三尋常中学として創立された。第二尋常中学（現三国丘高校）、第四尋常中学（現茨木高校）と、同時のスタートだ。大阪市周辺の町村の人口増に対応した措置だった。

すぐに大阪府立八尾中学と改称され、戦後の学制改革で男女共学の新制八尾高校となった。

ＪＲ八尾駅と近鉄八尾駅の間にあり、交通の便は良い。敷地は約4万2000平方メートルと広大だ。大阪府内の公立高校では3指に入る広さだ。

外壁タイル張りの機能的でモダンな校舎だ。南北2カ所のグラウンド、テニスコート、多目的コート、宿泊可能なセミナーハウスなど、施設が調っている。

三中が前身で「骨太」をめざす

教育目標は「21世紀を担う、骨太の人格を備えた生徒の育成」だ。「骨太」とは、勉強もクラブも学校行事も頑張る、という意味だという。

2学期制で、2年前期から文系、理系のコース分けをしている。3年生では「半期単位認定制」をとっている。

生徒のキャリア形成の一環として、大阪教育大天王寺キャンパス（夜間学部）で、2、3年生の希望者が大学生の正規講義に参加できる制度がある。所定の要件を満たした生徒には、八尾高校としての単位が認定される。

「昼は高校生、夜は大学生」と題して、2002年から始めた「高大連携」システムだ。「将来は、教員になろう」と目標を立てる生徒が増えた、という。

大学進学は、関西大、近畿大、関西学院大、同志社大、立命館大など関西の私立大が中心だ、京都大、神戸大、大阪大の毎年度の合格者は現役、浪人合わせ各数人だ。

卒業生で最も知名度が高いのは、「塩爺《しおじい》」の愛称で人気を集めた政治家の塩川正十郎だろう。

自民党の衆院議員を11期、約33年間務め、運輸相、内閣官房長官などのあと80歳近くなって財務相に就いた。15年9月に死去するまで東洋大総長だった。

塩川正十郎

「塩爺」の塩川正十郎

融通無碍、変幻自在の「塩爺節」で、ケムに巻いた。「母屋（一般会計）でおかゆをすすっている時に、離れ（特別会計）ですき焼きを食べている」と国の財政を評した例え話は、秀逸だった。

伏見格之助と長尾淳三は東大阪市長を、山西敏一と岡本泰明は柏原市長を、西辻豊は八尾市長を務めた。

経済界では、18年4月から住友商事会長の中村邦晴がいる。中南米のプエルトリコに2度も駐在するなど、必ずしも本流コースは歩んでこなかったが、12年から社長に就いたあと会長になった。

前田新造は資生堂の社長、会長のあと東芝の社外取締役に就き、17年10月まで取締役会議長を務めた。

企業でトップを経験した卒業生はさらに、森田桂（武田薬品工業）、橋本俊作（さくら銀行）、牧野明次（岩谷産業）、児玉正之（あいおい損害保険）、斉藤浩（栗田工業）、藤田博久（池田泉州ＨＤ）、中本雅美（住友精化）らだ。

辻成晃は、「やきとり大吉」の店舗名で焼き鳥店を全国展開するダイキチシステムの創業者だ。

平岡篤は世界の２０００銘柄を扱う国内有数の輸入ワイン商社であるモトックス（本社・大阪府東大阪市）の副会長だ。

一柳良雄は通産官僚出身の経営コンサルタントだ。

学者では、民法が専門で京大教授、最高裁判事を歴任した奥田昌道、東洋史学の砺波護、会社法の河本一郎、教育史の大田堯、民法の坂田宏と安井宏、労働法の豊川義明、日本中世史の仲村研が卒業生だ。

理系では、合成化学の吉良満夫、電気電子情報工学の松岡俊匡がいる。医師では、がんの免疫療法を研究している杉山治夫がいる。

本田良寛は昭和時代後期の医師で、大阪市西成区のあいりん地区（釜ヶ崎）で医療活動を続け、「釜ヶ崎の赤ひげ」と言われた。

植物学者、農業指導者の西岡京治は64年から28年間にわたり海外技術協力事業団のコロンボ・プランの農業指導者としてブータンの農業振興に尽力した。

ブータン国王から「国の恩人」として、英国の「サー」に当たる称号「ダショー」を贈られた。

柄子真弓はNGO（非政府組織）のアフガニスタン孤児支援の「ラーラ会」の代表だ。02年以来、現地で孤児院を設立したり、通学用ミニバスを寄贈するなどの活動を続けている。

文芸では、昭和時代の流行作家だった五味康祐が旧制時代の卒業だ。53年に『喪神』で芥川賞を受賞、『柳生武芸帳』など時代小説で多くのファンを集めた。音楽評論でも定評があった。

脚本家の檀上茂は、吉本新喜劇の台本を1万本も書き続けた。演出家としても、多くのコメディアンを育てた。

神立尚紀は写真家、ノンフィクションライターだ。

太平洋戦争時の零式艦上戦闘機（零戦）の隊長だった宮野善治郎は旧制八尾中卒だが、神立はこの先輩の伝記を06年に上梓した。

寺田昭一は、月刊「歴史街道」の編集長を務めた。時代小説の飯島一次もいる。

「ゴジラ」の生みの親

映画プロデューサーの田中友幸は、特撮怪獣映画『ゴジラ』の生みの親だ。1954年に東宝から初公開された『ゴジラ』の基本設計を発案し、実際の企画として立ち上げたのが、田中だった。

この究極の創造物は、その後、一連の「ゴジラ映画」としてシリーズ化され、ハリウッド映画にまで影響を与えた。

美術では、金閣寺の方丈杉戸絵と客殿天井画を07年に制作した日本画家の森田りえ子、水彩画家の佳山隆生がOG、OBだ。

昭和歌壇の重鎮、今中楓渓《ふうけい》は、戦前に東海林太郎（秋田県立秋田中学・現秋田高校卒）の歌声に乗せて大ヒットした『野崎小唄』の作詞者だ。

昭和時代の作曲家で、オペラ『修善寺物語』を作曲した清水脩もいた。

作曲家、編曲家の上柴はじめ、ギタリストの石田長生、音楽プロデューサーの本間昭光、アニメ、童謡歌手の山野さと子がOB、OGだ。

演歌の大月みやこ

芸能では、演歌歌手の大月みやこが卒業している。デビュー20年目の『女の港』で86年にNHK紅白歌合戦に初出場、92年に『白い海峡』でレコード大賞を獲得した。日本有線大賞を何度も受賞している。

映画監督では須川栄三がいた。

代表作は仲代達矢（都立千歳高校定時制卒）が主演を務めた『野獣死すべし』だ。

俳優では、2010年のNHKの大河ドラマ『龍馬伝』に初出演し、広く名前が知られるようになった青木崇高がOBだ。

関学大に進学した松山直樹は、16年2月の全日本学生落語選手権で「四笑亭笑ん太」名で出場し、日本一に輝いた。

恵まれたグラウンドや施設を生かして、90％の生徒が部活動に参加している。女子ソフトボール部

大月みやこ

が1955年に全国優勝している。最近は、陸上競技、バスケットなどが全国大会に出場している。

硬式野球部は春6回、夏4回の計10回、甲子園の全国大会に出場している。

1952年夏には大阪大会予選から甲子園の準決勝までエース木村保が10試合すべて完封した。

決勝戦で初めて兵庫県立芦屋高校に点を取られ、1−4で準優勝にとどまった。

木村はその後、早稲田大―南海ホークスで活躍したが、肩を故障して30歳前に現役引退した。

萩井好次は、17年春から同志社大ラグビー部の監督だ。八尾高―同大―社会人のワールドでプレーし、関学大ラグビー部監督などを務めていた。

市岡高校

大阪府立　大阪市港区

大阪港を擁する海の玄関口にある港区。市岡高校は港区の中心にある。

前身は、1901（明治34）年に大阪府第七中学として創立された。大阪市内の公立旧制中学としては、現在の北野、天王寺高校に次いで3番目だった。

すぐに府立市岡中学と改称され、戦後の学制改革で男女共学の市岡高校となった。

現在は、全日制普通科単位制になっている。多様化する大学入試に対応できるよう100を超える選択科目が用意され、多くの教員による少人数授業が実施されている。

校是は「自彊の精神」だ。志や夢に向かって自分自身を励まし、たゆまぬ努力を怠らない精神、といった意味だ。

高校野球とすこぶる縁の深い学校だ。硬式野球部は1906年の創部で、3本線が入った帽子がトレードマーク。春夏の全国大会に計21回（春11回、夏10回）出場している。

夏の地方大会に1915（大正4）年の第1回大会から「皆勤」している高校は全国に15校あるが、市岡はその一つで大阪府内では唯一だ。2013年夏の大阪府大会で、夏通算200勝の大台突破を果たした。

佐伯達夫

大会出場の数だけが誇りではない。市岡高校の卒業生には、高校野球の発展に尽力し、今日の甲子園人気をもたらした人物がいる。

高野連の会長・佐伯達夫

日本高等学校野球連盟の第3代会長を務めた佐伯達夫が、その代表格だ。大正初期に旧制市岡中――早稲田大の三塁手で活躍し、戦後に高野連会長になった。

「高校野球は教育の一環」という信念の持ち主で、アマチュアリズムに徹した運営を貫いた。強権を発揮したため、時に「佐伯天皇」と恐れられた。

もう一人は、朝日新聞社社長・会長を務めた広岡知男だ。市岡中では佐伯の12期後輩で、旧制五高—東京帝大を通じ選手として活躍し、東京六大学野球リーグで首位打者になったこともある。

広岡は社業を背景に、夏の甲子園大会の発展に寄与した。日本学生野球協会会長にもなり、野球の五輪正式参加に貢献した。

佐伯と広岡は「野球殿堂入り」をしている。市岡中卒業生ではさらに、田中勝雄と伊達正男が殿堂入りしている。

田中は早大の外野手として活躍し、日本最初の本格的ホームラン打者と謳われた。

伊達も早大で捕手、投手として活躍した。

ひとつの高校から4人のOBが「殿堂入り」しているのは、異例だ。日本学生野球協会会長を務めた天《あま》野《の》貞祐《ていゆう》など計5人が殿堂入りしている独協高校（東京・私立）に次いでいる。

野球では4人のほか、巨人の選手・コーチをした南村侑広、高橋ユニオンズの選手・監督をした笠原和夫、南海ホークスの選手・監督をした蔭山和夫らも市岡高校の卒業生だ。

直木三十五

サッカー部も6回の全国大会出場経験がある。代表選手は川本泰三で、ベルリン、メルボリン五輪に出場、日本サッカー殿堂入りもしている。

自転車のロードレース選手では、安部良之が2000年のシドニー五輪に出場している。82年生まれの中山麗敏は、女子競輪選手だ。

「直木賞」の直木三十五

明治から昭和初期にかけて小説家、脚本家、映画監督として鳴らした直木三十五が卒業している。

文学賞として芥川賞と並ぶ権威がある「直木賞」は、35年に創設された。彼の名前に由来する。

直木自身は大衆に受ける小説を心がけ、直木作品を原作とした映画は50本近くある。直木賞は当初、新人作家による大衆小説作品に与えられる文学賞だったが、近年は中堅作家を対象にしている。

『測量船』などの作品を残し、第一級の詩人となった三好達治は、市岡中を2年で中退し、大阪陸軍地方幼年学校に移った。

現在活躍中の脚本家、作家ではジェームス三木（中退）と、小説家の柴崎友香《ともか》がいる。柴崎は、14年に『春の庭』で芥川賞を受賞した。

SF作家の谷甲州、放送作家の稲見一良らもOBだ。

『海ゆかば』で知られる作曲家の信時潔は、校歌、社歌の作曲も多く、その数は1000曲を超える。

市岡高校の文化部では吹奏楽部の活躍が目覚ましい。大阪フィルハーモニー交響楽団には、吹奏楽部OBの中村巧美（打楽器）と、野瀬遼太郎（事務局）の若手2人が所属している。

また、吹奏楽部OBではないが、バイオリンの橋本安弘もいる。

画家では、大正から昭和初期の洋画家である小出楢重がいた。流麗な筆致で描かれた胴長の裸婦により「裸婦の楢重」ともいわれた。

女優の岩本多代、声優の植田佳奈、漫画家のカネシゲタカシもOG、OBだ。

パナの元社長・大坪文雄

経済界では、パナソニック社長、会長を務めた大坪文雄の知名度が高い。大坪は社長在任中の08年に社名を松下電器産業からパナソニックに変更した。また三洋電機を子会社にした。

ただ、世界的な金融危機によるデジタル家電の売り上げ低迷や、韓国、台湾の追い上げによりパナソニックの業績は不振に陥り、未曾有のリストラを余儀なくされた。

IT企業の経営者になった卒業生も出ている。日本オラクルのトップになった新宅正明と、5期後輩でアップルジャパン代表を務めた山元賢治の2人だ。

辻巌は、塗料のロックペイントを創業した。04年に101歳で大往生を遂げた。

能村龍太郎は、膜構造建築物のメーカーである太陽工業を、独創的な輸出企業に育て上げた。

大阪のゼネコン・今西組の3代目社長をした今西寿雄は、登山家として知られる。

56年に日本山岳会第3次マナスル登山隊に参加し、シェルパと共にヒマラヤ・マナスル（8163メートル）世界初登頂に成功した。

山本和三郎（池貝鉄工）、松原治（紀伊国屋書店）、瀧省一（関西銀行）、手塚昌利（阪神電気鉄道）らも、市岡高校卒だ。

学者・研究者では、動物学者の亀崎直樹が神戸市立須磨海浜水族園の元園長だった。その名のとおりウミガメの研究に力を注いでいる。

山下東子はマグロなどの水産経済学が専門。シカゴ大学経済学部の修士卒だ。

日本経済史の宮本又次、東洋史の石浜純太郎、西洋経済史が専門で和歌山大学長をした角山栄らもOBだ。

理系では、工学者で大阪大総長をした岡田実、宇宙物理学者の冨松彰と冨田憲二、ロボット工学が専門で工学院大学長をした三浦宏文、細胞生物学の目加田英輔、原子核物理学の土岐博、電子工学者で半導体材料の研究をした松波弘之らがいる。

医学者では、公衆衛生学が専門の田宮猛雄が、日本医師会会長や国立がんセンター総長を務めた。脳神経外科医の知禿史郎は、日本で数少ない、てんかんの専門医だ。生理学者の岡芳包は、徳島大学長をした。

「生長の家」の谷口雅春

新宗教系教団「生長の家」の創始者である谷口雅春も、旧制市岡中を卒業している。早稲田大を中退し大本教の専従活動家となったが、30年に神道、仏教、キリスト教に現代科学を加味したとする「生長の家」を立教し、多くの信者を獲得した。

「社交ダンスの父」と呼ばれ、日本におけるモダンダンス、タップダンスの創始者である中川三郎も卒業生だ。

30年代にニューヨーク市立大に留学、日本人で初めてタップダンサーとしてブロードウェイ・ミュージカルの劇場に出演し、成功を収めた。

関西学院大、同志社大、など京阪神の私立大学に進学する生徒が多い。毎年度の大学入試では現役、浪人合わせ、国公立大学に計約50人が合格している。

四条畷高校

大阪府立　四条畷市

「しじょうなわて」と読む。大阪市の東にあり、奈良県と接するのが四条畷市だ。大阪のベッドタウンだ。

14世紀の南北朝時代には、「四条畷の戦い」の舞台になった。日本史の教科書に登場する。

1903（明治36）年に四条畷中学校としてスタートした。戦後の学制改革で男女共学の四条畷高校となった。略称は「畷高《なわこう》」だ。

校舎本館棟は、36年に建築された鉄筋コンクリート造り3階建てだ。「質実堅牢」をコンセプトにした近代主義（モダニズム）建築の様式を取っている。

大阪府立の他の高校と同様、90年代初めには取り壊しが計画されたが、同窓会の強い要望により校舎は存続された。05年に国の登録有形文化財として登録された。

校舎本館棟は登録有形文化財

校風は「自主・自律・自由」だ。「自ら学び、自ら考え、自ら判断し行動する、次代を担うリーダーの育成」を、教育目標に掲げる。

大阪府のグローバル・リーダーズ・ハイスクールに指定され、また、文部科学省からSSHやSGHのアソシエイト校に選ばれている。

SSHでは「四条畷エネルギー教育プロジェクト」をメーンテーマとしている。テーマごとのグループに分かれ課題研究活動や、国内のエネルギー研究施設の見学を行っている。

校舎屋上には風力発電機、太陽光発電パネルが設置されている。

四条畷市はドイツのメアブッシュ市と国際友好都市の関係にある。この縁を活用して、ドイツの先進的な再生エネルギーの取り組みを学ぶべく、生徒をドイツ研修に派遣している。

ドイツのほか海外とは台湾、オーストラリア、ベトナムと交流を行っている。単なる語学研修ではなく、国際的な問題への興味、関心を深める交流だ。

毎年度の大学入試では、卒業生の約40％が現役で国公立大に合格している。浪人を合わせると毎年度、京都大に十数人、大阪大、神戸大に各約30人、大阪市大に二十数人が合格している。

私立大には毎年度、延べ人数で関西学院大に約70人、同志社大に約150人だ。

大正、昭和時代の思想家、陽明学者の安岡正篤が、旧制の卒業生だ。東洋的な思想、哲学をバックに、政財官界の指導者層の啓発、教化、指導に力を注いだ。

45年8月15日の天皇陛下の「終戦の詔書」に手を入れたことでも知られる。吉田茂（東京・旧制私立正則尋常中学・現正則高校卒）から中曽根康弘（旧制群馬県立高崎中学・現高崎高校卒）まで、安岡は歴代首相の指南番的存在でもあった。

新制では、異端の新左翼活動家が出ている。70年に日本最初のハイジャック事件を起した首謀者の田宮高麿だ。

ハイジャック事件の田宮高麿

田宮は、大阪市立大夜間部に進学、学生運動にのめり込み、極左集団赤軍派の議長になった。70年3月に仲間8人と共に日本航空機のよど号をハイジャックし、北朝鮮への亡命に成功した。北朝鮮当局は95年に田宮が死去したと発表しているが、異説もある。

学者では、京大に進学し、東大教授となりシステム創成学のエネルギー資源創成を専門とする西林仁昭がいる。

東大教授では、物理工学が専門の永長直人もいる。国立商船大（現東京海洋大）の初代学長の菊植鉄三は旧制の第1期卒だ。国際法の山田卓平も光っている。

医師では、大阪府寝屋川市でこどもクリニックを開業している安原昭博がいる。発達障害の専門医で、超人気で8ヵ月待ちになることもある、という。

「ベトナムの赤ひげ先生」と呼ばれる、異色の眼科医もいる。京都府立医科大を卒業後に、どこの病院にも属さないフリーの眼科医となった服部匡志だ。

服部は日本各地の病院で半年間はアルバイト医師としておカネを稼ぎ、あとの半年はハノイ国立眼科病院で、多くのベトナム人の眼に光を取り戻させている。07年にベトナム保健省より人民保健勲章を授与された。

服部やベトナム政府の協力を得て暇高は、ハノイ眼科病院で白内障手術のサポートをするボランティア体験ツアーを、実施している。

ソフトバンク社長の宮内謙

ビジネスで活躍している卒業生では、携帯電話大手のソフトバンク社長・宮内謙がいる。持ち株会社ソフトバンクグループ会長兼社長・孫正義（福岡県・私立久留米大附設高校中退）と二人三脚でグループの拡大に力を発揮してきた。

薬局チェーンなどの「薬ヒグチ&ファーマライズ」を創業した樋口俊夫がいる。自らがゾウに乗って全国展開を宣言するCMが注目を集めた。

宮内謙

西川章（三菱マテリアル）、新堂友衛（大阪シティ信用金庫）、倉持治夫（大同生命保険）、野原幸二（三井住友トラストクラブ）、宮井芳行（ジャパンネット銀行）らのトップ経験者も出ている。

三洋電機のトップを務めた井植敏も在籍していたが、大阪府立寝屋川高校に移り卒業した。

甲田恵子は、ママの社会復帰などを応援するベンチャー企業「AsMama」の創業社長だ。

文化人を紹介しよう。2人のノンフィクション作家が出ている。

馬場信浩は元役者、テレビ司会者で、文筆家としてはスポーツ、時代ものを得意としている。

馬場より5期後輩の後藤正治は、講談社、大宅壮一の両ノンフィクション賞を受賞している。神戸夙川学院大学長を務めた。

山北篤はゲームライターだ。京大マイコンクラブの会員で対戦オンラインゲームを制作、90年に脱サラして専業のライターとなった。

詩人では高畑耕治がいる。現代詩の蘇生・革新運動に参加し、多くの詩集を出している。近作は『銀河　ふりしきる』だ。

渋谷敦志は、気鋭のフォトジャーナリストだ。途上国や紛争地を廻って取材活動を続けている。

美術では、洋画家の中西勝、彫刻家の金井良輔が卒業生だ。書道家では森本龍石がいる。

音楽では、マリンバ奏者の種谷睦子と種谷に師事した沓野勢津子、ソプラノ歌手の佐藤康子、シンガーソングライターの石川優子、マンドリン音楽の作曲家である吉水秀徳、作曲家、キーボーディストの松前公高らがOB、OGだ。

タレントでもある松尾衣里佳

バイオリニストである一方、タレントとしてテレビ出演が多い松尾衣里佳もOGだ。京大経済学部卒で、クイズ番組の常連回答者になっている。

村井美樹は早稲田大卒。タレント、司会者だが、インテリ女優としてやはりクイズ番組に多数出演している。

アナウンサーでは、毎日放送で専属パーソナリティーをした角淳一がいる。

日本テレビで最長キャリアのアナウンサーである井田由美が、卒業生だ。タレント化した「女子アナ」とは違って、ほぼ一貫して報道・情報番組を担当してきた「女性アナ」だ。

17年1月に四条畷市の市長に就いた東修平は、1988年10月生まれで、全国最年少の市長だ。京大大学院を卒業後に外務省、野村総合研究所勤務を経て、市長の座を獲得した。

東修平

東のみならず畷高の卒業生は、関西の自治体で活躍するケースが目立つ。

同窓会の楠葉会会長・橋本昇治は、大阪府議会議長を務めた。竹内脩は大阪府教育長、大阪府枚方市長を歴任した。

元京都市長の田辺朋友、元大阪府守口市長の喜多洋三、大阪府門真市の現職市長・宮本一孝らもOBだ。

昭和時代の柔道家・山本博、1952年のヘルシンキ五輪で陸上110メートル障害に出場した木南道孝、ラグビーの日本代表監督などを務めた宮地克実、バレーボールの国際審判員を務めた伊藤博之がOBだ。

今宮高校

●大阪府立　●大阪市浪速区

大阪の繁華街のど真ん中にある学校だ。東側700メートルには、観光名所の通天閣があり、日雇い労働者が多いあいりん地区もすぐ近くだ。

お世辞にも文教地帯とは言えないが、この高校には前身の旧制今宮中学時代から続くエネルギーが溢れているようだ。

福井謙一がノーベル化学賞

ノーベル賞の受賞者を出している。京都大教授だった福井謙一で、1981（昭和56）年に化学賞を受賞した。日本人として6人目の受賞で、化学賞としては初めてだった。文化勲章も受章している。

福井は旧制今宮中学を4年で飛び級し（これを戦前では「4修」と呼んだ）、旧制大阪高校（大阪大学の前身）─京大工学部工業化学科と進んだ。今宮中─大高を通じて化学は苦手だったという。

しかし34歳の時に発表した「フロンティア電子軌道理論」が評価された。京都工芸繊維大学長などを務め、98年に79歳で死去した。

文芸でも、気鋭の小説家が巣立っている。

津村記久子が2009年に『ポトスライムの舟』で芥川賞を受賞した。太宰治文学賞や川端康成文学賞なども受けている。

福井謙一

津村より先の2000年には町田康《こう》が『きれぎれ』で芥川賞を受賞している。町田は今宮高校在学中からロックミュージックに興味を持ち、バンドを結成したり俳優として映画に出演している。

卒業生（中退者も含む）で芥川賞受賞作家を複数出している高校の例としては、3人＝福島県立安積高校、東京都立日比谷高校、東京・私立麻布高校、東京・千代田

区立九段中等教育学校（前都立九段高校）、2人＝東京都立新宿高校、静岡県立沼津東高校、大阪府立住吉高校、福岡県立福岡高校、福岡県立福岡中央高校それに今宮高校など二十数校だ。

芥川賞の町田と津村

今の中高年、熟年世代には脳裏に焼きついている作家がいる。62年に『悲の器』で第1回文藝賞を受賞した高橋和巳で、旧制今宮中学の最後の卒業生だ。

大学紛争が吹き荒れている時に『邪宗門』『憂鬱なる党派』など文学の思想性を問い続けた問題作を次々と出し、青年・学生層から絶大な人気を得た。

高橋は、中国文学の研究者としても折り紙つきだった。35歳で京大助教授になったが、39歳で死去した。京大在学中に知り合った小説家の高橋たか子（京都府立山城高校卒）は妻だった（13年7月に死去）。

大衆・流行作家として多くの小説を書き大阪文壇の大御所的な存在となった藤沢桓夫、戦前に活躍した武田麟太郎、児童文学作家の今江祥智らも卒業生だ。

卒業生ではないが、この学校には優れた教師が集まっていた。

例えば民俗学・国文学者で、「釋超空」という名前を用いた歌人でもあった折口信夫（大阪府第五中学・現大阪府立天王寺高校卒）が、明治末から大正にかけての数年間、国語を教えていた。

後年に芥川賞を受賞した作家の庄野潤三（旧制大阪府立住吉中学・現住吉高校卒）も終戦後すぐに、歴史の教員として赴任していた。

数学や化学でも立派な先生がそろっていた。小説家や学者が多数、生まれた下地には、こうした先生がたの存在を見逃せない。

福井より先に文化勲章を受章している学者がいる。天体力学の権威だった萩原雄祐で、「折口先生のは、授業というより大学の講義だった」と述懐している。

化学者では、物理化学者の森野米三も福井の後に文化勲章を受章している。

さらに卒業生には、農芸化学の井上吉之、高分子化学の堀尾正雄、文化財保存にも力を注いだ山崎一雄、理論・計算化学の諸熊奎治といった科学者がそろっている。

文系では、考古学者で奈良大学

西本智美

長をした水野正好、行政法学者の杉村敏正、中国哲学者の平岡武夫らがいる。

京都大に進んだ卒業生が多かった。昭和30年代初めには京大で前述の堀尾正雄が工学部長、井上吉之が農学部長、それに中谷実が経済学部長と、今宮中学の卒業生が同時期に3学部長を務めるという珍しいことも起きている。

小説家以外にも、文化人をたくさん輩出している。美術では金山康喜が東大経済学部に進学し数理経済学の研究のために渡仏したものの油彩画に凝り、ビュッフェとともに展覧会に出品するほどの腕前となった。しかし59年に33歳で夭逝した。

伊原宇三郎は肖像画で知られる。OGの画家では祢宜吉子がいる。

07年卒の金城宗幸は週刊少年マガジンに作品が連載されるなど、新進気鋭の漫画原作者だ。

指揮者の西本智実

音楽では、70年生まれの西本智《とも》実《み》が女性指揮者として、メディアによく登場する。大阪音楽大卒後にロシア国立サンクトペテルブルク音楽院に留学し指揮者としての修業をした。

日本のみならず、ロシア、チェコ、モナコ、ブラジルなど約30カ国の交響楽団で指揮を執っている。「男装の麗人」として知られ、その聡明な美しさと観客を魅了してやまない指揮者としての実力は、国内外で高く評価されている。

飯田信夫は映画音楽作曲家、野毛洋子はジャズシンガーだ

芸能では、秋田実が上方漫才を代表する漫才作家だ。落語家の4代目林家染丸は、落語の修業をするために今宮高校を中退した。

時代劇が得意だった映画監督の田中徳三、俳優の伊原剛志もOBだ。

経済界で活躍した人物では、情報サービス業のCSKを創業しゲームのセガなどを傘下に収めた大川功、経営の才を発揮しイズミヤを関西屈指の総合スーパーに育てあげた和田満治が卒業生だ。

日本で最大規模の病院・医療事

業グループの徳洲会を築いた徳田虎雄は、鹿児島県徳之島の出身だ。

　県立徳之島高校から今宮高校に転校して卒業し、大阪大医学部に進んで医師になった。衆院議員もしたが、現在は闘病中だ。

サブカル文化の岡田斗司夫

　岡田斗司夫はサブカル文化などの評論や文筆活動、ネット動画での番組が大人気だ。80年代にアニメ制作会社の「ガイナックス」を創業し、多くのヒット作品を世に送り出した。

　灘高校（私立・神戸市）など進学校に多数を送り込んだ学習塾の伸学社（現在は閉塾）を創った入江伸もＯＢだ。

　さらに大企業でトップを経験した卒業生としては、吉野岳三（日興証券）、松島清重（大阪窯業セメント）、吉岡喜一（日本窒素）、渡辺逸朗（日本板硝子）、金沢脩三（三菱レイヨン）、菊池稔（東京海上火災保険）、西原直廉（第一火災海上保険）、大久保武夫（江崎グリコ）、西田尭（同和鉱業）、池田一郎（大和銀行）、山岡浩二郎（ヤンマーディーゼル）、毛呂三郎（東洋ゴム工業）、端田泰三（富士銀行）、領木新一郎（大阪ガス）、大久保昇（内田洋行）らだ。

　今宮中第1期生の三浦和一は外務官僚になり、極東軍事裁判で副弁護人をした。

　大蔵官僚の大倉真隆はトップの事務次官まで出世した。退官後、国民金融公庫、日本輸出入銀行、横浜銀行などのトップに次々と就いた。官僚の天下りが問題になってない時代のことだ。

　旧制今宮中学は１９０６（明治39）年に創立された。戦後の学制改革で新制の今宮高校になり、男女共学となった。現在では女子2・男子1の比率になっている。

　96年からは総合学科を開設、2、3年次の生徒には多くの選択科目が用意されている。

　校訓は「誠実剛毅」「和親協同」だ。スローガンとして「磨け知性、輝け個性」を掲げている。

　19年度の大学入試では現役、浪人合わせ、神戸大、岡山大に各1人が合格した。現役で国公立大に合格したのは14人で、大半の生徒は、大阪、京都の私大に進学している。

　延べ人数で、関西学院大８人、同志社大３人などだ。

高津高校

大阪府立 ● 大阪市天王寺区

大阪城の南、大阪市内の真ん中の上町台地に位置する高校だ。周囲には寺社、公園も点在し静かで落ち着いた環境だ。高津高校の校内には仁徳天皇ゆかりの高津宮《たかつのみや》址があるが、高校は「こうづ」と呼ぶ。

卒業生には「いかにも大阪人」という表現がぴたりという人物が多い。

典型は、通称「オダサク」といわれる小説家の織田作之助だ。路地裏の長屋の仕出し屋の息子で、高津高校の前身である旧制高津中学から旧制第三高校（現京都大）に入学したものの文学三昧の末、中退した。

『夫婦善哉』の発表を機に本格的な作家生活に入ったが、1947（昭和22）年に33歳で若死した。大阪文学振興会などにより織田作之助賞が設けられている。

「いかにも大阪人」

ジャーナリストだった黒田清も、大阪人の典型と言えるだろう。旧制高津中―旧制四高（金沢）―京都大に進学し大阪読売新聞社の社会部記者として鳴らした。社会部長になり、社会部チームの記者は「黒田軍団」として反骨・反権力精神あふれた報道を続けた。

織田作之助

伊藤忠商事の社長から18年4月に会長兼CEOに就いた岡藤正広《おかふじまさひろ》も大阪人だ。東京大に進学し伊藤忠に入社したが、繊維部門の担当だったために勤務はほとんど大阪本社。海外勤務の経験もなく社長の座に就いた。岡藤は総合商社のトップとしては異例の経歴だ。

旧制高津中学は、1918（大正7）年に大阪府立第十一中学として設立され、戦後の学制改革で近隣の旧制清水谷高等女学校（現大阪府立清水谷高校）と生徒、教職員を交流させ男女共学となった。

　普通科に加え、文理学科を11年度より併設した。文部科学省指定のSSHとして「水と環境」をテーマとした課題研究を実施しており、韓国やオランダの高校と国際交流もしている。

　大学入試では毎年度、約40%が現役で国公立大学に合格する。現役、浪人合わせ毎年度、京都大に約10人、大阪大に約30人、神戸大に二十数人を合格させている。私立大では、関西学院大、同志社大、立命館大に、延べで毎年度各数十人が合格している。

岡籐正広

　「自由と創造」「日新日進」が校風・校是だ。教育目標は「強靭な知性　みずみずしい感性　品格ある人間性」だ。

　1000人超の全校生徒の内、在日韓国・朝鮮人など外国人生徒や外国にルーツを持つ生徒が約5%いることも、高津高校の特色の一つだ。

　小説家は「オダサク」だけではない。推理作家の藤原伊織が95年に『テロリストのパラソル』で直木賞と江戸川乱歩賞を同時受賞した。

　在日朝鮮人の梁石日《ヤンソギル》は、高津高校定時制在学中から詩を作っており、タクシー運転手や物品販売業などをしながら小説を書いた。

　ヤクザの抗争などの著作が多い飯干晃一がいる。作家の福田紀一は「VIKING」同人で、高校教師をしながら執筆活動をした。

　レディースコミックの牧美也子は、同じく漫画家の松本零士（福岡県立小倉南高校卒）が夫だ。

　童話作家の二宮由紀子、脚本・演出家の北林佐和子もOGだ。

　柴田侑宏は宝塚歌劇専属の劇作家、舞台演出家だ。パントマイム芸人のマルセ太郎もOBだ。

現代芸術家の森村泰昌

　森村泰昌は現代芸術家として知られる。世界的に有名な絵画、写真、女優などをモデルに、自らの身体を使って表現した作品を得意とする。

　山本勝一は観世流能楽師、花柳旭叟（女性）は日本舞踊家だ。武田欣治郎は飛鳥流宗家家元で、創作舞踏劇を海外でも公演している。

石多エドワードはＮＰＯ法人東京オペラ協会代表・芸術監督として、日本から世界に発信するオペラを創作・公演している。

ジャズピアニストの大塚善章は高津高校の校歌の作曲者だが、それは2年生の時に作ったものだ。

昭和を代表する囲碁棋士の一人である高川格も、旧制高津中学を卒業している。中学時代から関西の囲碁界では「秀才高川」として知られていた。１９５２年〜60年にかけ本因坊位を9連覇した。

彫刻家の村岡三郎、建築家の大藪義章も卒業生だ。

関西で人気のラジオＤＪヒロ寺平、若手俳優の波岡一喜もいる。

多くの学者を輩出しているが、免疫学の世界的権威で大阪大特任教授の審良《あきら》静男を特筆しておきたい。

世界の専門学者の間でノーベル医学生理学賞の受賞は確実といわれてきたが、11年に同じ分野の研究をしている欧米の学者3人が受賞したため、審良が受章する可能性は低くなった。

ノーベル賞はかねてから欧米優位といわれてきた。その実例として今後、語り続けられるだろう。

整形外科医の西重敬は、人フィブリン膜研究の成果を応用した熱傷等治療の第一人者だ。

やはり整形外科医の有馬清徳は、写真家でもある。

さらに、ソフトウェア工学が専門で奈良先端科学技術大学院大の学長をした鳥居宏次、数学者で国立大入試改革に携わった西田吾郎、情報工学者で大阪大学長や情報通信研究機構理事長などを歴任した宮原秀夫が卒業している。

建築学、都市計画、比較文明論など幅広い領域で知られる上田篤がいる。「大阪万国博覧会お祭り広場」「旭川市平和通買物公園」などが代表作だ。

金融論の池尾和人

前慶応大教授・現立正大教授の池尾和人は、金融論、日本経済論が専門でメディアによく登場する。金融制度調査会、経済審議会など政府の各種委員会の委員に就くこともしばしばだ。

システム工学・応用工学が専門で、論壇での発言も多い石井威望《たけもち》らも卒業生だ。

国際法学者で原水爆禁止日本協議会の初代理事長をした安井郁、中国思想研究者の森三樹三郎、西洋近代哲学の野田又夫、日本近代経済史の高村直助、日本文学者で大阪庶民文化史を研究した肥田晧三、メディア社会学が専門で「笑い学」を提唱している井上宏、人文地理学者でアジア・アフリカ地域研究をしている応地利明、美術史家で中国絵画史が専門の小川裕充、仏文学者でプルーストの個人全訳に取り組んでいる吉川一義らが学んでいる。

イコモスの会長

国際文化遺産法が専門の九州大大学院教授・河野俊行は17年、国連教育科学文化機関（ユネスコ）の諮問機関の一つで、世界文化遺産の登録審査を担う国際記念物遺跡会議（イコモス）の会長に就任した。日本人の会長就任は初めてだ。

欧米文学の坂本悠貴雄は、短歌の創作に励む一方、英語ハイクを試みている。

経済界では、大阪を代表する企業の一つである武田薬品工業のトップに就いた武田長兵衛が旧制第1期の卒業だ。この長兵衛は5代目の長男で6代目に当たる。

企業のトップ経験者は前述の岡藤に加え、坂本勇（住友電気工業）、田中太郎（近鉄百貨店）、正田文男（ニッセイ基礎研究所）、林信太郎（ジャスコ、通産官僚出身）、熊本昌弘（神戸製鋼所）、出馬迪男（関西テレビ）、森田隆和（参天製薬）、村山滋（川崎重工業）らだ。

法曹界では、金谷利広が最高裁判事を務めた。弁護士の森本清一は東京都墨田区で人権擁護や生涯学習の推進役の活動をした。

大江兵馬は東京地検特捜部長を務め、共和精糖事件などの指揮をとった。

北島孝久は東京地検特捜部副部長の時、ライブドア事件を担当し現場の陣頭指揮をとった。

オウム真理教の元幹部で弁護士だった青山吉伸は、京大法学部に進学、在学中の21歳時、全国最年少で旧司法試験に合格した。東京高裁で02年、懲役12年の実刑判決が確定し服役、09年に仮出所した。

駐イタリア大使などを務めた外務官僚出身の堀新助は、プロ野球パ・リーグの会長をした。

生野高校

大阪府立　松原市

１９２０（大正9）年に大阪府立第十二中学校として創立された。翌年に生野中学校と改称された。校名は所在地である東成郡生野村（現大阪市生野区）に由来した。

戦後の学制改革で男女共学の新制生野高校となった。しかし、69年に校地は松原市に移転した。大阪府教委は広い校地を求めて郊外移転を検討、「生野」の名前を残すことで、同窓会などと折り合った。

松原市は大阪府の中南部にあり、大阪市と隣接する。人口12万人弱の典型的なベッドタウンだ。

校訓は「剛健・質実・自重・自治・至誠」の5綱領だ。

文部科学省からＳＳＨの指定を受けている。

大阪府教委は、府立高校10校を難関大学への進学指導に力を入れる「進学指導特色校」に指定している。生野高校もその一つになっている。

毎年春の大学入試では現役で半分弱の卒業生が国公立大に合格する。浪人も合わせ毎年度、東京大、京都大、東北大に各1人、北海道大に数人、大阪大に約25人、神戸大に十数人が合格している。私立大には延べ人数で、関西学院大約30人、同志社大に約70人だ。

部活動が盛んで、98％の生徒が参加している。

シンクロ指導者の井村雅代

卒業生で現在、活躍ぶりが最も目立つのはシンクロナイズドスイミング（現アーティスティックスイミング）の指導者である井村雅代だろう。中国、英国でも指導した経験を持つ国際人だ。

五輪の日本代表コーチや自身が代表を務めるクラブで、独特なスパルタ式指導法で、有力な選手を次々と育てている。

元サッカー選手で日本代表チーム主将を務め、現在はガンバ大阪監督の宮本恒靖がＯＢだ。

漫画家のサトウサンペイが旧制

卒だ。1965年に朝日新聞朝刊で連載開始した4コマ漫画『フジ三太郎』は、1991年まで26年間も続いた。

　昭和時代の作家である岡田誠三は、戦争中の44年に『ニューギニア山岳戦』で直木賞を受賞した。

　成瀬政博はイラストレーターで、「週刊新潮」の表紙絵を担当している。

　評論家の竹村健一は、旧制生野中の1年生の時に、旧制兵庫県立生野中（朝来市）に転校し、卒業した。偶然だが、「生野から生野へ」だ。19年7月に死去した。

　上方芸能評論家の吉田留三郎、文楽研究家の吉永孝雄、彫刻家の松岡皐、園芸家の富山昌克、経営評論家の小宮一慶、小説家の赤沢竜也と定金伸治らもOBだ。

　企業でトップを務めた卒業生は現職も交るが、柴谷貞雄（阪急電鉄）、朝田静夫（日本航空）、中邨秀雄（吉本興業）、末沢寿一（日本ハム）、高岡浩三（ネスレ日本）らがOBだ。

　ベンチャー精神あふれるOGを特筆しておこう。薬剤師国家試験対策予備校「メディセレ」の創業者で、代表を務める児島恵美子だ。

　学者では、物理学者で大阪市立大学長を務めた渡瀬譲、経済学者で関西学院大学長の村田治が卒業している。

　国文学者で井原西鶴研究の泰斗である野間光辰、金融論の片山貞雄、憲法学の松本和彦、西洋法制史の屋敷二郎、移民問題研究の第一人者である毛受敏浩《めんじゅとしひろ》らもOBだ。

　政治家では、元医師で衆参議員を計約41年務め外相などを歴任した中山太郎がいた。

　中山は父母、弟が国会議員を務める政治家ファミリーだ。

吉村は大阪市長から府知事に

　中山より52年も後輩で弁護士の吉村洋文は、15年12月から大阪市長を務めていたが、辞任して19年4月の大阪府知事選に出馬し、当選した。大阪維新の会が推進している「大阪都構想」を実現させるため、大阪府知事、大阪市長のダブル選挙を戦術として採用した。

吉村洋文

豊中高校

大阪府立　豊中市

大阪市の北側で、大阪都心から15キロ圏内にある豊中市。千里ニュータウンの一角を占めており、良好な住宅地が広がるベッドタウンだ。

1921（大正10）年、大阪府立としては13番目の中学校として設立された。翌年には現在地に移り、府立豊中中学となった。戦後の学制改革で、男女共学の新制豊中高校に衣替えされた。

教育方針として、校歌にも歌われている「質実剛健」と「協同進取」を掲げる。

略称は「豊高《とよこう》」だ。文理学科と普通科が併置されている。2018年度募集からは、すべて文理学科となった。

文部科学省から、SSHとSGHに指定されている。両方を同時に指定されている高校は全国で二十数校しかない。

さらに大阪府からは、グローバルリーダーズハイスクール（GLHS）の指定を受けている。府立高校10校が指定されており、その内の1校だ。

また大阪府からは、実践的英語力の強化を目的とするスーパーイングリッシュティーチャー（SET）が配置されている。

SSH、SGHなど4支援策

この4つの支援策を存分に活用した、多彩な教育プログラムが組まれている。①英国語学研修　②インドネシア、マレーシアでの海外フィールドワーク　③土曜講習、土曜セミナー　④即興型英語ディベートなどだ。

全校生徒の9割以上が部活動に参加している。吹奏楽、ダンス、放送部などが全国大会に出場している。野球部は旧制時代の1928年に、夏の甲子園大会に1度、出場している。

公立高校の運動部には珍しく、アメリカンフットボール部がある。終戦直後に進駐軍の米国人中尉が来校してアメフトを指導した、という故事が残っている。

大学進学では「第一志望の進路実現」を目標に掲げている。

19年春の大学入試では現役、浪人合わせ、京都大８人、大阪大52人、神戸大に35人が合格した。

大阪大については、10年前の09年には21人だったので倍増している。現役で国公立大に合格するのは３人に１人だ。

私立大には延べ人数で早稲田大13人、慶応大２人、関西学院大１００人、同志社大１９２人だった。

卒業生でこの10年、活躍ぶりが

森本敏

最も目立っているのは、国際政治学者で防衛問題の論客として鳴らしている拓殖大総長の森本敏であろう。

森本は防衛大学校に進学し、航空自衛隊に入隊した。外務省・安全保障課に出向したことから自衛隊を除隊し、外務省に入省した。米タフツ大大学院に留学するなど防衛問題を研究し、日本の大学教員になった。

防衛問題の論客・森本敏

09年の自民党内閣で防衛相の初代補佐官に起用された。民主党内閣では12年に、民間人として初の防衛相に就任した。

森本より４期先輩の西原正も国際政治学者で、やはり防衛問題が専門だ。00年から６年間、第７代防衛大学校校長を務めた。

慶応大教授の上山信一は、大阪府・市の特別顧問に続き、東京都知事・小池百合子（神戸市・私立甲南女子高校卒）の要請で東京都顧問にも就き、「東京大改革」をアドバイスしている。

上山は京大卒後に運輸省役人、マッキンゼー日本支社共同経営者などを経験し、「組織」や「マネジメント」のコンサルタントとして腕を磨いた。

丹羽太貫《おおつら》は、原爆による放射線被曝の影響を追跡調査している日米共同研究機関「放射線影響研究所」（放影研、広島・長崎両市）の理事長だ。

放影研の前身である米原爆障害調査委員会（ＡＢＣＣ）が「調査すれども治療せず」と批判されて

きたことに対し17年6月、丹羽は公の場で初めてトップとして直接、謝罪した。

原子力工学者で国の原子力安全委員会委員長代理を務めた住田健二は、東電福島第1原発事故後に「推進派のざんげ」として「私の力不足をお詫びする」とあやまった。

建築学者の西山夘三《うぞう》は、住宅問題や団地計画についてフィールドワークに努めた。

数学者の柏原正樹は、代数解析学の研究で国際的に評価されている。88年に日本学士院賞を受賞、京大数理解析研究所所長を務めた。18年には国際数学連合から、抜群の業績を上げた数学者を称える「チャーン賞」を日本人として初めて授与された。

理系の学者ではさらに、口腔生理学者で甲子園大学長を務めた河村洋二郎、心臓外科医の第一人者で文化功労者の川島康生、環境科学者で神戸女学院大学長を務めた川合真一郎、システム工学者で諏訪東京理科大学長の河村洋、医療系薬学が専門で京都薬科大学長を務めた乾賢一、宇宙物理学の柴田一成と青山秀明、昆虫生理学の沼田英治、農業土木学の村上章、海洋環境学の小松輝久、ロボット工学の横小路泰義らがOBだ。

文系では、日本とカナダや米国との国際関係を研究している飯野正子がOGだ。津田塾大学長を、12年11月まで8年間務めた。

シャープの3代・7代社長

16年に台湾資本の傘下になったシャープ。辻晴雄は3代目社長として「液晶のシャープ」を築き上げた。しかし、豊中高校で22期後輩の高橋興三は、液晶の過剰投資がたたって経営難に陥った中でシャープの7代目社長に就任し、会社を外資に身売りした。

鳥井道夫は、サントリーHD名誉会長で、関西経済同友会代表幹事を務めた。

吉本晴彦は大阪マルビルのオーナーで、「大日本ドケチ教教祖」を名乗った。

大企業でトップを務めた卒業生は現職も交じるが、小林米三（阪急電鉄）、鳥居正一郎と福光尚次（阪急百貨店）、高碕芳郎（東洋製缶）、佐々木良夫（関西ペイント）、久井恵之助（ニチロ）、草井由博（湧永製薬）、塩野芳彦（塩野義製薬）、鍵本孝三(日立工機)、越智常雄(読売テレビ放送)、松原彰雄（豊田合成)、北修爾（阪和興業)、古川実（日立造船)、伊藤忠彦（関西アーバン銀行)、永田武全（京阪神ビルディング)、古川與四郎（ダイハツディーゼル)、三井正則（ダイハツ工業)、福島裕（福島工業)、丸尾和明（日本旅行）らだ。

守本正宏は、人工知能を駆使したビッグデータ解析事業を手掛ける「FRONTEO」の創業社長だ。

倉橋泰は、フリーペーパーの発行事業である「ぱど」の創業社長だ。

政治家では、運輸相などを務めた原田憲、民主党幹事長、衆院副議長を歴任した中野寛成、官房長官を務めた藤村修が卒業生だ。

三木秀夫は大阪弁護士会所属の弁護士で、関西系企業の不祥事などの対応に関わることが多い。07年の船場吉兆の食品偽装問題では謝罪会見に女将と並んで同席した（「ささやき女将会見」）。

文芸では、小説家、作詞家で、アメリカ民謡『森のくまさん』の作詞を手がけた馬場祥弘、脚本家の土橋章宏がいる。

「映像の世紀」の加古隆

音楽では、作曲家、ピアニストの加古隆が光っている。NHKスペシャル「映像の世紀」のテーマ曲でおなじみだ。

加古隆

東京芸大・作曲家で学び、フランス政府給費留学生としてパリ国立音楽院作曲家に留学した。

作曲家、指揮者の山室紘一、シャンソン歌手の杉山泰子、ピアニストの瀬田敦子、ソプラノ歌手の幸田浩子、新進のチェリスト・辻本玲もOB、OGだ。

美術では、彫刻家、空間造形作家の新宮晋がOBだ。風や水で動く立体作品が、各地の美術館の屋外に展示されている。

スポーツでは、昭和時代に活躍したテニス選手で、日本最初のテニススクールを開校した鵜原謙造がいた。

足立美由紀はスカッシュの女子プロプレーヤーだ。全日本選手権で5連覇した記録を持ち、「スカッシュ界のマドンナ」といわれる。

住吉高校

●大阪府立　●大阪市阿倍野区

　前身の大阪府立第十五中学校が開校したのは１９２２（大正11）年だった。すぐに住吉中学と改名され、戦後の学制改革で男女共学の新制住吉高校となった。現在では女子５・男子３の比率だ。

　阿倍野というと繁華街のイメージがあるが、住吉高校の周辺は静かな住宅地だ。

　住吉高校と名乗りながら阿倍野区内に校地があるのは妙な感じだが、戦争中に住吉区が分区され、阿倍野区ができたためだ。

　グローバルな観点に立って国際社会に貢献できる人材と、科学技術立国をリードする人材の育成を目指す「国際・科学高校」として、十数年前から再編整備された。具体的には、国際文化科と総合科学科の２学科が設置されている。

「使える英語」に力を入れる

　国際文化科では、英語の運用能力・表現力を高め、ＴＯＥＦＬ・ＴＯＥＩＣに対応する語学力を伸ばす教育を行っている。とりわけ「使える英語」に力を入れ、スピーチコンテストやディベート大会を授業で実施している。

　２年生からは第２語学として朝鮮語、中国語、フランス語、スペイン語から１科目を選択できる。

　総合科学科では、実験・実習を積極的に行い、探求心を育てるとともに、数学・情報を加えた理数科の専門科目で充実した理数教育を実施している。文科省からＳＳＨに指定されている。

　校風は「自由闊達」と「学力第一主義」だ。

　「国際・科学高校」という特色を鮮明に打ちだせる背景として、卒業生が多方面で活躍していることがある。

　もっとも著名な人物は、「緑色蛍光たんぱく質の発見」により２００８年にノーベル化学賞を受賞した下村脩《おさむ》（１９２８年生まれ）だ。一般には「クラゲやウミホタルの研究」で記憶されている科学者だ。

09年10月に下村は、母校・住吉高校に65年ぶりに来校した。下村が通っていたのは旧制住吉中時代だが、学食のカレーがおいしかったという話なので、食堂では当時のカレーを再現し、昼食会の席に出したという。

下村は、中学時代のほとんどを住吉中学で過ごしている。下村の中学時代は太平洋戦争と重なっていた。まず長崎県立旧制佐世保中学（現佐世保北、佐世保南高校の前身）に入学、1年生の3学期から住吉中学に転校してきた。

4年生の1学期終了後に長崎県に疎開し、旧制県立諫早中学（現諫早高校）に入ったが、学徒動員され、結局、諫早中学では1時間の授業も受けられなかった。

住吉中が長かった下村脩

旧制長崎医科大学（現長崎大）―名古屋大学―米プリンストン大学―ボストン大学―ウッズホール海洋生物学研究所などで地道に生物発光研究を続けたことで、後年のノーベル賞受賞に結びついた。

日本人のノーベル賞受章者のほとんどは旧帝大系卒業生であるが、下村は異色の経歴だった。18年10月に死去した。

下村は文化勲章も授与されているが、住吉ＯＢにはもう一人、受賞者がいる。下村より2年後輩のウイルス学者である豊島久真男だ。ウイルス癌遺伝子の存在を初めて証明し、その後の癌研究に大きな貢献をした。

ウイルス学者で大阪大総長を務めた釜洞醇太郎は、旧制住吉中学で豊島の20期先輩だ。豊島は弟子の一人だった。

理系の学者ではさらに、栄養化学が専門で名古屋大総長を務めた芦田淳、有機化学者で文化功労者の村井真二、原子核物理学者でニュートリノ実験加速器施設である「Ｊ-ＰＡＲＣセンター」の初代センター長をした永宮正治らがＯＢだ。

医師では高野久輝が人工心臓や人工肺の開発・研究で知られる。

心臓外科医で前兵庫医療大学長の松田暉は大阪大教授時代、臓器移植法制定後の脳死判定による心臓移植手術を、99年に日本で初めて行った。

文系の学者では、比較文学者で前大手前大学長の川本皓嗣、ロンドン大学で国際政治史を教えていたサキ・ドクリルらが卒業生だ。

中谷巌はマクロ経済学者で、大阪大や一橋大教授を務めた。99年にソニーの社外取締役に就いた。

大学教授が現職のまま上場企業の社外取締役に就いた例としては、ほぼ初めてのケースだった。01年～08年、多摩大学長をした。

黒沢満は国際法が専門で、15年の核拡散防止条約（NPT）再検討会議の日本代表団の一員となった。

イザベラ・バードを追う

地理学者の金坂清則は、明治初期に日本を訪れ『日本奥地紀行』を著した英国の女性旅行家イザベラ・バードの研究に没頭している。バードの旅行記の翻訳に当って、旅行記に記された場所まで足を伸ばして写真を撮影、各地で巡回展を開いてその成果を披歴した。

政治家では、郵政相、法相などを務めた左藤恵、官僚では通産省出身の赤沢璋一が日本貿易振興会（現日本貿易振興機構）理事長や富士通副会長を歴任した。

藪中三十二は外務事務次官まで上りつめた。岡村泰孝は第17代の検事総長を務めた。

企業の経営トップを務めた卒業生では、元職と現職がまじるが、西村彦次（マンダム）、桃谷政順（桃谷順天館）、大西正文（大阪ガス、大阪商工会議所）、末松謙一（さくら銀行・現三井住友銀行）、柴田俊治（朝日放送）、奥井功（積水ハウス）、小野田隆（住友海上火災）、小川大介（ダイセル）、竹中恭二（富士重工業）、西秀訓（カゴメ）、中嶋克彦（上新電機）、角倉護（カネカ）、蓮輪賢治（大林組）らがいる。

辻勲

IT（情報技術）関連企業のトップ経験者では、西岡郁夫（インテル日本法人）、有馬誠（グーグル日本法人）らがいる。

ベンチャー企業の創業者としては、小笹芳央が独自の技法を生かした経営コンサルティング会社「リンクアンドモチベーション」を設立した。

辻勲は、調理師養成学校やクッ

キングスクールなどを運営する辻学園の創設者で、料理文化の発展に貢献した。

芥川賞作家が2人いる。庄野潤三が55年に、『プールサイド小景』で受賞した。住吉中学時代の国語教師に、詩人の伊東静雄（旧制長崎県立大村中学・現大村高校卒）がいた。

もう一人は阪田寛夫で、75年に『土の器』で受賞している。旧制住吉中学では庄野が4期先輩だった。庄野と同じく朝日放送に勤務、同僚として親交が続いた。

昼飯はカレーの堺屋太一

通産官僚出身の堺屋太一は多彩な活動を続けてきた。博覧会の企画プロデューサー、小説家などをはじめ、民間人ながら経済企画庁長官に起用された。『油断！』『団塊の世代』という話題作をモノした。19年2月に死去した。

51年に入学した堺屋は、住吉高校について「当時としては超モダンな自由主義高校。（中略）学校のある日の昼飯は全てカレーライスに……」（朝日新聞13年1月11日朝刊）と、回想している。

SF作家の眉村卓、競馬評論家、SF脚本家の山野浩一、小説家のいしいしんじ、航空評論家の杉江弘もOBだ。

音楽では作曲家の松平朗、指揮者の宮城敬雄、ピアニストの木下千代や名畑ゆかり、テノール歌手の加藤ヒロユキ、ソプラノ歌手の福嶋千夏らがOB、OGだ。

堺屋太一

美術では版画家、彫刻家で京都工芸繊維大学長を務めた木村光佑、アートデザイナーの夏原晃子らがいる。

日本画家の黒田猛と林正明は、住吉高校の美術科教諭をしていた。新進画家の林俊作もいる。

アンミカ（安美佳）は、韓国出身の女性ファッションモデルだ。タレントとしてテレビ出演もしている。

毎年度の大学入試で、現役で国公立大に合格するのは約20％だ。浪人も合わせ毎年度、京都大、大阪大に各数人が合格している。関西の私立大に進学する者が多い。

泉陽高校

大阪府立　堺市堺区

公立高校なのに都市の名が冠せられてないせいか、全国ベースでは校名が知れわたっていない。

経緯があった。前身は、堺市立堺高等女学校として１９００（明治33）年に設立された女学校だ。12年に堺市から大阪府に移管された。

戦後の学制改革で男女共学となったが、この時、校名をめぐって紛糾した。旧制堺中学を「堺第一」、堺高女を「堺第二」とする案などが出たが、結局、両校とも「堺」の地名を外し、堺中学は三国丘高校、堺高女の方は昔からこの地方をさす「泉州」にあやかり「泉陽」にしたというわけだ。

泉陽高校は、女学校の伝統を受け継ぐだけに、女性の卒業生の活躍ぶりが目立っている。

教科書にも出てくる歴史上の人物ではあるが、歌人・作家の与謝野晶子がその筆頭だ。女性論、教育論などを中心とした論評も多く、社会思想家とも言えるだろう。

与謝野晶子が明治時代に学ぶ

歌集『みだれ髪』や詩の『君死にたまふことなかれ』などが強く印象に残る。堺の和菓子屋の娘として生まれ、堺高女のルーツとなった堺区立堺女学校に入学（すぐに堺市立に移管）、１８９４（明治27）年にその補習科を卒業した。

与謝野晶子

夫・鉄幹との間に6男6女をもうけた。うち１人は里子に出しており、11人の子に孫は総勢21人もいる。その内の１人が自民、民主の両党で重要閣僚をした衆院議員の与謝野馨（東京・私立麻布高校卒、17年5月死去）だ。

与謝野晶子から22年後に堺市で生まれた由起しげ子は、戦後の１９４９年（昭和24年）に再開された芥川賞を受賞している。

晶子からざっと50年後に生まれた脚本家、劇作家の橋田寿賀子は、由起と同じく府立堺高女の出身。『おしん』『渡る世間は鬼ばかり』など数多くのテレビ・ドラマでヒットを飛ばしている。

橋田は19年9月、94歳ながら3時間ドラマの脚本をモノした。

橋田寿賀子に西加奈子

晶子生誕からほぼ100年たって生を受けたやはり堺育ちで、泉陽高校卒の西加奈子は15年、『サラバ!』で直木賞を受賞した。この高校には、文芸の血が流れているようだ。

さらに女性の卒業生を列挙してみよう。旧制卒の城みさをは、手織りの手法の一つである「さをり織り」の創始者だ。障害のある人たちに広がり、愛好者は50カ国以上で十数万人に上る。城は18年1月に104歳で死去した。

やはり旧制卒の友国晴子は、神戸親和女子大学を創立した。

現在活躍中の卒業生では、女優の沢口靖子、ゴスペルシンガーの大上留利子や森祐理、アニメーターの森川聡子、作家・作詞家のヒロコ・ムトーらがいる。

学者になった卒業生は、海洋気象学の永田豊、情報工学者でコンピューター・ウイルスに詳しい森井昌克、社会福祉学の岡田忠克らだ。

男性のモノ書きでは、歴史作家の新井英生、放送作家の源高志、雑誌『堺 泉州』を編著書している絵本多加三、漫画研究家でノンフィクション作家の中野晴行らがいる。

音楽では、作曲家の沢近泰輔と石若雅弥。石若は与謝野晶子の詩に曲をつけ、泉陽高校の音楽部がそれを唄うことが恒例行事となっている。

講談師の4代目旭堂南陵は、参院議員をした。宮本充は声優・俳優だ。寺本勲も声優で、前述の西加奈子と泉陽高校で同期だった。

メディア関連では、清水健と松井昭憲が関西で人気のアナウンサー、パーソナリティだ。

毎年度の大学入試では3分の1が現役で国公立大に合格する。浪人も合わせ京都大、北海道大、九州大に各1人、大阪大に約10人、神戸大に数人、大阪市大、大阪府大に各約30人が合格している。

清水谷高校

●大阪府立　●大阪市天王寺区

大阪城の南に位置し、上町台地と呼ばれる丘陵地の北端近くにある。周辺は多くの学校や寺院などがある文京地区だ。

ルーツは、1900（明治33）年設立の大阪市立第二高等女学校だ。翌年に府立清水谷高等女学校と改称された。泉陽高校と並んで、大阪府立では2番目に古い高女だ。

良妻賢母を目指す女子教育界にあって、名門の誉れ高かった。大阪の町人文化の中心となった船場のいとはん・こいさん（お嬢さん）が学ぶ学校として知られていた。

戦後の学制改革で、旧制高津中学校（現高津高校）と教職員、生徒を交流させて男女共学となった。現在は男4・女6の比率だ。

国際交流活動に熱心に取り組んでいる。オーストラリアの高校で行う語学研修は10年以上続いている。合唱部はドイツに演奏旅行に出かけている。

7割の生徒が関西の私大に進んでいる。大阪大、神戸大などの国公立大に進学するのは1割弱だ。

おばちゃん党の谷口真由美

元気がいい卒業生がいる。2012年に「全日本おばちゃん党」という任意の市民団体を旗上げした谷口真由美だ。女性の人権問題などを研究している法学者で、大阪国際大准教授などを務めた。

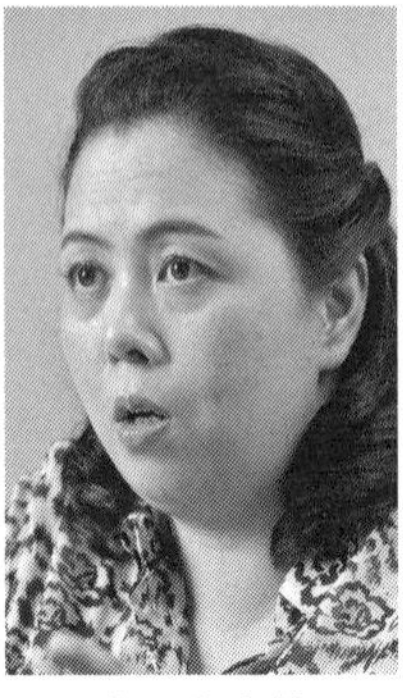

谷口真由美

「オッサン政治に突っ込みを入れよう」と、交流サイト・フェイスブックを舞台に会員を募ったところ、「党員」（会員）は6100人を超えたという。テレビのコメンテーターとしても、売れっ子になっている。19年6月から日本ラグビーフットボール協会理事でもある。

衆参議員を務め、がん対策基本

法の成立に尽くした山本孝史もいた。

建築家の東孝光が著名だ。東京渋谷区の約20平方メートルの狭い三角形の敷地に66年に建てた自宅（地上5階地下1階）の狭小住宅は、「塔の家」と呼ばれ話題になった。70年の大阪万博では、三井グループ館の設計を手がけた。

学者・研究者では、国際法が専門で帝塚山大学長をした松岡博、経営学者で和歌山大学長を務めた小田章、チベット仏教学が専門で前四天王寺大学長の西岡祖秀、財政学者で奈良県立大学長の伊藤忠通、地理学者でＧＩＳ（地理情報システム）の先駆者・碓井照子、商法学の山手正史、マクロ経済学の瀬尾芙巳子、井原西鶴など日本文学研究者の桝井寿郎らが卒業している。

理系では、生命科学者でヒトゲノム解析の第一人者である服部正平、プラスチック技術を研究し大阪市立工業研究所理事長を務めた喜多泰夫、情報工学の矢野米雄がいる。

過労死対策の下川和男

社会的な活動をしている弁護士がいる。芝原明夫は06年から大阪アスベスト（石綿）弁護団団長を、下川和男は01年に結成された「労働基準オンブズマン」の事務局長として過労死対策に取り組んでいる。

経済界では、女性の名物経営者として知られる尾崎公子が高女時代の卒業だ。大阪・船場育ちで、中堅商社オザックスの経営に長年携わり、全国商工会議所女性会のリーダー役を務めた。

総務官僚出身でＫＤＤＩ副会長を務めた有富寛一郎、西日本電信電話（現ＮＴＴ西日本）社長をした浅田和男、日本相互証券社長をした橘田喜和もＯＢだ。

文芸では、随筆家の谷崎松子がいた。作家谷崎潤一郎の３人目の妻で、４人姉妹を描いた『細雪』のモデルの一人となった。

脚本家の高田宏治、歴史小説家の塚本青史、脚本家、演出家のきだつよしもいる。

芸能では俳優の豊川悦司、安藤亮司、女優のたくませいこ、宝塚女優の伶美うらら、落語家の桂福車、文楽の豊竹咲寿太夫がＯＢ、ＯＧだ。映画の撮影監督・沖村志宏もいる。

夕陽丘高校

●大阪府立　●大阪市天王寺区

「ゆうひがおか」高校という。1906（明治39）年に大阪府立島之内高等女学校（南区）として創立された。

大阪府立の女学校としては4番目だった。数年後に天王寺区夕陽丘町に校舎が移転したのを機に、夕陽丘高等女学校と改称された。

校地は34年にさらに現在の天王寺区北山町に移ったが、「夕陽丘」の名称は変えなかった。「夕陽丘」は大阪湾の夕陽が望める、として13世紀から伝わる由緒ある地名だった。それに、粋な響きもあったからだ。

戦後の学制改革で新制夕陽丘高校となり、男子にも門戸を開いた。この時も校名は変えなかった。

計960人の全校生徒のうち女子が6割を超える。戦前に女子校だった名残が今でも続いている。

「明朗」「温雅」の校風

校風は「明朗」「温雅」だ。「豊かな情操と気品のある人格を育み、これからの社会を支える健全な精神を持つ若者を育成します」との教育方針を掲げている。

95年に7学級の普通科とは別に音楽科を設置した。音楽科は大阪府立の高校としては唯一だ。これに合わせて校舎を改築し、約320席を有するオーケストラホールも作られた。

生徒数は1学年に1学級40人で、教諭のほかに声楽、ピアノ、バイオリン、フルート、琴、打楽器などの非常勤講師が40人以上そろっている。

国際交流にも熱心に取り組んでいる。音楽科の生徒は春休みを利用してウィーンに音楽研修旅行をする。普通科の生徒は、夏休みに海外英語研修に臨む。長期、短期の留学生も毎年度、数人を受け入れている。

大学入試では、大阪大、神戸大、奈良女子大などに毎年度、数人が合格している。多くは、関西の私大に進学している。

音楽科の生徒は、京都市立芸術大、愛知県立芸大などに毎年度15人ほどが合格している。

卒業生で最も知名度が高い人物は、作家、政治運動家だった小田実《まこと》だろう。29歳の61年に出した『何でも見てやろう』が当時の若者に受け、ベストセラーになった。

べ平連の小田実

65年には、「『ベトナムに平和を！』市民連合」（べ平連）を作り、政治活動にのめり込んでいった。昭和40年代から平成にかけ進

小田実

歩的文化人の象徴のような存在になった。

労働官僚出身で文相をした赤松良子が、高女時代の卒業生だ。労働省婦人少年局長の時に男女雇用機会均等法の立案にあたった。「私自身、男女格差に泣かされたから、均等法の成立は悲願だった」（文藝春秋15年3月号）という。ウルグアイ大使などをした後、細川、羽田内閣で民間出身の文相に起用された。

大正、昭和時代の女性運動家・富本一枝は、明治時代の卒業だ。卒業してすぐに青鞜社に加わり「新しい女」として物議をかもした。

40年には日本初の女性弁護士が3人、誕生した。3人とも明治大女子部卒で、夕陽丘高女卒の久米愛はその1人だった。日本婦人法律家協会（現日本女性法律家協会）の会長職を26年間、務めた。

新制卒の西垣敬子はNGO宝塚・アフガニスタン友好協会代表で、内戦が続いていた90年代からアフガニスタンで女性や子どもを中心とした難民支援活動をしている。06年に毎日国際交流賞を受賞した。

佐々木治郎はNPO法人「国境なき奉仕団」のマネージャーの一員として、ケニアの医療などに継続的に支援活動をしている。

経済界で活躍している卒業生では、日本コンピュータ・ダイナミクスを創業した下條武男がいる。日本のIT系ベンチャーのパイオニアだ。

宇野元忠は大阪有線放送社（現USEN）を、同期の大倉昊は化

粧品のノエビアを創業した。

　仲津英治はJR西日本の新幹線500系の技術開発責任者として、カワセミが嘴から水中に飛び込む姿に学び、斬新な先頭車両スタイルを生み出した。

　企業のトップ経験者では、石川博志（関西電力）、浜本敏孝（宇徳運輸）、河村敏介（日本スピンドル製造）、中前公志（近畿大阪銀行）らがいる。

芥川賞の米谷ふみ子

　文芸では、米谷ふみ子が86年に『過越しの祭』で芥川賞を受賞した。大阪女子大（現大阪府立大）卒後、油絵で関西女流美術賞を受賞した。抽象画家として米国に移住したが、文筆活動に転じた。米ロサンゼルス在住。

　俳人の鷲谷七菜子も高女卒。脚本家の若槻文三は新制卒だ。

　美術では、女性洋画家の先駆者の1人である桜井悦、NHK出身でテレビ美術デザイナーの水速信孝、工業デザイナーで高速鉄道車両のデザイン開発などを手がけた木村一男、染色作家の進藤あつ子、日本画家の丹羽貴子と鹿見喜《きよ》陌《みち》、墨彩画家の松永恵子らがOG、OBだ。

　上杉武夫は米国在住の造園家で、日本庭園の普及を世界に向け発信している。

　小川忠彦は昭和期の西洋料理研究家だ。パリで修業し、民放の料理番組で講師を務めた。

　服飾界の先駆者の一人である上田安子もいた。高女当時、自分でデザインしたセーラー服やジャンパースカートなどハイカラなファッションで登校していた。当時の校長は、上田のセーラー服を参考に制服を決めたという。

　音楽で才能を発揮した卒業生も、たくさんいる。夕陽丘高校は音楽科開設よりだいぶ前の旧制時代から、合唱コンクールで全国優勝するなど数々の実績があった。

　玉置温子は高女卒で、母校で合唱指導や後進の音楽家の育成に尽くした。安江克子も母校の教壇に立ち、音楽科開設に貢献した。

　比石妃佐子はスペイン・バルセロナ在住のピアニストだ。京都市立芸術大音楽学部に進学し、ドイツ、スイスなどで修業した。

　ピアニストでは他に藤村るり子、宇都宮淑子がいる。バイオリニストでは井上隆平がいる。

声楽では木川田誠、上畠力、石橋栄実が、作曲家では物部一郎、指揮者では堀俊輔、邦楽研究家では久保田敏子らがOB、OGだ。岩井ゆき子はジャズシンガーだ。

　音楽科出身で活躍している若手では、声楽の松原友、ドイツでオペラ歌手として活躍している辻井亜季穂、ホルン奏者の蒲生絢子、ソプラノ歌手で劇団四季の女優・苫田亜沙子、ピアニストの蒲生祥子、稲葉瑠奈、バイオリニストの松浦梨沙らがいる。

　山本俊彦はコーラスグループ「赤い鳥」「ハイ・ファイ・セット」の一員として活躍、『卒業写真』などをヒットさせた。

　吉川智明は音楽プロデューサー、大橋也寸は現代日本で指折りの演出家、前田哲は映画監督だ。

有馬稲子

「ネコちゃん」の有馬稲子

　芸能では、愛称「ネコちゃん」の女優・有馬稲子がいる。高女から宝塚音楽学校に入学し、東宝の専属女優となった。舞台では「風と共に去りぬ」が、映画では「彼岸花」などが、代表作だ。

　お笑いコンビ「非常階段」のシルク・粕谷文子とミヤコ・吉崎勢津子は、小学校から大阪外国語大(現大阪大外国語学部)卒まで同級生だった。

　ミヤコが96年に死去した後、シルクは休業して渡米、帰国後にタレント活動を再開し、美容研究家としても活躍している。

　大石直嗣《ただし》は将棋棋士だ。89年生まれの気鋭で、19歳でプロ入りし、17年に七段になった。

　学者・研究者では、英文学者で音楽評論家の鴫原真一、西洋史の合阪学、行政学の中邨章、国文学者の伊藤鉄也、情報セキュリティが専門の木村章弘らがいる。

　昭和時代、夕陽丘高校の運動部は水泳、ホッケー、陸上などが強く有力選手を輩出した。水泳の八木清三郎は日本大学1年の56年、メルボリン五輪の1500メートル自由形に出場した。

　八木より5期上の安部忠俊は60年のローマ五輪にホッケー日本代表の主将として出場した。

港高校

大阪府立　大阪市港区

校名どおり大阪港に面した位置にある。所在地は港区波除《なみよけ》という、まさにそれらしい町名だ。

3キロほど南西には、標高4・53メートルの天保山がある。日本で1、2位を争う低山だ。

1911（明治44）年に府立江戸堀高等女学校として設立された。大阪市内の高女としては5校目の設置だった。江戸堀から現在の地に移転した際の14年に市岡高女と改め、戦後の学制改革で新制港高校となり、男女共学化された。

校訓は「悠志青雲」だ。遥かなる未来に向って青雲の志を持ち、よりよい社会づくりに貢献できる人材の育成を図る――という意味だ。

1980年代後半から周辺人口が急増し、89年には3学年で41クラスにもなり、2000人近くの生徒が通っていた。現在は計22クラスで約860人だ。男子4・女子6の比率だ。

2005年から毎年秋に「教えてっ！先輩」という行事を続けている。卒業生が母校を訪問し、生徒たちに将来の進路の参考になる話をするのだが、訪問する卒業生は百数十人という大ががりなものだ。

関西の私立大を中心に進学する生徒が3分の2、専門学校などに進む生徒が約30％だ。

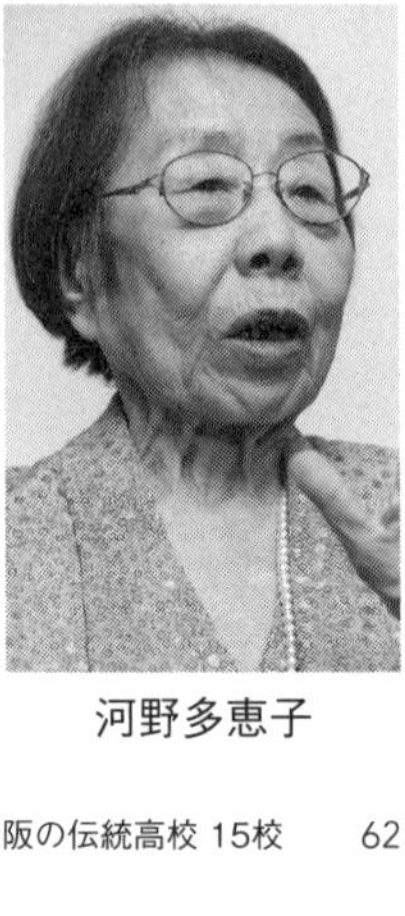
河野多恵子

文化勲章受賞の河野多恵子

著名な卒業生は、2014年に文化勲章を受章した小説家の河野多恵子だ。旧制卒で大阪府女子専門学校（現大阪府立大）に進み、1963年に『蟹』で芥川賞を受賞した。1987年から20年間、芥川賞の選考委員を務めた。15年1月に88歳で死去した。

河野より３期先輩には詩人、エッセイストの牧羊子がいた。夫は小説家の開高健（旧制大阪府立天王寺中学・現天王寺高校卒）だ。

新制卒では放送作家の古川嘉一郎、小説家の島村洋子、推理作家の水田美意子がいる。水田は１９９２年生まれで、06年に中学２年生にしてプロ作家としてデビューした。

学者では、中国文学者の筧久美子、微生物病の羽倉明、金融論の中井正彦、言語学の塚本秀樹らがいる。

女優の万田久子

芸能では、女優の万田久子がいる。港高校から帝塚山短期大に進学、在学中の19歳の時にミスユニバース日本代表に選ばれた。

女優の紅壱子、タレントの武内由紀子も活躍中だ。旧制卒では、宝塚歌劇団出身で戦前に人気舞台女優だった久美京子がいた。

音楽では、男性4人のボーカル・グループである「デューク・エイセス」の一員だった吉田一彦がOBだ。グループは17年末をもって解散した。

外山治彦は、２００３年〜07年にアーティスト「コブクロ」のプロデューサーとなり、多くのCD、DVDを売った。バリトン歌手の南洋一もいる。

書道家の大河内仙嶽、落語家の桂昇蝶、お笑いコンビ「ますだおかだ」の一員の岡田圭右もOBだ。

旧制時代からスポーツが盛んだった。１９２４年の第1回全日本排球選手権大会で優勝している。

佐藤忠明は高校教員の傍ら、72年ミュンヘン五輪で女子バレーボールのコーチを務め、銀メダルに導いた。

24年には全校生徒が鍬やバケツを持って、プールを完成させた。高女としては日本初のプールだった。

そのプールで練習した松沢初穂は50メートル、１００メートル自由形で当時の日本新記録を出し、32年のロス五輪に競泳女子代表（主将）とし出場した。

野球部は甲子園出場経験こそないものの、最近、大阪府立高校の中ではトップクラスの強さを誇る。男子生徒のうち5人に1人は野球部員だ。60年代に、プロ野球の近鉄などで投手として活躍した久保征弘がいる。

大阪教育大学附属高校天王寺校舎

●国立　●大阪市天王寺区

「iPS細胞」（人工多能性幹細胞）を初めて作製した京都大教授・山中伸弥が、２０１２年にノーベル医学生理学賞を受賞した。

山中が卒業したのが、大阪教育大学附属高校天王寺校舎だ。山中だけではない。実は「一家挙げて天王寺校舎」なのだ。

妻の知佳とは中学・高校を通じて同級だった。長女・美佳、次女・美樹も中学・高校の後輩だ。母と娘は３人とも関西医科大に進学、医師になった。

「校舎」とは風変わりな呼称だが、実は国立大学法人の大阪教育大は、大阪市天王寺区、大阪府池田市、大阪市平野区にそれぞれ男女共学の小学校、中学校、高校を持っている。平野区には特別支援学校と幼稚園もある。

中学と高校は中高一貫教育を行っているが、高校はキャンパスのある場所から「校舎」と呼んでいるのだ。天王寺校舎と池田校舎は１９５６（昭和31）年に設立されている。天王寺校舎はＳＳＨに指定されている。

学校内で行われる試験には、原則として試験監督がつかない。全国で極めて稀なケースだ。

お笑いタレント「ロザン」の宇治原史規が、この高校の卒業生だが、テレビ番組で「試験の時でも監督の先生はいなかった。参考書も自由に見られた」「校則などはなく、校則は自分で作りなさいと先生に言われた」と、自由を謳歌《おうか》したことを自慢げに語っている。

宇治原は京大法学部に現役で合格した。９年かかって京都大を卒業、大学時代から親に内緒で芸人として活動していた。クイズ番組に出演する事が多く豊富な知識を生かして、いつも好成績を残している。

ノーベル賞の山中伸弥

前述の山中に戻ろう。山中は、天王寺校舎で６年制の教育を受けたが、そのあとの学歴や研究生活は相当の曲折をたどっている。

　神戸大医学部を卒業したのち国立大阪病院臨床研修医―大阪市大医学研究科博士課程―米カリフォルニア大学サンフランシスコ校グラッドストーン研究所―大阪市立大薬理学教室助手―奈良先端科学技術大学院大学助教授・教授と移動し、04年に京大に三顧の礼をもって迎えられた。

　山中が現京大教授であることから「やはり京大卒の学者が……」と早合点しそうだが、山中が卒業した大学は神戸大だ。

山中伸弥

「邪《じゃ》魔《ま》中《なか》と冷やかされた」と本人が自嘲しているように、神戸大時代に整形外科医を目指した山中は、手術が下手で基礎研究の道に方向転換した。山中が必ずしも飛びぬけた秀才、エリート研究者ではなかったことは、以上のめまぐるしい経歴からも推察できる。
　高校時代の山中は、柔道やラグビーに打ち込む文武両道型の生徒だった。天王寺校舎を巣立った時に山中が、「『夢を大事にしたい』と言い残していったことが印象的だった」と当時の担任の先生が述懐している。
　俳優でワイン通で知られる辰巳琢郎も天王寺校舎卒で、山中より4年次先輩。山中とはワインの飲み仲間だ。やはりクイズ番組によく登場し、数多く優勝している。

19年春の大阪府知事選で、自民党から出馬要請を受けたが、断った。

　宇治原や辰巳のほかにも、芸能分野で活躍している卒業生がいる。俳優・ナレーターの細見大輔、お笑いタレントで物まねが得意なエハラマサヒロがOBだ。

福島原発の所長・吉田昌郎

　11年3月11日の東日本大震災で東京電力福島第一原子力発電所が過酷事故を起こしたが、当時の所長だった吉田昌郎が天王寺校舎の卒業生だ。

　首相官邸や東電本社からの的外れの指示をはねのけ、果断な現場対応で再臨界を免れたとして評価された。大津波の備えを怠っていた責任も指摘されている。

　当時の首相・菅直人（都立小山

吉田昌郎

台高校卒）は事故の翌朝、原発サイトに急行した。吉田が親分肌で部下から慕われていることに加え、自身と同じ東京工業大出身であることから吉田を信頼したという。

吉田は食道がんのために11年12月に所長職を退任し、本店の執行役員となった。13年7月に58歳で死去した。原発事故による被曝の影響はないと思われるが、過度なストレスが影響したのは間違いないようだ。

山中のノーベル賞受賞の半年前に、大きな話題を呼んだ卒業生がいた。オウム真理教の信者だった菊地直子だ。95年のオウム真理教による東京都庁爆発物事件の容疑者の一人として指名手配されていたが、12年6月に警視庁に逮捕された。17年間も潜伏生活を続けていた。

菊地は殺人未遂ほう助罪に問われていたが、最高裁は17年12月、検察側の上告を棄却する決定を出し、菊地は晴れて無罪となった。

前述した山中のような気鋭の学者、研究者を多数、輩出している。

東洋考古学の岡村秀典は、伝説とされてきた中国・夏王朝など黄河文明の研究で知られる。さらに日本古代史の吉村武彦、数学教育者の西谷泉、理論物理学の和田隆宏、民法の中田裕康と山本敬三、日本近代史の永井和、発達心理学の南雅彦らが卒業している。

憲法学の川岸令和

川岸令和は憲法学者で、早稲田大学政治経済学術院長と政治経済学部長を兼任している。早大卒後、米イェール大ロースクールに留学した。名前の「令和」は「のりかず」と読む。

消化器内科の医師で現在は医学と工学の連携に取り組んでいる市川寛と、妻で小児科医の市川澄子は高校時代の同級生だ。澄子は児童虐待問題に取り組んでいる。前述の辰巳は和田隆宏、市川夫妻と77年卒の同期だ。

西野精治は米スタンフード大医学部精神科教授で同大睡眠生体リズム研究所所長だ。睡眠研究の第一人者だ。医師でジャーナリストの富家孝もいる。

沖縄・美ら海水族館の獣医・植田啓一は、尾びれの75％を失ったイルカに人工尾びれをつけたことで、07年に話題になった。

小説家では、芥川賞、川端文学賞はじめ10を超える文学賞を受賞している辻原登がOBだ。

90年に芥川賞を取った「村の名前」は、生まれ育った和歌山県の面影をモチーフとした。神奈川近代文学館館長・理事長だ。

推理作家の芦辺拓もいる。読売新聞記者出身で、「森江春策の事件簿シリーズ」が代表作だ。

企業でトップに就いた人物は、名村建彦（名村造船所）、銭高一善（銭高組）、西村元延（マンダム）ら。3人はいずれもオーナー家出身だ。


カー用品チェーンのオートバックス代表・最高経営責任者（CEO）の住野公一は2代目で、同社を1部上場企業に育てあげた。

サラリーマン社長では第一三共会長兼CEOの中山譲治がいる。

マネックス証券の清明祐子

清明祐子は19年4月に、41歳にしてマネックス証券社長に就いた。京大経済学部卒。

政治家では、NTT出身の自民党参院議員である世耕弘成は首相・安倍晋三（東京・私立成蹊高校卒）の側近で、16年8月の第3次安倍再改造内閣で経済産業相に就いた。19年9月に退任し、自民党の参院幹事長になった。

弁護士で衆院議員だった西村真悟は論客として知られていたが、07年に弁護士法違反の判決が確定、09年の衆院選で落選した。

元衆院議員では、スキャンダルで維新の党を除名された上西小百合（比例代表近畿ブロック選出）が、OGだ。神戸女学院大卒だ。

官僚では、89年に警察庁初の女性キャリアとして採用され、岩手県警本部長、警察庁捜査一課長などに就いた田中俊恵がいる。19年3月からは国際警察センター所長兼官房審議官だ。田中はポストが変わるたびに「女性初の…」という枕詞がつく。東大法学部卒だ。

1学年が約160人の小じんまりとした高校であるが、関西の難関大学に多数を合格させている。19年春の大学入試では現役、浪人合わせ京都大12人、大阪大17人、神戸大に13人が合格している。

大阪教育大学附属高校池田校舎

●国立　●大阪府池田市

関西で高級住宅地として知られる池田市。正門から校舎までケヤキ並木が100mほど続く、緑豊かなキャンパスが広がる。

大阪府下だけではなく兵庫県から通ってくる生徒も多い。

附属池田小学校では2001年に、包丁を持った男が乱入し、教室で8人の児童が殺害されるという忌まわしい事件があった。このため池田キャンパスでは安全に特に気を使っている。

忌まわしい事件があったが…

池田校舎は1学年160人ほどの小じんまりとした高校だ。少人数ながら難関大学へ多数を合格させている。「将来の目標をしっかり立てて、志望大学・学部を目指せ」という進路指導をしている。目標を達成するために、卒業生の浪人比率は約40％に達する。

19年春の大学入試では現役、浪人合わせ、東京大3人、京都大19人、大阪大30人、神戸大11人の合格者を出した。

関西志向が強く、東京の大学に進学する者は少ない。毎年度、卒業生の約8割が国公立大に進学している。私立大には、関西学院大40人、慶応大7人だ。

制服はなく、「個」を大切にして、自由で自主・自律を尊ぶ校風を培わってきた。

ユネスコ・スクールに加盟し、「国際理解教育」を柱の一つに掲げている。毎年度、帰国生を受け入れている。

6月と10月に大阪教育大などから多数の大学生を受け入れ、教育実習を行っている。教育大の附属高校としての役割を果たしているわけだ。

卒業生には、世界の最先端をいく眼科医がいる。理化学研究所多細胞システム形成研究センター（神戸市）の網膜再生医療研究開発プロジェクトのリーダーを務める高橋政代だ。

最先端の眼科医・高橋政代

ゆがんで見えたりする目の難病、加齢黄斑変性の治療でiPS細胞（人工多能性幹細胞）使用の臨床研究を、14年から世界で初めて着手した。英科学誌「ネイチャー」は同年12月、科学分野で話題を集めた「今年の10人」の一人に高橋を選んだ。

高橋は京都大医学部に進学、京大病院助教授などを経て理研に移った。

高橋正代

夫の高橋淳は大学の同級生（神戸市・私立灘高校卒）で、現京大iPS細胞研究所副所長・教授（神経再生医学）だ。高橋淳はヒトのiPS細胞を使ったパーキンソン病治療の臨床研究をしている。この分野でやはり世界のトップランナーだ。

池田校舎の卒業生には、高橋政代のほかにも理系の学者・研究者がたくさんいる。

化学生命工学者で東大工学部として初の女性教授になった野崎京子もOGだ。

若手の理系女性研究者を対象とした猿橋賞を08年に受賞するなど、内外から多くの学術賞を受賞している。

心臓血管外科医の福嶌教偉は大阪大学病院助手時代の99年、臓器移植法施行後第1例となる脳死心臓移植手術で、臓器摘出チームの一員だった。

応用物理学者でナノフォトニクスが専門の河田聡、医薬情報学者で感染症の研究をしている高木達也、歯学者の森悦秀、通信工学者の滝根哲哉、情報工学者で医用画像処理の研究をしている大城理、電気電子工学者で「ウェアラブル」端末の研究をしている塚本昌彦、内科医で免疫学が専門の熊ノ郷淳、生物物理学者で遺伝子構造・機能を研究している坊農秀雅らが卒業している。

文系では、心理学者でジェンダー論が専門の小倉千加子、イスラム史の羽田正、日本中世史の元木泰雄、倫理学の蔵田伸雄、仏文学の山田広昭、英文学・翻訳者の藤井光らがOG、OBだ。

岡田克也

魚谷繁礼は建築家で、古民家再生や環境配慮建築などに情熱を注いでいる。
　政治家では、民主党代表や外相などを務めた岡田克也がいる。イオングループ創業者である父・岡田卓也（旧制三重県立富田中学・現四日市高校卒）は四日市市でスーパーを経営していたが、全国展開するために大阪に移住した。このため克也は池田校舎に入学し、東大法学部から通産省に入った。
　克也は他人からの贈り物は一切、受け取らないという潔癖な性格で、「原理主義者」と揶揄されることもある。ただし、実家からの援助があり、政治資金には困らない強みがある。19年1月、立憲民主党に入党した。

与野党の政治家

　自民党参院議員である丸川珠代は、池田校舎から東大に進みテレビ朝日のアナウンサーに。タレント候補として東京都選挙区で当選した。08年に自民党衆院議員の大塚拓（横浜市・私立慶応義塾高校卒）と結婚した。

　19年7月に行われた参院選で3選目だった。この選挙では東京選挙区で１１４万３４５８票を獲得、全選挙区で最多得票だった。第3次安倍改造内閣で環境相として初入閣、さらに再改造で五輪担当相に就いた。

　やはりタレント出身で参院議員をした末広まきこもＯＧだ。

　大蔵官僚出身の中尾武彦は、アジア開発銀行総裁を務めている。

　企業経営者では、日清食品ＨＤ社長の安藤宏基《こうき》がいる。インスタントラーメンを開発した創業者の安藤百福（台湾の小学校卒）の次男だ。百福は、ＮＨＫの18年度下半期放送の連続テレビ小説「まんぷく」のモデルになった。

　鳥井信宏はサントリー創業家の出身で、サントリーＨＤの副社長だ。それ以前はサントリー食品インターナショナル社長をしていたが、池田校舎の先輩である小郷三朗に社長の座を譲った。小郷は現会長だ。

　三菱商事出身のローソン社長・

竹増貞信、朝日放送グループHD社長の沖中進、プルデンシャル生命保険会長の一谷昇一郎、キリンビバレッジ社長をした前田仁、エイチ・ツー・オーリテイリング社長の鈴木篤もOBだ。

　地元の池田市で温泉旅館不死王閣を経営している岡本厚もいる。マーケティング・コンサルタントの西川りゅうじんもOBだ。全国各地の商業開発や街づくりの企画・立案で手腕を発揮している。

　警察庁キャリア官僚出身の村崎直子は、企業のリスク管理をコンサルする「ノブリジア」の創業社長だ。

　音楽で才能を開花した卒業生も多い。

　ハーモニカ奏者の妹尾隆一郎、ギタリストでシンガーソングライターの伊藤銀次、ピアニストの石田佳子、ジャズドラマーの前田憲、ピアニスト・作曲家の広田圭美がOB、OGだ。

　宝塚歌劇団では演出家で理事長をした小林公一、それに指揮者の佐々田愛一郎がそろってOBだ。

　小林は阪急電鉄役員だが、曾祖父は阪急東宝グループ（現阪急阪神東宝グループ）及び宝塚歌劇団の創立者である小林一三（旧制慶応義塾卒）だ。

　山本寛はアニメーション監督・演出家で、東日本大震災の被災地を舞台にした作品を製作し復興を後押ししている。

　作曲家の神前暁は、山本が監督した自主製作の特撮実写映画のBGMを手がけた。また人気アニメ「涼宮ハルヒの憂鬱」（京都アニメーション製作）で挿入歌やBGMを担当した。

売れっ子の脚本家・森下佳子

　脚本家の森下佳子《よしこ》が、売れっ子だ。13年度下半期に放送されたNHK朝の連続テレビ小説「ごちそうさん」で、向田邦子賞を受賞するなどいくつかの賞を受章している。「ごちそうさん」の劇中歌も作詞している。

　早稲田大の文学部に進学したかったが、父親の勧めで東大文学部に進んだ。71年1月の生まれで、前述の丸川より誕生日は5日間だけ遅い。

　推理小説家の我孫子武丸、鉄道ライターの土屋武之、漫画家のさそうあきら、歌人の光森裕樹、落語家・林家竹丸らも卒業生だ。

上宮高校

●私立　●大阪市天王寺区

浄土宗を母体とする学校法人上宮《うえのみや》学園が経営する私立高校だ。法然上人を「学校祖」として仰ぎ、知・徳・体のバランスのとれた教育を目指している。

1890（明治23）年に設立された浄土宗大阪支校をルーツとする。1912年に旧制上宮中学校として、一般の子弟にも門戸を開放した。

戦後の学制改革の過程で、新制中・高校に衣替えした。長らく男子校だったが、2011年度から男女共学に移行した。

生徒数は計約2400人という大規模校だ。男6・女4という比率だ。中学から入学した生徒は6年制一貫教育を受ける。

130年弱の校歴は、大阪の私立高校の中ではかなり古い。校舎本館は大阪府近代化遺産に指定されている。図書館は府内の高校でも5指に入る広さと、5万冊を超える蔵書数を誇る。25メートルの屋内プールもある。

校訓は「正思明行」。物事を正しく見つめ、明らかに実行する、という意味だ。

アクティブラーニング、ICT教育に力を注いでいる。

日本一短い校歌

校歌は「月影のいたらぬ里はなけれども　眺むる人の心にぞ澄む」。法然上人が作った和歌で、古代律で歌う。これで全文。「日本一短い校歌」といわれる。

志望大学への現役合格を目指した、3つのコースに分かれる。

現役、浪人合わせ毎年度、大阪大、神戸大など国立大に二十数人が合格する。卒業生の大半は、関西を中心とした4年制私立大に進学している。

最も著名な卒業生は、司馬遼太郎だ。歴史小説で多くのファンを獲得し、93年に文化勲章を受章している。

司馬は、旧制上宮中学から旧制大阪外国語学校（新制大阪外国語大の前身。現在は大阪大外国語学部）蒙古語学科に進んだ。産経新聞記者時代に書いた『梟の城』で60年に直木賞を取り、翌年に記者をやめ作家生活に入った。

国民的作家の司馬遼太郎

『竜馬がゆく』『坂の上の雲』など、各2000万部を超える発行部数があり、「国民的作家」として特に中高年に親しまれている。『街道をゆく』をはじめとするエッセイなどでも鋭い文明批評を行った。

推理小説家の有栖川有栖は、新制卒だ。小学5年生の頃から小説を書き始め、同志社大学時代には推理小説研究会に所属していた。

司馬遼太郎

大正から昭和にかけて新日本文学会や詩人会議に属して活動したプロレタリア詩人の壺井繁治がいた。俳人の藤本新松子もOBだ。

運動部には毎年度、40人以内の推薦入学制度がある。「文武両道」を重視し、一定の学力を備えた選手に限る。野球、剣道、柔道、卓球、バレーボール、ラグビーなどの選手だ。

多くのクラブが、全国大会などで輝かしい戦績を残している。

卓球部が31年連続インターハイ出場という常連になっており、全国高校選抜大会などで何度も優勝している。ソフトテニス部は15年、インターハイで男子団体、男子個人が優勝した。柔道部は全国高校柔道選手権大会男子個人戦・無差別級で05、06年連続して優勝した。

ストリートダンス部、フェンシング部なども最近、めきめきと腕を挙げている。

14年のロシア・ソチ冬季五輪では、上宮高校3年生だった平岡卓がスノーボード男子ハーフパイプに出場し、銅メダルを獲得した。

野球部は、甲子園大会に春6回、夏1回出場している。93年春のセンバツでは全国優勝、89年春には準優勝している。

プロ野球入りした選手も多く、累計で三十数人を数える。

その中にレジェンドがいる。16年のシーズンを最後に引退した広島東洋カープの投手・黒田博樹だ。「男気」「努力」「情」「涙」で、赤ヘルファン、野球ファンのみならず、多くの国民に感動を与えた。

黒田は、上宮高校では3番手の投手にすぎなかった。進学した専修大で活躍し、96年秋のドラフト2位（逆指名）で広島に入団した。08年に米大リーグに移籍、7年間プレーした。

15年から古巣の広島に復帰した。復帰2年目の16年は10勝を挙げ、91年以来25年ぶりのリーグ優勝に貢献した。日米通算勝利は、野茂英雄（大阪府立成城工業高校・現成城高校卒）の201を抜く203勝だ。

「男気」が話題の黒田博樹

14年のシーズン終了後、複数の米球団から20億円を上回る契約金（推定）を提示されていた。それを蹴って、「育ててくれた広島に恩返しをしたい」と、4億円の契約金（推定）で帰ってきた。その「男気」「広島愛」が、大きな話題になった。

黒田博樹

プロ野球選手になった卒業生はさらに、笘篠誠治（ヤクルトなど）、弟の賢治（同）、元木大介（巨人）、薮田安彦（ロッテなど）がいる。なお巨人の野手・亀井義行は、兄弟校の上宮太子高校（大阪府・太子町）の卒業だ。

93年のセンバツで全国優勝した時の監督・田中秀昌はOBで、現在は近畿大野球部監督だ。

学者・研究者では、高分子工学者で白色の有機エレクトロルミネッセンスの発明・開発者として知られる城戸淳二がいる。

医用生体工学の金枝敏明、生物地球科学の南川雅男、有機合成化学の安倍学もいる。

文系では、法学の岡野光雄、英米文学の浜野成秋、集団行動学の清原伸彦、インド哲学者で仏教大学長の田中典彦、教育学の田井康雄らが卒業生だ。

経済界では、スポーツウエアのデサントの社長、会長を務めた石本恵一がいた。創業者である石本他家男の長男で、関西学院大卒後大沢商会に入社、石本商店に移り、父親のあとを継いで事業を拡大した。

デサントは筆頭株主だった伊藤忠商事との関係が悪化、19年3月、伊藤忠による敵対的ＴＯＢが成立し、経営陣が入れ替わった。

吉野伊佐男は、お笑い界を代表する企業である吉本興業の社長、会長を、宮崎楢義は牛乳石鹸共進社の社長を務めた。

藤田優は、印鑑やスタンプなどを中心にオフィス用品などを扱うオンラインショッピングサイトを運営する「ハンコヤドットコム」の創業社長だ。

松田隆司は、大阪市の道頓堀などに店舗を構えるフグ料理店「づぼらや」の社長だ。

ＮＧＯの大西健丞

大西健丞は、紛争や災害、貧困などの脅威にさらされている人々に対して支援活動を行うＮＧＯ（非政府組織）である「ピースウィンズ・ジャパン」の代表理事だ。

南野利行は「大阪ラグビーネットワーク」の代表理事、吉田正信はニュースポーツの普及活動をする「フレンドリー情報センター」の代表理事だ。

政治家では、トヨタ自動車の労働組合出身で国民民主党所属の衆院議員・古本伸一郎がいる。

地方自治体の首長経験者では、西尾正也（大阪市）、山田知（兵庫県西宮市）、馬場好弘（大阪府寝屋川市）が卒業している。

浄土宗を背景とする高校なので、仏門に入った卒業生も多い。

日本で最初の文化遺産として世界遺産に登録されている法隆寺の管長・大野玄妙、四天王寺（大阪市）の元管長・吉田英哲、法善寺（同）の住職・神田真晃がＯＢだ。

美術界では、日本画の宇田孝峰と辰巳寛、洋画の森喜久雄、陶芸家の宇野徹、刀匠の河内国平、仏師の西村公朝がＯＢだ。

写真家の長島義明は06年に、国連60周年記念イベント「国際平和映画祭」の特別招待作家として写真展を開いた。

音楽では、ギタリストの福田進一、指揮者の川端清がいる。ロックボーカリストで作曲家の二井原実とロックギタリストの石原慎一郎は78年卒の同期生だ。

伝統芸能では、鶴沢清治が文楽三味線の重要無形文化財（人間国宝）に認定されている。上方舞山村流宗家の山村友五郎と、その後継者である山村若もＯＢだ。

2章

関西の伝統高校　25校

豊岡高校

兵庫県立 豊岡市

兵庫県北部の中心都市、豊岡。コウノトリの生息地として知られ、平安時代から続く城崎温泉もある。

前身の県豊岡尋常中学は、1896（明治29）年の創立だ。兵庫県の県立高校では、姫路西高校に次ぎ神戸高校と並ぶ歴史のある高校だ。

戦後の学制改革で、城崎郡立高等女学校を前身とする学校と統合し、男女共学の新制豊岡高校となった。略称は「豊高《とよこう》」だ。

豊岡城跡の南側に、校地がある。校内には、尋常中学校本館として建てられた擬洋風建築が残されている。兵庫県指定の有形文化財だ。

旧制中学以来の「和魂」と高女以来の「花橘」という校是を基盤としている。

全日制課程の普通科は計12学級、理数科は3学級で合計15学級の規模だ。豊岡市周辺（但馬地区）は人口減が激しく、20年前と比べると豊岡高校の生徒数は半減している。

理数科は但馬一円のみならず、兵庫県下のどこからも入学できる。選抜試験は推薦入試により行われる。

文科省からSSHの指定を受け、「科学的探究力」の育成に努めている。海外研修や国内先端企業での研修など、充実したプログラムが組まれている。

豊高生意識調査によると、但馬を好きな生徒が約9割なのに対し、将来、但馬に就職して生活したい、またはしてもよいと答えた割合は4割に届かない。

但馬の発展に寄与する人材を

このため豊高では、「全国や世界レベルで活躍する人材を育成すると同時に、但馬の発展に寄与する人を育む教育の重要性を強く意識している」と強調する。

部活動では、陸上競技、スキー、書道などが全国大会に出場する。

19年春の大学入試では現役、浪人合わせ、北海道大、東北大、九州大に各1人、大阪大に2人、神戸大に3人、鳥取大に14人が合格した。京阪神の私立大に進学する生徒が多い。

知名度が最も高い卒業生は、冒険家、登山家の植村直己だ。豊高から明治大農学部に進み、山岳部へ入部した。1970年8月に北米最高峰のマッキンリー（標高6190・4メートル、現在の呼称はデナリ）の単独登頂に成功し、世界初の五大陸最高峰登山者となった。また単独北極圏到達もしている。

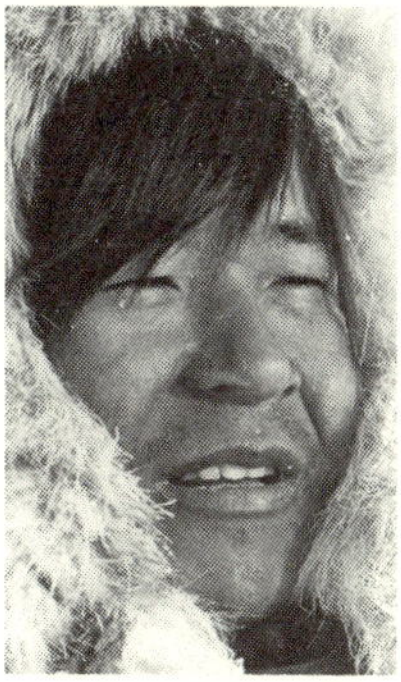

植村直己

冒険家の植村直己

79年には英国王室ビクトリア・スポーツ・クラブから優れた冒険家に贈られるバラー・イン・スポーツ賞を受賞するなど世界的な評価を得た。

84年2月、43歳の誕生日に世界初の北米・マッキンリー冬期単独登頂を果したが、以降、交信が途絶え消息不明となった。遺体は未発見。4月に国民栄誉賞が贈られた。

ベンチャー精神に富んだ企業経営者も、出ている。人跡未踏の北アルプスのど真ん中に現代のピラミッドともいわれる「黒四ダム」を建設した太田垣士郎だ。

太田垣士郎

太田垣は、豊中―旧制五高―京都帝大経済学部卒で、京阪神急行電鉄社長のあと、電力業界再編で関西電力が発足するとその初代社長に就任した。

戦後の電力不足を打開するために大規模な水力発電所の開発を決意し、世紀の難工事といわれた黒部川第四発電所（いわゆる「クロヨン」）建設に着手した。61年に発電を開始した。

一連の難工事の模様は、石原裕次郎（横浜市・私立慶応義塾高校卒）と三船敏郎（満州・旧制大連中学卒）が主演した「黒部の太陽」（68年公開）で、広く知られるようになり、太田垣の名声も高まった。

企業で経営トップの座に就いた卒業生は、和田完二（丸善石油）、木下祝郎（協和発酵工業）、日下部悦二（古河電気工業）、村尾和俊（NTT西日本）、木内重基（IHIエアロスペース）らだ。

ホンダ副社長だった小田垣邦道は、ミニバン時代を予見し初代「オデッセイ」開発の責任者を務めた。

山岸章は旧電電公社の労働組合である全電通委員長を経て、89年に官公労も含んだ日本労働組合総連合（連合）の初代会長に就いた。

連合の初代会長・山岸章

組合員800万人の指導者になった山岸は、政権交代を実現させるため日本社会党や民社党を積極的にバックアップした。94年に連合会長を辞任したが、労働界の実力者だったため与野党の政治家が接触を求めた。

旧制高女卒の磯橋八重子は、1925年生まれながら京都嵐山の料亭旅館「嵐山弁慶」の大女将としてなお活躍中だ。

米田豊秋は、コンタクトレンズのケア商品を製造販売する「オフテクス」を創業した。

学者・研究者では、「砂防の父」といわれた赤木正雄が、明治時代の卒業生だ。国内砂防技術の基礎を築いた人物で、文化勲章を受章、参院議員も務めた。

昭和時代の農芸化学者、福本寿一郎、造船学の山本善之、神経化学の植村慶一、マクロ国際政治学の吉田靖彦、経済学者の岸本重陳、応用化学の尾嶋正治、臨床心理学が専門で花園大学（京都市）学長の丹治光浩、福祉経済学の久場嬉子がOB、OGだ。

政治家では、衆参議員を歴任し民社党委員長を務めた佐々木良作がいた。現職の豊岡市長、中貝宗治はOBだ。

官僚では、敗戦時に海軍主計少佐で、防衛事務次官、人事院総裁を歴任した内海倫がいた。

法曹界では、最高裁判事を3人、輩出している。

口語体判決を書くなど法律文の平易化に努めた千種達夫、ロッキード事件の最高裁判決にもかかわった千種秀夫、東京高検検事長出身の甲斐中辰夫だ。

甲斐中は2011年に経済事件としてクローズ・アップされたオ

リンパスの損失隠し・粉飾決算問題で、会社側が設置した第三者委員会の委員長を務めた。

文化人では、直木賞作家で中尊寺貫首を務めた今東光が、大正の初めに在籍していた。

10代の頃は素行が悪く、関西学院中学部（兵庫県西宮市・現高等部）を諭旨退学になった。豊岡中に転校してきたが、ここでも文学少女と交際したことなどから、退校処分を食らった。

今東光と山田風太郎

大衆小説の山田風太郎が卒業生だ。旧制東京医学専門学校（現東京医科大）を卒業したが、医師の道には進まず、推理小説、伝奇小説、時代小説を中心に多数の作品を発表した。

86年に『ミズバショウの花いつまでも』の挿し絵で、毎日出版文化賞を受賞している絵本作家の津田櫓冬もいる。

音楽では、声楽家、指揮者の木下保、フルート奏者の上田賢一、美術では版画家の河原英雄、写真家の井上博道がOBだ。

「豊高17期三人展」というのが、09年に豊岡市内のお寺で開かれた。1965年卒の同期である染色家の冨山典子、書家の西村鶏洲、陶芸家の石田悦子の3人の作品を集めて、市民に披露した。

環境デザイナーの泉真也は、博覧会のプロデューサーとしても第一人者で、大阪万博、つくば科学博など多くの万博企画に参画した。

伊地智啓は映画プロデューサーで、100本以上の作品を手がけてきた。薬師丸ひろ子（都立八潮高校卒）主演の「セーラー服と機関銃」（81年公開）など多くのヒット作を連発した。

芸能では、俳優、タレント、演出家の今井雅之がいた。演劇では、91年度文化庁芸術祭賞（原作・脚本・演技）を受章している。

お笑い芸人のユリオカ超特Qは、活躍中だ。坪内美樹は「トーキング・プランナー」という肩書でテレビ出演をしている。

禅師も出ている。曹洞宗永平寺（福井県）76世貫首の秦慧玉が大正時代の卒業生だ。

上田尚志は、NPO法人「コウノトリ市民研究所」の代表だ。豊高時代は生物部で、兵庫県の理科の高校教員になった。NPOと教員の仕事がリンクしている。

柏原高校

●兵庫県立　●丹波市

「かいばら」高校という。兵庫県中東部の、四方を低い山地に囲まれた盆地にある。江戸時代には柏原藩2万石があった場所で、現在は丹波市柏原町になっている。

1897（明治30）年に県柏原尋常中学校として開校した。兵庫県下では4番目の公立中学だった。戦後の学制改革で県立柏原高等女学校（1902年創立）と統合し、男女共学の新制柏原高校となった。

兵庫県の高校といえば、神戸市を中心とした南部の瀬戸内海沿いに伝統校がいくつもある。奥深い山地の小さな町に、明治時代に中学と高女ができたのは、江戸時代からの開明的な風土を物語るものだ。

明治30年にできた県立四中

校内に現存する旧制中学の校舎は、国の登録有形文化財に指定されている。すぐ近くには、柏原高女の校舎として使われていた木造建築も残っている。明治時代初期に建てられた擬洋風の学校建築物で、最初は高等小学校の校舎として建立された。

略称は「柏高《はっこう》」。校訓は「進取創造　質実剛健　敬愛和協」だ。

国際交流・異文化理解教育に熱心に取り組んでいる。文科省から、SGHのアソシエイト校に指定されている。

8割が4年制大学に進学、2割は看護・医療系の専門学校や各種学校に進む。毎年春の大学入試では現役、浪人合わせ、大阪大、神戸大など国公立大に約50人が合格する。私立大では、関西学院大、同志社大などに進学する者が多い。

政治家、経済人、軍人として活躍した著名人がいる。

わずか7ヵ月の短命だったが48年に首相を務めた芦田均が、柏原中学の3期生だ。外交官出身で、民主党を結成し、中道の連立内閣を組閣した。

芦田の1期あとに貿易商社の日商を設立し、社長を務めた永井幸太郎がいた。日商はその後、日商岩井となり、現在はニチメンと合併し「双日」になっている。

海軍中将で太平洋戦争時の神風特別攻撃隊の推進者として知られる大西瀧治郎が、旧制9期卒だ。

活躍中の人物では、作家・コメンテーターの江上剛がいる。早稲田大を卒業し、旧第一勧業銀行(現みずほ銀行）に勤務していた97年、総会屋利益供与事件が起こり広報部次長だった江上は混乱の収拾に力を尽くした。この事件を題材にした小説『金融腐敗列島』(高杉良著）の主人公のモデルになった。

コメンテーターの江上剛

02年には江上自身が経済小説『非情銀行』で作家デビューした。

文芸では、旧制柏原高女卒の俳人・細見綾子がいた。アララギ派の歌人・上田三四二も旧制卒だ。

学者・研究者では、物理学者で大阪大核物理研究センター教授の中野貴志がいる。

03年に「レーザー電子ガンマ線による新粒子の発見」が評価されて仁科記念賞を受賞した。

生物物理学者の柳田敏雄は13年に、植物学者の岩槻邦男も07年に文化功労者になっている。

文系では、法学者だった坂本重雄、政治学者で韓国の政治・行政を研究している大西裕、日本史学者で熊野古道研究で知られる小山靖憲らがいる。

江上剛

企業経営者では、大日本塗料会長の山下文隆、コニカミノルタ社長の山名昌衛がいる。

地元では、丹波地方で最も古い造り酒屋で「奥丹波」で知られる山名酒造会長・山名康之、清酒「小鼓」の西山酒造場会長・西山裕三らがいる。

鴻谷佳彦は、日本初の鹿肉料理専門店はじめ丹波市で4店舗の飲食店を展開している。生産から加工品販売までを一貫して行う農業の6次産業化プランナーでもある。

日本の美しい情景を描き欧米でも個展を開いている画家の笹倉鉄平、落語家の笑福亭由瓶もいる。

90年代後半にプロ野球近鉄の監督をした佐々木恭介も卒業生だ。

洲本高校

兵庫県立　洲本市

瀬戸内海で最大の島である淡路島には、兵庫県立が5つ、私立が3つの計8高校がある。洲本高校はその一つで、淡路島の中心部・洲本市にある。

1897（明治30）年に旧制洲本尋常中学が開校した。県柏原尋常中学校（現柏原高校）と同時の、兵庫県内で4番目の公立中学だった。その6年後に、兵庫県津名郡・三原郡組合立淡路高等女学校ができた。戦後の学制改革で両校が統合され、男女共学の洲本高校になった。

略称は「洲高《すこう》」だ。校訓は「至誠　勤勉　自治　親和」だ。「至誠」と「自治」は洲本中学から、「勤勉」は淡路高女から引き継いだ。「親和」は新制高校に衣替えした際に、加わった。

3代校長は、のちの東京市長

1900年代の初め、旧制時代の第3代校長に就いたのは、淡路島出身で旧制兵庫県立姫路中学（現姫路西高校）を卒業した弱冠26歳の永田秀次郎だった。永田はのちに東京市長を務め、「幻の五輪」といわれた1940年の五輪東京招致に情熱をささげた。

全日制の1学年は6学級で、女子の方が若干多い。神戸市などからの受験も可能だが、ほとんどは淡路島の中学出身者で占められる。

「人間性豊かで、品格のある人物を育成する」ことを、教育目標の一つに掲げている。

「自由と自治」が校風であり、体育会（運動会）はじめ学校行事は生徒主導で行われる。

3月の入試に先立ち2月の特色入試で、総合探究類型（理系）の生徒を若干名とる。

「未来探究東京ツアー」というのを、毎年、夏休みに行っている。東京の企業、大学、研究施設などを総合探究類型の2年生が訪問するのだが、洲高の先輩たちが各所で待ちかまえ、案内してくれる。

文武両道を標榜しており、部活

動加入率は9割を超える。

野球部は1953年春の甲子園センバツ大会で、初出場ながら全国優勝を遂げた。これを含め春3回、夏1回、甲子園に出場している。

海と川が近くにあるためボート部も強く、全国大会出場の常連だ。バレーボール、放送、書道、邦楽なども全国大会によく出る。

大学入試では毎年、京都大、大阪大、神戸大に各数人が合格、これを含め国公立大に現役、浪人合わせ計約80人が合格している。多くは京阪神の私立大に進学している。

「旬」のOGがいる。アーティストの清川あさみだ。2016年度下半期放送のNHK連続テレビ小説『べっぴんさん』で、タイトル映像やポスターデザインを手がけた美術家だ。

清川は、雑誌モデルとして活躍する一方、写真に刺繍を施すという独特な手法のアート作品が注目され、売れっ子になった。

美術では、禅僧の直原玉青が南画の第一人者だった。写真家の炬口勝弘は、数多くの棋士を撮影した。洋画の山田嘉一郎もOBだ。

ゲームクリエーターでは、『ドラゴンクエストシリーズ』の生みの親である堀井雄二がいる。郷土愛が強く、ふるさと納税制度を利用して洲本市に多額の寄付をしている。

笹野高史

漫画家では、藤堂裕や竹内良輔、松浦儀実が活躍中だ。

どんな役柄もこなす笹野高史

俳優の笹野高史がOBだ。堅物、コミカルのどんな役柄でも、「なるほど」と思わせる味わいがある役者だ。

笹野は、洲高から日芸（日本大学芸術学部）へ進学、自由劇場で修業した。「来る仕事は拒まない」をモットーとしていることから役柄が広がり、舞台、テレビ、映画で大活躍することになった。

映像制作会社「海空」の社長・大継康高は、淡路島を盛り上げたいという思いから16年9月に「うみぞら映画祭」を開催、自ら脚本・監督を務めて映画『あったまら銭

阿久悠

湯』を制作した。この映画の主演は、先輩である笹野が務めた。

女優では笹野と同様、さまざまな役柄を演ずるキムラ緑子がいる。13年度下半期に放送されたNHKの連続テレビ小説「ごちそうさん」にヒロインの義姉役を演じて注目を浴びた。

ミュージカル「ピーターパン」で7代目の主演を務めた宮地真緒がいる。声優では興津和幸がOBだ。

作詞家・小説家・放送作家の阿久悠が著名だ。石川さゆり（東京・私立堀越高校卒）の「津軽海峡・冬景色」、小林旭（東京・私立目黒高校・現目黒学院高校卒）の「熱き心に」など多くのヒット曲を送り出し、作詞した曲は5000曲を超える。

阿久悠のペンネームは「悪友」をもじったものだ。淡路島での自伝的小説『瀬戸内少年野球団』は映画化された。洲高のために「未知に真っ赤な帆をはって」という応援歌も作詞している。

作曲家・音楽理論家では柏木俊夫がいた。若手の作詞・作曲家では、横健介がいる。

マル経の大内兵衛

学者・研究者で最も名が通っているのは、大正、昭和期のマルクス経済学者で法政大総長を務めた大内兵衛だ。旧ソ連の計画経済を高く評価し、社会党左派の理論的指導者としても活躍した。

国文学の高木市之助、近世歌謡研究の忍頂寺務、社会学の早瀬利雄、英国哲学の木曽好能、米文学の大内義一、近世文学の中村幸彦、英語学の天野一夫、西洋近世哲学の福谷茂、メディアコンテンツ研究の長丁光則が卒業生だ。

浦上雅史は元淡路文化資料館館長で、郷土史家だ。武田信一は淡路地方史研究会の会長だ。

理系では、物理学の菅宏、X線工学の田中晋輔、生物分子化学の繁森英幸、植物学の奥野春雄、材料工学の鈴木亮輔、物性理論研究の高田康民、知能システム工学の片山正純、生物学の川上いつゑ、農学の田中千尋がOB、OGだ。

医学者では、脳神経外科医の松谷雅生が卒業生だ。五反田リハビリテーション病院院長だ。

明治、大正、昭和期の俳人・高田蝶衣、同じく詩人の川路柳虹がいた。

政治家では、「ハラケン」の通称で親しまれ労働相、衆院議長などを歴任した原健三郎がいた。衆院選に20回も当選、在任期間は54年に及んだ。00年に引退した時は、93歳という衆院歴代2位の高齢だった。

竹内通弘は洲本市長だ。前述の漫画家、竹内良輔は長男だ。通産官僚出身の守本憲弘は南あわじ市長だ。

梅林宏道は、平和問題に関するシンクタンクを目指すNPO法人「ピースデポ」の元代表だ。

経済界では、関西経済連合会会長の松本正義がいる。洲高時代には柔道部で活躍、一橋大を経て住友電気工業に入社し、社長を経て現在は会長だ。

関経連会長の松本正義

在阪企業が次々と東京に本社を移す中、住友電気工業は創業の地・大阪にとどまり地元貢献への思いが強い。松本は「気骨ある異端児」がモットーで、大阪万博誘致などに取り組んでいる。

大西実（富士写真フイルム）、大歳寛（TDK）、由井大三郎（ニッカウヰスキー）らのトップ経験者も卒業生だ。岡隆史は日本HP社長だ。

渡辺秀一は、医薬品卸最大手のメディパルHD社長だ。洲高から法政大に進学し、野球部で主将を務めた。4年秋のシーズンでは4番で1塁手を務め、東京六大学野球リーグ戦で優勝した、という経験を持つ。

法政大野球部には当時、江川卓（作新学院高等部卒）がいた。

プロ野球の阪神、近鉄で内野手を務めた鎌田実は、19年8月に死去した。

横浜市のホテルニューグランドは、日本を代表するクラシックホテルの一つとして知られる。土井慶吉はその常務・総支配人を務め、パリなどから一流のコックを招聘し、日本の食文化に大きな影響を与えた。

野口純正は、陸上競技に詳しいスポーツライターだ。山本純二はトラベルライターだ。

兵庫高校

●兵庫県立　●神戸市長田区

男女共学の新制兵庫高校として発足したのは１９４８（昭和23）年だが、ルーツをさかのぼれば１９０８（明治41）年創立の県立第二神戸中学にたどり着く。「神戸二中」の略称で親しまれ、学業、芸術、スポーツで全国に名を馳せていた。

例えば高校野球。全国中等学校優勝野球大会（今の全国高校野球選手権大会）の第1回大会は大阪・豊中球場で１９１５（大正４）年夏に行われたが、代表校10校のうちに第二神戸中の名が刻まれている。東京代表の早稲田実業に２-０で負けた、という記録が残っている。

その後、春の選抜大会に４度出場している。66年の出場を最後に甲子園から遠ざかっている。

「質素・剛健・自重・自治　これを貫くに至誠をもってす」という四綱領を兵庫高校の基本精神としている。

校則はなく、標準服はあるものの服装は自由だ。伝統的に生徒の自主性に任せる校風を貫いている。

文部科学省からＳＧＨに指定されている。これとリンクして、創造科学科を設置している。

ユーカリが校樹

校樹がある。オーストラリア原産のユーカリの木だ。現在では昔のままの木は見られないが、新しいユーカリが校地周辺にぐんぐん育っている。校歌、生徒会歌、応援歌、エールなどには必ずユーカリが唄われており、校章もユーカリの葉と実とを組み合わせたデザインになっている。

95年の阪神・淡路大震災では、教室やグラウンドが近隣住民２５００人の避難所となった。このため半年ほど、近くの高校を借りて授業をした

県立神戸高校（旧制神戸一中）に対しては文武両面におけるライバル意識が強い。春は野球、秋は

ラグビーをメーン競技とする年2回の定期戦が行われ、両校の生徒たちは応援合戦に熱中する。

兵庫高校の居住地区別生徒数をみると数年前は、北区が約70％に対し校地がある長田区は10％以下だった。神戸市内の高校の学区が入り組んで細分化されているためで、徒歩10分という場所に住みながら、兵庫高校に進学できない生徒がいっぱい出ていた。このため15年度新入生から、学区再編が実施された。

2019年春の大学合格実績は現役、浪人合わせ、京都大9人、大阪大10人、北海道大8人、神戸大21人だ。かつては神戸大に50人ほどが合格していたが、最近は減っている。

東山魁夷

東山魁夷と小磯良平

卒業生には、昭和期に活躍し文化勲章を受章している著名な画家が2人いる。日本画家の東山魁夷は、神戸二中在学中から画家を志し、東京美術学校（現東京芸術大）日本画科に進学した。風景を題材に独自の表現を追求した。

もう一人は、洋画家で肖像画とりわけ群像を多く手がけた小磯良平だ。東京美術学校の洋画科に進みフランスに留学した。

さらに、小磯と神戸二中で出会って絵筆をとったという洋画の田中忠雄や古家新、中村徳次郎、あるいは日本画で現在活躍中の西田真人らもOBだ。

兵庫高校の吹奏楽部は、80年代から90年代にかけて全日本吹奏楽コンクール全国大会で何度も金賞、銀賞を受賞した常連校だ。吹奏楽部を指揮したのは母校出身の教諭・吉永陽一とその後任教諭だ。

この伝統を反映し、音楽のプロになった卒業生も、数多い。

鈴木一郎は、クラシックギター奏者で長年、欧州で活動してオーケストラのソリストとして数多くのギター協奏曲の世界初演を重ねてきた。

平吉毅州はクラシックの作曲家、栗山和樹は作曲家・編曲家、福長雅夫は打楽器奏者、中島徹はジャズピアニスト、小谷口直子はクラリネット奏者だ。

小説家では、金田一耕助を主人公とする探偵小説で一時代を築いた横溝正史が卒業している。48年に第一回探偵作家クラブ賞（現日本推理作家協会賞）を受章し、人気作家となった。

グラフィックデザイナー・舞台芸術家・小説家の妹尾河童は、自伝的小説『少年Ｈ』というベストセラーを著した。テレビドラマに続いて13年には映画化された。旧制時代の母校周辺が描写されている。

１９５０年代の、佐賀県の中小炭鉱での日常生活を綴った『にあんちゃん』はベストセラーになり、ラジオの連続ドラマや映画でも評判になった。その原作者である安本末子は、兵庫高校から早稲田大学に進学した。

妹尾河童

詩人の竹中郁は小磯良平と神戸二中の同級生で、小磯の卒業制作作品のモデルをした。

俳人・詩人・翻訳家の安東次男は「抵抗派詩人」と呼ばれた。矢野徹はＳＦ作家、翻訳家だ。

建築家では清家清が著名だ。多くの弟子を育て、コーヒーのテレビＣＭにも登場し建築家という職業を世に印象づけた。経済学者で慶応義塾塾長をした清家篤（東京・私立青山学院高等部卒）は息子だ。

根津耕一郎も建築家だ。書家の井茂圭洞は18年に文化功労者に選定された。

大企業のトップを経験した人物では、三井物産社長に神戸二中ゆかりの人物が２人、就いている。池田芳蔵と八尋俊邦だ。

八尋は旧制山口県豊浦中学（現山口県立豊浦高校）から神戸二中に転入してきたものの、父親の勤務の都合で東京・旧制私立麻布中学（現麻布高校）に移り卒業している。池田は88年にＮＨＫ会長に就任したが、９ヵ月で辞任した。

住友銀行頭取の磯田一郎

「住友銀行の天皇」といわれた辣腕バンカーの磯田一郎は、旧制岡山一中（現岡山県立岡山朝日高校）から神戸二中に転入し、卒業した。

磯田は「向う傷を恐れるな」と

収益至上主義に傾いたため、毀誉褒貶かまびすしい。

元日本火災海上保険のトップで経済同友会専務理事をした品川正治は、異色の存在だった。マルクス主義に理解を示し、平和主義や護憲の立場を貫きながら財界活動を行った。

このほか、楠見義男（農林中央金庫）、四本潔（川崎重工業）、乾昇（住友金属工業）、阿多親市（マイクロソフト日本法人）、高原洋（ダイナック）、森島英一（佐世保重工業）、田中久雄（東芝）、田尻哲也（ダイヘン）、久松正志（コカラファイン）、伊勢清貴（アイシン精機）らのトップ経験者が、OBだ。

大型書店網ジュンク堂の創業者で、丸善ジュンク堂書店社長の工藤恭孝もいる。

ロボット工学の第一人者で、米カーネギーメロン大学のロボティックス研究所所長を務めた金出武雄がいる。

代数学の宇野勝博、流体工学が専門で愛媛大学長をした鮎川恭三らがいる。

文系では、日本史学者で幕末史が専門の小西四郎、社会思想史が専門で名古屋外国語大学長をした平井俊彦、東洋史の森鹿三、国文学者で軍記物語の泰斗であった山下宏明、仏教思想史が専門で神戸商科大学長をした井上善右衛門、金融政策の地主敏樹らが卒業生だ。

「政官」の分野では、山口繁が14代最高裁長官を、金井元彦が兵庫県知事を務めた。

前述の楠見義男は農林事務次官の経験者だ。

沖縄最後の官選知事・島田

島田叡は沖縄県最後の官選知事で、45（昭和20）年6月の沖縄戦では「住民を道連れにするのは愚策。最後まで生き延びるように」と説き、県民の避難に奔走した。沖縄の人たちからは「沖縄の島守」と慕われ、15年には那覇市に顕彰碑が建てられた。

芸能では、俳優の倉丘伸太郎、落語家の3代目桂文之助がいる。

プロ野球阪神球団の代表などを18年も務めた戸沢一隆がOBだ。

森滝義巳は55年に春の甲子園に出場した。立教大学でエースとして活躍したあとプロ野球の国鉄に入団し、61年に対中日戦で史上7人目の完全試合を達成した。

長田高校

●兵庫県立　●神戸市長田区

第三神戸中学校として1920（大正9）年に開校した。神戸市にある県立の旧制中学としては神戸一中（現神戸高校）、神戸二中（現兵庫高校）に続いている。

戦後の学制改革に伴い、男女共学の新制長田高校になった。学区制の変更や居住人口の変化などを背景に、公立高校では県内屈指の進学校になっている。

1995年の阪神・淡路大震災で甚大な被害を受けた長田区の中心部から車で10分ほど行った高台に、長田高校の敷地が広がっている。

地震の半年前に新改築された鉄筋コンクリート造りの4階建て校舎には、これという被害はなかったが、地震による避難者を最大で、1586人も受け入れた。生徒は全員無事だった。

現在残っている三中唯一の建物である旧図書館（現在は同窓会の神撫会館）は23年の落成で、2010年に国の登録有形文化財になっている。

第三神戸中の初代校長・近藤英也（岩手県尋常師範学校高等科卒）は「知・徳・体の調和的発達」の「全人教育」を標榜し、これが長田高校に引き継がれる校風となった。

京大合格者は県立トップ

19年春の大学入試では現役、浪人合わせ、東京大3人、京都大27人、大阪大30人、神戸大に37人が合格している。

伝統的に関西を出たがらない生徒が多い。京大合格者については、兵庫県の県立高校で神戸高校を上回るトップだった。

ダイエーを創業し「流通革命の旗手」といわれた中内功が、この高校を代表する卒業生だろう。

戦後の日本でスーパーマーケットという新業態をうち立て、グループを売上げ3兆円の商業集団に育て上げた。しかし野放図な拡大で経営が悪化、2000年代に入って中内のカリスマ性は一気に剥げ落ちた。失意のうちに05年9月、世を去った。

ダイエー創業の中内功

39年に神戸三中を巣立った中内は、平凡で目立たない生徒だったという。兵庫県立神戸高等商業学校（新制神戸商科大学の前身、現兵庫県立大学）を卒業し、旧制神戸経済大学（現神戸大学）を中退している。

活躍中の大企業経営者では、三菱商事の第17代社長・垣内威彦が卒業生だ。京大経済学部卒で、関

中内功

西の高校、大学出身で三菱商事社長に就いたのは、戦後初めてだ。

家業を受け継ぎウシオ電機を設立、日本青年会議所会頭や経済同友会代表幹事など財界活動にもいそしんだ牛尾治朗が旧制卒だ。

大蔵官僚出身の石野信一は、事務次官のあと太陽神戸銀行の初代頭取、神戸商工会議所会頭などを歴任した。

昭和時代に神戸市長を務めた宮崎辰雄はアイデアマンで、「株式会社神戸市」と呼ばれるほど都市開発や経営に力を尽くした。六甲山を大胆に削りその土砂を神戸港の埋め立てに活用することで、巨大な人工島を次々に造成した。

宍田正幸は大震災からの復興を図る「新長田まちづくり」の社長だ。

地元企業では、藤浪芳子が電子制御機器の昭和精機（神戸市西区）の社長を34年間務め、15年からは会長だ。神戸商工会議所女性会の会長を長年、務めた。

山中勧は、いかなごの「くぎ煮」など高級珍味の製造卸「伍魚福」（長田区）の社長だ。吉田ピーナツ食品社長の吉田直斗もいる。

長田区は靴の製造が地場産業として知られる。婦人靴製造のカワノも１００年近く続く老舗で、４代目社長の河野忠友がＯＢだ。

大企業の経営者では、瀬戸雄三（アサヒビール）、森岡茂夫（山之内製薬）、岩田直樹（りそな銀行）、上門一裕（山陽電気鉄道）らがＯＢだ。

樫野孝人はリクルート出身で、デジタルマーケティング事業の「アイ・エム・ジェイ」のトップ

を務め、ジャスダック市場に株式公開した。09年に会長を退いた。

中西元男と南山宏之はそれぞれ、CI（コーポレートアイデンティティー）戦略コンサルタントだ。

建築家の三宗司郎、メークアップアーティストの内匠《たくみ》淳もいる。

編集者、グラフィックデザイナーで、生活雑誌『暮しの手帖』の編集長の花森安治が、旧制時代の卒業生だ。

NHKが16年度上半期に放送した連続テレビ小説『とと姉ちゃん』では、『暮しの手帖』創業者の大橋鎮子（東京府立第六高等女学校・現都立三田高校卒）と共に、花森がモデルになった。

「暮しの手帖」の花森安治

国際ジャーナリストの大森実は、前述の中内功と一緒に神戸三中―神戸高商に進んだ。大森は毎日新聞外信部長として活躍、65年に西側記者として初めて北ベトナム（当時）の首都ハノイに入り、取材した。

花森安治

映画評論家の淀川長治も旧制時代の卒業生だ。長年にわたって「日曜洋画劇場」（テレビ朝日系列）の解説を務め、独特の語り口で人気を集めた。番組の締めくくりには「サヨナラ、サヨナラ、サヨナラ」と連呼、「サヨナラおじさん」として親しまれた。

油井正一は戦後、日本のジャズ評論の第一人者といわれた。作曲家、指揮者の北川昇もいる。

文芸では、小説家、詩人の富士正晴、詩人のたかとう匡子、歌人の大地たかこがOB、OGだ。

谷川直子は長崎県五島市在住の作家で、文芸賞を受賞している。

詩人の季村敏夫は05年に、大震災を描いた詩集『木端《こっぱ》微塵《みじん》』で山本健吉文学賞を受賞した。詩人では安永稔和もいる。

朝鮮半島にルーツを持つ女性らでつくる「在日女性文芸協会」が創設した「賞・地に舟をこげ」の第1回受賞作に07年、康玲子作の『私には浅田先生がいた』が選ばれた。康は70年代前半の長田高校を舞台に、自らの国籍をめぐって悩む姿を描いている。

美術界では、彫刻家の柳原義達が戦後日本の具象彫刻分野に独自の世界を築いた作家として評価されている。96年には文化功労者になった。イラストレーターの寺門孝之もOBだ。

学者では、商法学者で会社法、金融商品取引法などの専門家・龍田節、民法、民事訴訟法が専門の笠井正俊と大塚明らが卒業している。

理系では、地震学者の溝上恵、統計学者で14年に『統計学が最強の学問である』がベストセラーになった西内啓らがOBだ。

人権派弁護士として知られる大口昭彦は65年の早大学費学館闘争で早大全学共闘会議の議長を務めた。早大から除籍処分を受け、京大経済学部に入学し直して78年に司法試験に合格した。

芸能では、夫婦漫才コンビ「おしどり」の「マコ」がOGだ。俳優の蔭山泰、タレントの黒田有彩もいる。

「周回走」で鍛えられる

体育の授業では、「周回走」と呼ばれる長距離走が組み込まれている。生徒たちは1周415メートルのグランドを男子6周、女子4周、必ず走らされる。

さらに3年間で累積で42・195キロの長距離を何回も走らせるなど、体育のカリキュラムは他校より非常に厳しい。

その結果、文科省のスポーツテストで、男子、女子とも中距離走の学年平均タイムで08年度卒業生が全国1位の成績を残している。

部活動も当然盛んで、陸上競技部はリレーで全国制覇の経験もある。

陸上長距離選手の山本亮は、12年夏のロンドン五輪のマラソンに出場した。中央大に進学し、陸上部に所属して箱根駅伝で3度、完走した。現役を引退し、母校中央大でコーチを務めている。

中野瞳は長田高校在学中の07年6月に行われた兵庫県高校陸上競技大会の女子走り幅跳びで6メートル44の日本高校新記録をマークした。この記録は、18年6月に高良彩花（兵庫県・私立園田学園高校卒）が出した記録とタイだ。

野球部は16年春のセンバツ大会で21世紀枠に選ばれ、春夏通じて初の甲子園出場を果した。1922年の創部だ。

神戸女学院高等学部

●私立 ●兵庫県西宮市

六甲の山々を背にした西宮市の岡田山と呼ばれる小高い丘の上に、中学から大学院までのキャンパスが広がっている。学舎は樹木で隔てられ、自然豊かだ。

その学舎群は、プロテスタント伝道者で建築家であったウィリアム・メレル・ヴォーリズの設計による。国の重要文化財に指定されている。

ルーツは1875（明治8）年設立の「女学校」、通称神戸ホームだ。米国伝道会から派遣された女性宣教師らによって神戸市内につくられた。94年に神戸女学院の名称になり、戦後の学制改革を機に中高一貫の6年制教育校となった。

関西では、京都府立鴨沂高校のルーツになった女子校が1872（明治5）年に設立されているが、鴨沂高校は戦後の学制改革で男女共学になっている。このため現存する女子校としては神戸女学院が関西で最も古い。

キリスト教に基づく全人的教育が行われている。「愛神愛隣」を永久標語としている。

「一人ひとりの個性と自主性を尊重する自由な校風」（OGの林真理子高等学部長）という。

月曜日から金曜日までの毎朝、20分間の礼拝がある。週に1回、聖書の授業もある。

関西一のお嬢様学校

明治―大正―昭和―平成にかけ、「お嬢様学校」としてのブランドに磨きをかけてきた。縁談の際の「釣書」では、関西で最も格が高い女子校というイメージができ上がっている。

学力も急伸した。中学受験では、関西で最難関の女子校になった。大学進学では、外部に進む生徒が大半を占めるようになり、その合格実績も年々、向上した。

1学年は約140人と少数だ。学校側は大学合格実績を公表していないが、卒業生の話を総合すると、東京大と京都大の合格者は毎年度、「合わせて30人を下回らない」という。

　また医学部合格者が増えている。元テレビ東京アナウンサーの大橋未歩は卒業生だが、「学年の三分の一が国公立の医学部に進学する」と記している（文芸春秋15年3月号）。

大学受験実績も急伸

　英語教育に定評がある。70年以上前から独自の英語教授法により、多様なコミュニケーション能力を身に着ける教育に取り組んできた。

　海外研修で、教室で学んだ英語を実際に使いコミュニケーションを実践する。一年ごとに夏休みの約20日間、米国ミネソタ州の高校で語学研修を行っている。


　またオーストラリアのメソディスト・レディーズ・カレッジと姉妹校提携をしており、隔年で相互に訪問、交流している。

　英米文学、比較文学などで学者・研究者になった卒業生を、たくさん輩出している。

　戦前の卒業生では、思想史学者で国際基督教大教授だった武田清子がいた。１９４６年に雑誌「思想の科学」を、丸山真男らと共に創刊した。18年4月に１００歳で死去した。

　津田塾大学長を務めた天満美智子は英文学・言語学者で、「リーディングの大家」といわれた。

　米国の演劇研究をした山本澄子、シェークスピア研究の山本純子、言語学・音声学の藤戸淑子、英米文学の馬場美奈子らもいる。


　英文学の原田園子は神戸女学院大学長を、米文学の別府恵子は松山東雲女子大学長をした。

　森村久美子は東大大学院工学系研究科准教授で、工学部生の国際コミュニケーション能力の向上を研究テーマとしている。主に工学部生、院生を対象にした「スペシャル・イングリッシュ・レッスン」を担当し、東大生の英語力アップのオーガナイザー役だ。

　松縄順子は、日本における女性の同時通訳者の草分けの一人だ。

　比較文学の堀江珠喜は、『おんなの浮気』など一般向けの新書を多数、著している。

　臨床心理学の伊藤良子、独文学の石光照子、「デザイン学」を立ち上げている中小路久美代、東南アジア史が専門でベトナム女性史を研究している片山須美子らもOGだ。

法学者の林美香は、軍縮に関する国際条約が研究テーマ。京大卒で、外務省にキャリアとして入省したあと研究職に転じた。約10ヵ国語に通じる語学力を持っている。

医師では、内科医で帝京平成大学長の沖永寛子、産婦人科医でメディアによく登場する宋美玄、産婦人科医でカンボジアで医療支援活動にも携わった松本安代らがいる。

一柳満喜子はキリスト教教育者で近江兄弟社学園理事長をした。学舎を手がけたヴォーリズが夫だ。

高尾長良という小説家

文芸の世界で、1992年生まれの高尾長良という名の女性小説家が注目されている。京大医学部に進学、2回生の12年に『肉骨茶』で新潮新人賞を受賞した。史上最年少だった。この小説が12年下期に、さらに14年下期には『影媛』が芥川賞候補になった。

宋美玄

キョウコ・モリは米国で活躍する作家・詩人だ。小説家の瀧羽麻子もいる。明治時代には、国木田独歩の最初の妻で有島武郎の『或る女』のモデルになった佐々城信子が在籍していた。

新国立劇場バレエ団でプリンシパルを務めた湯川麻美子は、15年4月の公演『こうもり』での主演をもって現役を引退した。湯川は女学院から欧州のバレエ団に留学、97年に新国立劇場バレエ団ができたときに入団した。

劇作家では堤春恵がいる。評論家、文筆家の石浜みかる、歌人の江戸雪もいる。

桑原亮子は14年にNHK大阪放送局が主催する若手脚本家の登竜門「BKラジオドラマ脚本賞」で最優秀賞に輝いた。両耳が全く聞こえなくなり、女学院時代から抱いていた弁護士の夢を断念し、文筆活動に情熱をささげている。

音楽では、「関西オペラ界の重鎮」といわれた岡田晴美、シンガーソングライターの小林万里子、メゾソプラノ歌手で独ザクセン州立歌劇場合唱団に所属する古田昌子、ピアニストの前中明子や谿《たに》博子らがOGだ。

　経営者では、看板商品「ゴーフル」で知られる老舗菓子舗「神戸風月堂」会長の下村俊子、シリアル業界の国内トップ・日本ケロッグ社長の井上ゆかりらがいる。

塩野義製薬の取締役副社長

　沢田拓子は18年4月に、塩野義製薬の副社長に就いた。京大農学部卒だ。

　堤香苗は、女性の社会進出やキャリア・アップを支援するキャリア・マム代表だ。14年度に内閣府から、女性のチャレンジ支援賞を受けた。

下村俊子

　黒石恵子はパリでテキスタイル・デザインを学び、スカーフデザイナーとして独立している。インダストリアル・デザイナーの今竹翠、カラーリスト・ファッションデザイナーの秦砂丘子もOGだ。

　政治家では、参院議員を1期務め政党「みどりの風」代表をした谷岡郁子がOGだ。その後、至学館大（旧中京女子大）の学長兼理事長を務めている。日本レスリング協会副会長でもある。

　小野了代は国際NGO（非政府組織）である日本国際民間協力会（本部・京都市）の理事長だ。人道主義に基づき国内はもとよりアジア、中東、アフリカで幅広く大災害緊急支援活動を行っている。

　芸能人では、「お姫さま女優」といわれた高千穂ひづるが卒業後に宝塚音楽学校に入った。

　スポーツでは、与那嶺絵里が16年のリオ五輪で自転車競技のロードレースに出場した。

　アナウンサーになったOGも多い。前述の大橋のほか引退者も含めて山本美希、杉本なつみ、小野田リカ、龍田梨恵、西堀裕美、小正裕佳子、酒井千佳らがいる。

　酒井は気象予報士でもある。京大・建築学科卒だ。

　ちなみにNHKのアナウンサーからフリーに転じ、18年10月からは日本テレビ系列のニュース番組でメインキャスターに就いている有働由美子は、神戸女学院大出身だが大阪府立北野高校卒だ。

関西学院高等部

●私立　●兵庫県西宮市

「かんせい」学院と読む。通称は「関学《かんがく》」だ。

関西学院は、米国・南メソジスト監督教会から派遣された宣教師によって、1889（明治22）年に創立された。現在は幼稚園から大学院、インターナショナル・スクールまでを備えた総合学園だ。

西日本を代表する私学であり、関東の慶応義塾や青山学院によく喩えられる。中学部と高等部は一貫教育になっている。日本有数の美しいキャンパスに、大学と隣接して校舎がある。

高等部は男子校だったが、15年4月からは女子にも門戸を開き、共学化した。

高等部から95％の生徒が、推薦により関学に進学する。他大学へは19年春の入試で、早稲田大に3人が合格している。

「『深い学び』を通して一人一人の知性を豊かにする」ことを教育の柱としている。

「英語の関学」の伝統がある。英語を母国語とする外国人の教員が各学年に配置され、生きた英語に触れる機会がたっぷりある。

英、米、オーストラリア、ニュージーランドの4ヵ国には提携校があり、海外英語研修やホームステイ、授業、クラブ活動などを通して交流している。第2外国語として、独仏中韓語の講座も開かれている。

関学大との高大連携プログラムもある。法学、経済学などの入門講座が、関学の教授陣によって開かれている。

アメフットは高校王者

クラブ活動では、アメリカンフットボール部が高校王者だ。15年12月に行われた全国高校選手権大会では、早稲田大学高等学院（東京・私立）を破り2年連続の18度目の優勝を決めた。自らが持つ大会最多優勝記録を更新した。

関学大のアメリカンフットボール「ファイターズ」は全日本大学

選手権大会（甲子園ボウル）で優勝29回を数えるなど大学で最強だが、高等部を卒業した選手たちがその主力を形成している。

関学大2年の奥野耕正は、高等部出身。18年12月の甲子園ボウル（全日本大学アメリカンフットボール選手権大会）で活躍し、最優秀選手と年間最優秀選手に輝いた。

18年5月の日大との定期戦で奥野は、相手の悪質タックルで負傷した。これはメディアで報道され、大きな社会問題になった。

野球部は旧制の大正時代に、春夏とも各1回、全国優勝を遂げている。

文化系クラブでは、数理科学研究部、宗教部といった独特の部もある。グリークラブは各種大会で必ず賞をとる実力を誇っている。

特筆したいのは、満105歳まで現役の医師として活躍した日野原重明（1911＝明治44＝年10月4日生まれ）だ。

105歳まで活躍した日野原

日野原は、現在の高等部の前身である旧制の関西学院中学部の卒業だ。京都帝国大医学部に進学し、循環器内科で学んだ。

聖路加国際病院院長として、予防医学に力を注ぎ、聖路加国際メディカルセンター理事長も長年、務めた。従来は「成人病」と呼ばれていた一群の病気の名称を、「生活習慣病」に改めたのも日野原だ。05年には文化勲章を受章している。

日野原重明

90歳を超えても睡眠は1日5時間。講演、音楽会、学会、テレビ出演、原稿執筆などスケジュールは数年先までぎっしりだった。17年7月に105歳で死去した。

作曲家・指揮者で、「赤トンボ」「待ちぼうけ」など抑制をきかせたメロディーで多くの作品を残した山田耕作は、14歳の時に関学中学部に転校してきた。ドイツに留学し、ベルリン・フィルハーモニー管弦楽団を指揮するなど国際的にも活動した。

児童文学者で童謡「夕やけ小やけ」の作詞者でもある久留島武彦、大正から昭和にかけての小説家である稲垣足穂らも旧制時代の卒業だ。

　天台宗の僧侶で小説家だった今東光は稲垣と中学部で同級だったが、素行不良で3学年の途中で諭旨退学処分されている。

　精神分析学者の竹友安彦は、戦後にガリオア留学生として渡米し、米アルバート・アインシュタイン医科大教授など、もっぱら米国の病院で医師を続けた。いわゆる頭脳流出組の1人だ。

　企業経営者では、オリックスのトップを33年間続けてきた宮内義彦がいる。14年6月に、会長兼グループCEO（最高経営責任者）を退任し、新設の「シニア・チェアマン」に就任した。

　宮内は、中学部から大学まで関西学院で、その後、米ワシントン大学でMBAを取得した。日綿実業（現双日）に入社し、リース業を学ぶために社命で米国に行ったところから、運が開けた。

宮内義彦

オリックスの宮内義彦

　オリエント・リース（現オリックス）に設立メンバーとして入社した。オリックスはノンバンクの雄となり、サラリーマン出身ながら宮内は、オーナー企業の創業経営者のように振る舞った。

　宮内はプロ野球オリックス・バファローズのオーナーでもあるが、中高時代には学校の帰り道にある西宮球場にしばしば阪急戦を観に行った。「何十年かのちに、自分がこのチームのオーナーになるとは夢想だにしなかった」（日本経済新聞13年9月4日朝刊「私の履歴書」）と振り返っている。

　IT企業の経営者としては、コンパック日本法人のトップを務めた村井勝、携帯電話向けコンテンツ配信のベンチャー企業、サイバードの創業社長・堀主知ロバートらが卒業している。

　昭和シェル石油と出光興産は19年4月に経営統合し、「出光昭和シェル」となった。昭和シェルの社長だった亀岡剛は、統合後に副会長になった。

　六甲バター会長の塚本哲夫、朝日放送グループHD取締役相談役の脇阪聰志もいる。

ニューヨークで投資会社を経営している堀古英司は、経済アナリストとしても活躍している。関学ファイターズの名選手だった。

能島裕介は社会起業家だ。95年の阪神・淡路大震災で被災した子どもたちに学習支援やキャンプ活動などを実施し、いくつかのNPO（特定非営利活動）法人運営のリーダーになっている。

学者では、数学者で京都大教授の磯祐介、マクロ経済学者で同志社大教授の北坂真一、兵庫医科大の救命・救急センター長を務めている小谷穣治、近畿大医学部教授で解剖学の重吉康史らがいる。

高等部から関学に進み関学学長になった人物としては、武田建、今田寛、平松一夫、杉原左右一がいる。また関学院長を務めたのは畑道也、宮田満雄、山内一郎だ。

このうち、社会福祉学が専門の武田は、関学ファイターズで活躍し、米国留学時に最先端のアメフット理論を習得し帰国した。

関学で教壇に立つ一方、アメフット部のコーチや監督を務め、ファイターズの黄金時代を築いた。

松本道弘は英語の同時通訳者で、日本にディベートを広めた人物でもある。

団鬼六は『花と蛇』の代表作で知られる小説家で、多くの作品が映画化された。

旧制卒の洋画家としては野口弥太郎がいる。独立美術協会で活躍し、戦後の洋画壇における具象系の代表作家となった。多くのファンがいる。

高島忠夫が死去

俳優の高島忠夫は、兵庫県立旧制神戸一中（現神戸高校）から新制神戸高校3年へと進学するが、ジャズに没頭して退学し翌年、関学高等部に編入学した。司会者としても親しまれた。晩年は、糖尿病とうつ病に悩まされた。19年6月に死去した。

音楽では、作曲家、タレントで、多くの放送番組のテーマ曲などを手がけたキダ・タローがいる。作曲家の羽毛田丈史も、NHK、民放の番組テーマ曲を作曲している。

映画プロデューサーの一瀬隆重は、04年にプロデュースした『THE JUON／呪怨』が全米興行収入1位を記録する大ヒットとなった。

甲南高校

●私立　●兵庫県芦屋市

阪神間の裕福な家庭の男の子が通う、いわゆる「おぼっちゃん」の学園として知られてきた。「西の慶応」とも言われる。

中高一貫の6年制教育だ。知識偏重の詰め込み型教育とは一線を画し、各人の個性や才能を磨く教育をしている。

1919（大正8）年の設立で、戦前は尋常科―高等科の7年制高校だった。私立7年制としては、武蔵、成城、成蹊と甲南の4校しかなかった。19年4月に学園創立100周年を迎えた。

戦後の学制改革で現在の中高6年制に衣替えした。旧制の4年制の尋常科が新制の中学校と高校に、3年制の高等科が高校と大学とに分化発展していった。

創立者は、大企業経営者で文相も務めた平生釟三郎（旧制岐阜県立岐阜中学・現岐阜高校中退ー高等商業学校・現一橋大学卒）だ。

「健全な常識を持った世界に通用する紳士たれ」が教育理念で、「徳育」「体育」「知育」の3つをバランス良く伸ばすことを強調、「個性尊重」を前面に打ち出した。

旧制時代の卒業生は、多くが京都、東京などの帝国大学に進学した。新制になってからも、学業に加え趣味も豊かな生徒が育った。企業社会で出世する者が多かった。

ベンチャー精神を発揮した卒業生から、紹介していこう。

江副浩正

リクルート創業の江副浩正

リクルートを創業した江副浩正がOBだ。甲南高校から東京大に進学、東大新聞社で企業広告を開拓した。その延長で起業し、求人広告という新業態を確立した。

政財界の要人に子会社の未公開株をバラまいたリクルート事件が

1988（昭和63）年に発覚し、江副は贈賄で執行猶予付きの有罪判決を受けた。

92年に、ダイエー（現イオングループ）はリクルート株の約10％を取得して傘下に収めた。同株を売却した江副は約400億円の売却益を得た。

旧制卒では、堀場製作所を創業した堀場雅夫がいた。学生企業家の草分け的存在で、京都大物理学科を卒業し、徒手空拳で分析・計測機メーカーを上場企業まで育て上げた。

東京ドームの屋根や産業用テント倉庫など「膜面技術」を活かし、世界に輸出している太陽工業が知られる。その海外展開を行った現会長の能村光太郎もOBだ。

日本楽器製造（現ヤマハ）の4代目社長で、ヤマハ発動機の創業者である川上源一は、旧制甲南高校を中退している。

若手では、GLM（旧グリーンロードモータース）社長の小間裕康がいる。13年春には国内ベンチャー初のスポーツカー・タイプの電気自動車（EV）を発売し、注目を集めた。

コンピュータ周辺機器メーカーの「エレコム」（本社・大阪市）の社長・葉田順治もOBだ。

経団連会長をした米倉弘昌

財界トップの座に就いたのは、日本経団連会長を務めた米倉弘昌だ。東京大を卒業後、住友化学に入社し社長、会長を歴任した。

住友化学では、米倉の前任社長・香西昭夫も甲南OBだ。

父子孫の3代にわたって新制甲南高校を卒業した創業一族もいる。タイガー魔法瓶の2代目社長・菊池嘉人、その息子で現社長の菊池嘉聡、さらにその息子たち2人だ。

旧制卒で大企業のトップを経験した卒業生を挙げてみよう。

オーナー型とサラリーマン型が入りまじるが、石黒武雄（第一製薬）、鈴木恭二（味の素）、黒川久（三菱油化）、竹中錬一（竹中工務店）、小野達郎（日本製鋼所）、塩野孝太郎（塩野義製薬）、高橋孝吉（神戸製鋼所）、加藤礼二（聯合紙器）、武内俊夫（トーメン）、大林芳郎（大林組）、村上武雄（東京ガス）、永井弥太郎（三菱レイヨン）らだ。

新制卒の企業経営者は元職と現職がまじるが、上山英介（大日本除虫菊）、上島達司と上島豪太（U

ＣＣ上島珈琲）、武田国男（武田薬品工業）、小林一雅と小林豊（小林製薬）、辰馬章夫と辰馬健仁（辰馬本家酒造）、岡崎晴彦（ファミリア）、八木雄三（八木通商）、竹中統一（竹中工務店）、嘉納毅人（菊正宗酒造）、近藤徹（不二熱学工業）、稲畑謙一郎（稲畑香料）、古橋健士（ホシデン）、椿本哲也（椿本興業）、金田善博（サンスターグループ）、銭高久善（銭高組）らだ

政治家になった卒業生としては、衆参両議員を務め自治相などをした石井一と、その弟で参院議員をした石井一二、森下仁丹社長、参院議員を務めた森下泰らだ。

有機化学者で米コロンビア大教授などを務めた中西香爾《こうじ》と、2期後輩で発生生物学者の岡田節人は、2007年に文化勲章を同時に受章した。岡田は京大教授、ＪＴ生命誌研究館館長などを歴任した。岡田は17年1月に、中西は19年3月に死去した。

さらに医学者でＢ型ワクチン研究の織田敏次、発生生物学の金谷晴夫、新制卒の精神科医で文筆家でもあった中井久夫の3人が文化功労者になっている。

「坂田学派」を形成

坂田昌一は、京都大理学部物理学科に進学し。日本の素粒子物理学をリードする存在になった。名古屋大教授として、「坂田学派」と呼ばれる多数の弟子を育てた。

数学者の角谷静夫、陶磁器研究者の三杉隆敏、仏文学者の小場瀬卓三、経済学者の内田義彦、独文学者で歌人の高安国世、官庁エコノミスト出身の経済学者で政府税制調査会会長をした香西泰らも卒業生だ。

医師では、心臓外科医の須磨久善が日本で初めてバチスタ手術（心臓の左室部分切除術）を行った。

原子核物理学者の平尾泰男は、世界初の「がん治療用重イオン加速器」の完成に貢献した。

スポーツで力を発揮している卒業生も多い。

スポーツ用品メーカーのミズノの3代目社長や会長をした水野正人は、2020年東京五輪・パラリンピック招致委員会の副理事長兼専務理事だ。13年のＩＯＣ（国際五輪委員会）での最終プレゼンで大きな身振りを交えたスピーチを行い、東京五輪招致の立役者の

一人となった。正人の父で、2代目社長の水野健次郎も甲南OBだ。

伝統的にテニスが強い高校として知られてきた。伊藤忠商事の会長をした伊藤栄吉がデビスカップ選手だった。1931年の全日本で準優勝し、33年に初めてデ杯選手に選ばれた。

石黒修は、甲南高校―慶応大―三菱電機へと進み、全日本ジュニア、インターハイ、インカレを制した。ウインブルドンに6年連続で出場した。日本プロテニス協会を設立し、初代理事長を務めた。

水野正人

武智鉄二という異能

文化人では、昭和時代に活躍した演劇評論家、演出家、映画監督の武智鉄二が光っている。独創的な「武智歌舞伎」を世に問い、能、文楽、オペラ、舞踏、映画の演出も手掛けた。

日本の抽象絵画の先駆者である長谷川三郎、演出家、俳優の笈田ヨシ、俳人の稲畑広太郎らも学んでいる。

伝統文化の担い手では、若手歌舞伎役者の片岡佑次郎（1993年生まれ）はじめ、生け花未生流の指導者である肥原ファミリー（肥原俊樹、慶甫、康緑）、能楽大倉流宗家の大倉源次郎、小笠原流煎茶道若宗匠の小笠原秀邦らがいる。

小原宏貴は、生け花の小原流五世家元だ。3歳の時に父を、6歳の時に祖父を相次いで亡くし、6歳にして家元になった。

音楽では作曲家、指揮者、バイオリニストの貴志康一が旧制甲南高校に在学していた。ベルリンフィルを指揮したこともあり、国際的に活躍した。28歳で急死したため「夭折の天才音楽家」といわれる。

19年春には183人が甲南高校を卒業した。その内、半数弱が甲南大学に進学した。国公立大学の合格者は、京都大1人、大阪大3人、神戸大1人など。

私学には延べで浪人も合わせ、関西学院大に23人、同志社大に18人、慶応大に4人が合格した。私立大合格者も増えている。

甲南女子高校

●私立　●兵庫県神戸市東灘区

阪神間で人気の高い女子校の一つだ。1920（大正9）年に5年制の甲南高等女学校として設立された。2020年に100周年を迎える。

現在は、高校入試を行わない完全6年制の中高一貫校だ。

コンセプトが明快な高校だ。校訓は「清く　正しく　優しく　強く」だ。建学の精神は「まことの人間をつくる」、教育方針として「全人教育　個性尊重　自学創造」の3つを掲げる。

英語教育が手厚い。ネイティブスピーカーによるコミュニケーション能力を育む少人数授業が特徴だ。

国公立大への進学を目指すコースが2クラス、甲南女子大を含む私立大や国公立大への進学を目指すコースが3クラスある。

大学合格実績は最近、向上している。約170人の卒業生のうち、毎年度、東京大、京都大、東北大、一橋大に各1人ほど、大阪大に各数人、神戸大に約10人が合格している。

私立大には例年、浪人も含めた延べ人数で、関西学院大、同志社大、立命館大などに各30～60数人が合格している。

小池百合子

東京都知事の小池百合子

16年8月から東京都知事に就いている小池百合子がOGだ。関西学院大を中退し、カイロ大学に留学したが、卒業はしていない。

ニュースキャスターとして知名度を上げ、衆参議員となり、環境相、防衛相などを歴任した。属する政党を目まぐるしく変え、都知事選では自民党衆院議員なのに党の方針に反して出馬した。対決姿勢を鮮明にし、無党派層などから幅広く支持を集めた。

公選制になって以来の都知事は小池が9人目で、女性は初めて。全都道府県では7人目の女性知事だ。

90歳台後半の佐藤愛子

1923年生まれながらなお旺盛な作家活動を続けている佐藤愛子が、旧制時代の卒業だ。

佐藤紅緑（旧制青森県立青森尋常中学・現弘前高校中退）を父に、サトウ・ハチロー（旧制私立早稲田中学・現早稲田高校中退）を異母兄にもつ。その佐藤一族を描いた『血脈』が代表作だ。69年には直木賞を受賞している。

ノンフィクションライターで、小学館や講談社のノンフィクション賞などを受賞している最相葉月がいる。

漫画家の樹なつみもOGだ。『八雲立つ』で97年度の講談社漫画賞を受賞している。

学者では、イタリア文学の武谷なおみ、フランス文学者で慶応大准教授の井上桜子がいる。

野田章子は国連職員として、ネパール、モンゴルなどで国連開発計画の業務にまい進している。

部活動ではアーチェリー、弓道部などが強く、五輪選手を輩出している。池田裕紀子は92年のバルセロナ五輪にアーチェリー日本代表として出場した。

馬術の武田麗子は、12年のロンドン五輪と16年のリオデジャネイロ五輪の障害飛越の日本代表だ。

父は武田薬品工業のトップを務めた武田国男（兵庫県・私立甲南高校卒）だ。麗子は高校1年生の時から本格的に馬術に取り組んだ。

フィギアスケートの平松（旧制上野）純子は、60年のスコーバレー（米）、64年のインスブルック（オーストリア）冬季五輪に出場した。

飛び込みの弘世初子は相愛女子短大に進学し、56年のメルボルン（オーストラリア）五輪で高飛び込みなどに出場した。

坂野惇子は、ベビー用品の「ファミリア」の創業者の一人だった。16年度下半期にNHKで放送された連続テレビ小説「べっぴんさん」でヒロインのモデルになった。

半田まゆみは、ヘアラルト阪神理容美容専門学校の理事長だ。ほとんど丸刈りのヘアスタイルが「売り」で、全国で講演しており、ファンも多い。

六甲学院高校

●私立　●兵庫県神戸市灘区

六甲の山並みを背景に、校舎からは神戸の街と海が眼下に広がる。自然林が生い茂る緑地「六甲庭園」（約1万坪）も敷地内にある。恵まれたロケーションだ。

カトリック修道会のイエズス会は1913（大正2）年に、上智大学（東京・千代田区）を設立した。その後、六甲山の麓の現校地に白羽の矢を立て、1938（昭和13）年に旧制六甲中学を開校した。

戦後の学制改革で、新制の六甲中・高校となった。中高一貫の男子校だ。

イエズス会の傘下には、上智大のほか、いずれも中高一貫の六甲高校、栄光学園（神奈川県鎌倉市）、広島学院（広島市）、上智福岡（福岡市）の計4高校があり、それぞれ学校法人は異なっていた。

2016年度からは、5法人を「上智学院」に法人合併させ、六甲高校は六甲学院高校と改称された。

上智学院の傘下に

厳格な校風で知られる。白い校内着に着替え授業の始まりと終わりには全員で1分間目を閉じる「瞑目《めいもく》」をする。2時限目と3時限目の間には全校生徒が運動場を走る中間体操、放課後は上半身裸と裸足でトイレ掃除をする。

「部活は週3日以内」「17時20分下校」という校則もある。

19年春の大学入試を見ると、現役、浪人合わせ、東京大に10人、京都大に18人、大阪大に26人、神戸大に14人が合格している。

私立大には延べで、早稲田大16人、慶応大16人、関西学院大23人。卒業生数は約170人だから、難関大合格実績は相当、高い。

11年3月11日の東日本大震災以来、活躍ぶりが目立つ学者がいる。政治学者で前防衛大学校校長、現兵庫県立大理事長でアジア調査会会長の五百旗頭真《いおきべまこと》だ。

首相直轄の各種有識者会議の委

員をしてきたが、大震災後に民主党政府が創設した復興構想会議で議長を務め、報告書をまとめた。

五百旗頭父子がOB

日本政治史が専門で東大教授の五百旗頭薫は息子で、父子とも六甲卒だ。

植物分子細胞生物学者で奈良先端科学技術大学院大学長を務めた山田康之も卒業生だ。イネバイオテクノロジーの飛躍的発展の基礎を築いたとして、12年に文化勲章を受章した。

五百旗頭真

理系の学者では、生化学者で米ニュージャージー医科大教授の井上正順、情報系工学者の三木光範がOBだ。

文系では、国際法が専門で元京都ノートルダム女子大学長の芹田健太郎、国際政治学の大芝亮、行政学の秋月謙吾らがいる。

文化人では、日本を代表する映画監督として高い評価を受けている黒沢清がいる。映画監督の大森一樹もOBだ。

山本正は、70年に日本国際交流センターを創設し、日本における国際知的交流の先駆者となった。

劇作家、演出家の植田紳爾は、宝塚歌劇団を育てた。脚本家の尾崎将也、俳優の大谷亮介もOBだ。

大企業で社長、会長を務めた卒業生は、雀部昌吾（バンドー化学）、伊藤研一（伊藤ハム）、箕浦輝幸（ダイハツ）、宮戸直輝（T&DHD）、石黒征三（アルパイン）、樋口有三（加地テック）、杉本勝之（飯野海運）、新田信昭と荒木直也（阪急阪神百貨店）、前川弘幸（川崎汽船）、北村明良（関西アーバン銀行）、渡部賢一（野村証券）、辻村章夫（イトキン）、稲畑勝太郎（稲畑産業）らだ。

塩村仁は、医薬品開発のベンチャー「ノーベルファーマ」の創業社長だ。

吉田浩一郎は、webサービスの「クラウドワークス」の創業社長だ。同社は14年に東証マザーズに株式上場した。

スポーツでは、Jリーグの第2代理事長（Jリーグチェアマン）を務めた鈴木昌がいる。

西京高校

●京都市立　●京都市中京区

その名のごとく京都市の西郊にある。9校ある京都市立高校の一つだ。

ルーツは1886（明治19）年に創立された京都府商業学校だ。公立商業学校としては、全国で最も歴史が古い学校の一つだ。

明治末に京都市に移管され第一商業学校となったり、戦後に西京商業高校と名を変えたこともある。

ユニークな名称の学科

だが現在、「商業」の面影はない。未来社会創造学科エンタープライジング科というユニークな名称の学科だけがある。また04年から附属中学校を設立して中高一貫教育に衣替えしている。

教育理念は「『進取・敢為・独創＝エンタープライジング・スピリッツ』の校是のもと、『社会人力』を育て、グローバルリーダーを育てる」ことだ。SGHの指定校だ。

教師が一方的に授業を進めるのではなく、小グループに分かれた討論や、論文作成など「探究」する時間を多く取り入れている。

京都市立ではあるが、市外からの生徒も受け入れた。意欲的な試みが評価されて人気が急上昇した。

山内溥

大学合格実績は急伸している。

2019年春の大学入試では現役、浪人合わせ、京都大25人、大阪大31人、神戸大に32人が合格した。東京大は1人だった。京大合格者数は、京都府内の国公立高校で第2位だった。

任天堂の「中興の祖」といわれた山内溥《ひろし》が旧制の卒業生だ。花札、トランプ製造の家業を継いで3代目社長となった。家業からの脱皮を図るために「ファミリーコンピュータ」を手始めに電子ゲームに進出し世界企業に育てた。

村田製作所といえば、スマホやタブレットの電子要素部品を製造し、今や「京都銘柄」の中でもっとも高収益の企業として注目されている。その創業者・村田昭は、旧制中退だ。

　政治家では、前京都市長の桝本頼兼が新制卒だ。

　学者では、財政学者で一橋大学長を務めた井藤半弥、経済学者でアジア経済が専門の市村真一、考古学の川勝政太郎、園芸学の広瀬忠彦、米国文学の須田稔らがOBだ。

　トーキー時代から映画製作を手がけていたマキノ雅弘が、第一商業学校時代に在籍していた。戦前の映画監督、脚本家の山中貞雄と脚本家の藤井滋司は、マキノより1学年下の同級生だった。


狂言師の茂山千之亟《せんのじょう》も旧制時代の卒業だ。代々、大蔵流狂言の家系だが、新劇、歌舞伎、さらにはオペラとの融合を試み、狂言の世界を拡げた。

　新制卒では、落語家の桂団朝、お笑い芸人の木村祐一がいる。

　かつてはラグビー部が1924年に全国制覇し、また野球部は全国大会に通算、春4回、夏3回出場している。

　戦前に早稲田大ラグビー部の監督を務めた本領伸治郎もOBだ。

　プロ野球では、読売ジャイアンツの前身・東京巨人軍の初代代表を務め、プロ野球リーグ誕生の功労者として特別表彰による「野球殿堂入り」を果たした市岡忠男がいた。

　巨人の外野手でコーチ、二軍監督を務めた国松彰もいる。西京高校から同志社大学に進学し、大学を中退して投手として入団した。

　引退後は東京・城南地区を地盤とする菓子店・亀屋万年堂の社長を務めるなど、経営者の道を歩んでいる。

「軟球」を発明し、殿堂入り

　鈴鹿栄は京都市内で文具商を営み、軟式野球に用いるボールを発明した。この功績で、03年に特別表彰として「野球殿堂入り」した。

　京大アメリカンフットボール部の元監督・水野弥一が卒業生だ。毎日甲子園ボウル（全日本大学アメリカンフットボール選手権大会）で優勝6回、社会人代表と争うライスボウルでも優勝4回を導いた。

堀川高校

●京都市立　●京都市中京区

「堀川の奇跡」と言われている高校だ。国公立大学、とりわけ京都大合格者がこの10年余で急増し、メディアで何度も取り上げられている。

２０１２年春の京都大入試で堀川高校は、前年より22人も多い62人の合格者を出し公立高校でトップとなった。私立、国立高校を含めたランキングでは第5位。しかも62人のうち、７割近くが現役で合格した。

19年春の合格実績は現役、浪人合わせ、京大に51人、大阪大に11人、神戸大に20人、東京大は５人だった。京大については高校別ランキングで4位だった。

「堀川の奇跡」

１９０８年（明治41）年に創立された京都市立堀川高等女学校が前身だ。新制堀川高校は男女共学になると共に、音楽、商業課程なども設置された。

１９９９年になって堀川高校は、従来の普通科に加え「人間探究科」と「自然探究科」の2学科を新設した。この2学科については学区制を取り払い京都府内全域から探究心あふれた生徒を集め、選抜した。

現役の国公立大学合格者は1ケタに留まっていたが、2学科の最初の卒業生が大学受験した２００２年度には、一挙に１０６人に跳ね上がった。

「たんきゅう」という言葉を辞書で引いてみると「探求」と「探究」の2つの漢字が出てくる。「探求」は答えがある問いに対する答を求めること、「探究」は答がない問いの本質を見極めることである。

「堀川の奇跡」を見習い、似たような学科を新設する高校が相次いだ。

文部科学省からSSHとSGHの両方の指定を受けている。

堀川高校の音楽課程は「堀音」の名前で市民に親しまれ、著名な音楽家を多数、送り出している。

クラシック音楽の指揮者、佐渡裕は「堀音」から京都市立芸大音楽学部に進学した。

佐渡裕と葉加瀬太郎

バイオリニストの葉加瀬太郎は東京芸大音楽学部に進学した。クラシックからポップス、民族音楽などをこなす大衆性が受けている。

指揮者の小泉和裕、作曲家の兼田敏、作曲家・指揮者の南安雄、ボブ佐久間、ピアニスト・作曲家の稲本響、ピアニストの平林知子、バイオリニストの東儀祐二、渡辺剛、堀正文、フルート奏者の旭孝、吉岡アカリ、オーボエ奏者の岡田良機、アコーディオン奏者の清水信治らも「堀音」の出身だ。

「堀音」は、1997年に京都市立音楽高校として分離・独立した。全国の公立高校で唯一の単独音楽科高校だ。10年には京都堀川音楽高校と改称された。

北朝鮮による拉致事件の被害者・横田めぐみの母親である横田早紀江が、卒業生だ。めぐみの一刻も早い救出が待ち望まれている。

横田早紀江

堀田力は、東京地検特捜部検事としてロッキード事件を担当し、田中角栄元首相（東京・私立中央工学校卒）に論告求刑をした。

佐藤禎一は、文部事務次官、東京国立博物館長をした。

京都市長の門川大作は、堀川高校を卒業後に働きながら立命館大の夜間を卒業した。京都市教育長になり、母校・堀川高校の改革をバックアップした。

企業経営者では、行待裕弘（千趣会）、平井義久（西利）、平井達雄（同）、増田正蔵（京都新聞社）らがOBだ。

OGでは、服飾評論家でタレントの市田ひろみがいる。コメディアンの藤田まことは、堀川高校を中退した。

陸上競技選手の山西利和（23）は、（19）年10月の世界陸上ドーハ大会の20キロ競歩で優勝した。これにより、20年夏の東京五輪出場が内定した。

山西は18年3月に京大工学部（物理工学専攻）を卒業し、愛知製鋼に入社した。

山城高校

京都府立　京都市北区

京都市の北西部の住宅地にある。周辺には金閣寺、妙心寺、双ヶ丘などが点在する。校内には、平安貴族の邸宅跡と推定される寝殿造りの遺構も残っている。古都の歴史文化へのつながりを感じることができるロケーションだ。

1918（大正7）年から戦後の学制改革まで、京都府立京都第三中学校と名のっていたことから、年配者には「京三中」と理解されている。

しかし、元はといえば1907（明治40）年に創立された府立第五中学校がルーツだ。つまり京都一中・現洛北高校以下5番目の旧制府立中学だったのだ。

普通科に加え、2007年度には京都府内全域から入学できる「文理総合科」が設置（1クラス）されたのが、特色となっている。14年度からは、大学受験に対応した3コースが普通科に設置された。

「グローバル社会で活躍できる力を養い、将来、様々な分野で社会に貢献する人間を育成する」ことを、山城高校の「社会的使命」としている。

国際交流プログラムも多彩だ。14年度には、姉妹校提携をしているドイツのギムナジウム・フィルダーベンデン校や、台湾国立員林高級中学校の生徒が訪れ、親交を深めた。文理総合科の生徒はマレーシアに研修旅行に行った。

「サイエンスダイアローグ」もある。日本在住の外国人を講師として招き、科学の最先端研究を英語で講義してもらう試みだ。

ハイレベルな文武両道

「ハイレベルな文武両道」を標榜し、伝統的にスポーツも盛んだ。

サッカー部は創部70年を超える。58年には高校選手権で、60年には国体で全国優勝している。部員は現在でも100人近くいる。

国体優勝の時、1年生ながら出場したのが釜本邦茂だ。その後、早稲田大やヤンマーディーゼルなどで活躍し、68年のメキシコ五輪では銅メダルを獲得し、得点王になった。

　サッカー界の指導者になり、参院議員も務めた。

　山城高校のOBで同校体育科教諭だった森貞男は、サッカー部監督として釜本などを育て、のちに山城高校校長になった。

　元Jリーグ選手の松山吉之は日本代表になっている。弟の松山博明はブータンで2年間、代表チームの監督を務めた。

　硬式野球部は、50年以上も前のことだが夏3回、春1回、甲子園に出場している。

釜本邦茂

阪神の選手・監督、吉田義男

　阪神タイガースの選手・監督として活躍した吉田義男が著名だ。立命館大から53年に阪神に入団、167センチと小兵で「牛若丸」の異名をとった。64年には生涯唯一だが打率3割（0・318、リーグ3位）を記録している。

　50代半ばの89年から渡仏し、野球フランス代表の監督を務め、フランスに野球を根づかせることに多大な貢献をした。

　14年9月にはパリ郊外の野球場で第1回「フランス国際野球大会吉田チャレンジ」が開かれた。大会名に「吉田」が冠せられるほど敬愛されている。

吉田義男

　天山広吉は、山城高校時代にボディービルに打ち込み、91年からプロレスラーになっている。

　京都は古くから撮影所があり、映画製作の中心地だ。往年の名優・阪東妻三郎の長男で俳優の田村高広、母校の名を芸名に借用した山城新伍、時代劇や任侠映画の脇役として活躍した林彰太郎、タレント・パーソナリティーの浜村淳らが山城高校で学んでいる。

　映画監督の伊丹十三は、京都一中—山城高校—愛媛県立松山東高校—同松山南高校と、転々とした。

自然環境保全などのドキュメンタリー映画を製作している龍村仁、建築家で「京町家の粋人」といわれる坂田基禎もOBだ。

ミュージシャンでは、1967～71年にかけ一世を風靡したグループサウンズの先駆け「ザ・タイガース」のメンバーだった加橋かつみと瞳みのるが学んでいる。

瞳は71年に芸能界を引退後、中退した山城高校の定時制に復学し、慶応大に進学した。その後、慶応義塾高校の中国語教諭を長く続けた。11年ころからメディアに再び登場するようになった。

加橋かつみと瞳みのる

13年12月、日本武道館など全国8カ所で、「ザ・タイガース」のオリジナルメンバーによる公演が開かれた。加橋と瞳も、これに参加した。

シンガーソングライターの尾崎亜美も学んでいる。尾崎恭・尾崎恒兄弟はそろって山城高校卒で、米国のカントリーミュージックの歌い手としては日本での草分けだ。

音楽プロデューサーの井阪紘、フルート奏者の青木明、松原広始、舞踊家の今中友子、腹話術師、声帯模写師として活躍した川上のぼるや、落語家の桂文也らもOB、OGだ。

京都、滋賀の名刹で住職や法主などを務めた人物としては、五十嵐隆明（永観堂）、銅子隆賢（法華寺）、山田一道（永源寺派新徳寺＝滋賀県東近江市）らを挙げられる。

芸術では、洋画家の麻田浩、野口順一、大熊峻、森田康雄、日本画の小西通博、木版画家の上田善文、写真家の水野克比古らがOBだ。

林屋晴三は、日本陶磁史における茶道具、茶碗の文化的研究の第一人者だった。

田村俊子賞などを受賞した小説家の高橋たか子は、44年に京都府立嵯峨野高等女学校に入学したが、学制改革により山城高校に転入し卒業、京都大文学部に入学した。夫は、中国文学者で作家の高橋和巳（旧制大阪府立今宮中学・現今宮高校卒）だった。

推理作家で弁護士の和久竣三が、18年10月に死去した。小説家の渡辺一雄もOBだ。

納屋嘉治は、茶道関係の出版で知られる淡交社を創業した。

学者・研究者では、交通工学が専門でリニアモーターカーの仕掛け人といわれる天野光三、腫瘍治療学の水上民夫、海洋生物学の安井肇、高分子物理学の山中淳平らがいる。

運動生理学が専門で京都教育大学長をした蜂須賀弘久、水資源学の小尻利治、地理学の山崎孝史らもOBだ。

文系では、法哲学の竹下賢、経済学の中村尚司がいる。中村は環境、人権問題など国境を越えて発生する問題を人と人の関係性でとらえ、解決に取り組む「民際学」を提唱している。サハリン残留韓国人の支援などにも走り回っている。

フランス文学史、思想史が専門で京都国立博物館館長を務めた中川久定もいた。

経済界で活躍した卒業生は現職も混じるが、東洋紡社長や関西経済連合会会長をした宇野収をはじめ、宮原賢次（住友商事）、河村直治（日本相互証券）、藤原暁男（三菱UFJニコス）、和崎信哉（WOWOW）、田中敏郎（ミキモト）、堀場厚（堀場製作所）、渡部隆夫（ワタベウェディング）らがいる。

大阪府警本部長としてグリコ・森永事件で捜査の指揮をし、その後、スーパーのマイカル（2001年に倒産）などの経営者となった四方修は、旧制京三中から新制京都府立亀岡高校に移り、卒業した。兄弟4人とも京三中に入った。

弁護士出身の最高裁長官

藤林益三は最高裁判所の第7代長官を、滝井繁男は最高裁判事を務めた。最高裁長官になった人物は戦後、19人いる。裁判官上りがほとんどで、藤林は唯一の弁護士出身だ。

最高裁長官は内閣が指名するが、藤林は1976年、三木内閣の時に指名された。

京都市内の公立高校は70年代以降、小学区制の影響で優秀な生徒が6年制私立中・高校に吸引され、山城高校の難関大学合格実績も落ち込んだ。

山城高校は1学年9～10クラスで、生徒数は多い。現在ではその大半が同志社大、立命館大、関西学院大などの私大に進学している。

国公立大については、京都大、大阪大、神戸大に毎年度、各数人が、合格している。

嵯峨野高校

京都府立　京都市右京区

京・嵯峨野といえば、観光のメッカだ。まさに、その中にある高校だ。

前身は、１９４１（昭和16）年設立の嵯峨野高等女学校。戦後の学制改革で男女共学の新制嵯峨野高校となった。

全校生徒は約１０００人。校是は「和敬　自彊《じきょう》　飛翔」だ。

１９９６年に校舎を全面的に改築した。嵯峨野の景観にマッチさせるために、和風様式の造作を取り入れている。

これと併せ専門学科の「京都こすもす科」を設置した。学区の壁を取り払い、京都府内全域から生徒を募集した。「探究」型の授業やゼミで課題設定・解決力、表現力、英語・異文化コミュニケーション力などを磨く試みだ。

文科省からＳＳＨ、科学人材育成重点枠、さらにＳＧＨの指定も受けている。国連機関からはユネスコスクールにも指定されている。

国際理解教育としては、シンガポール、米フロリダの高校と相互交流をはかっている。

京大合格者は「府立」で1番

19年度の大学入試では現役、浪人合わせ、京都大、大阪大に各21人、神戸大に22人が合格している。東京大には３人だった。京大合格者は、京都「府立」高校の中でトップだった。

私立大には延べ人数で、早稲田大７人、慶応大に６人が合格している。

永田和宏

政治家になった卒業生が２人いる。大蔵官僚出身の自民党議員で文相や衆院議長を歴任した伊吹文明と、松下政経塾出身の参院議員で立憲民主党幹事長の福山哲郎だ。

前京大再生医科学研究所教授の永田和宏は、細胞生物学者にして歌人だ。15年1月の宮中歌会始詠進歌選者を務めた。

　歌人一家として知られる。妻の河野裕子（私立京都女子高校卒）は10年に死去しているが、女流歌人として名を残している。長女の永田紅（京都市・私立同志社高校卒）も生化学者で歌人、長男も歌人だ。

　医学者の別所和久は口腔外科学が専門で、京大教授だ。

　洛西の名刹で仏門に入った卒業生もいる。田代玄英は、石庭で知られる龍安寺の住職を務めた。天龍寺では栂承昭が宗務総長を、小川湫生が法務部長を務めている。

　制御機器や電子部品のメーカー「オムロン」の会社名は、嵯峨野高校近くの「御室《おむろ》」に由来する。創業者立石一真（旧制熊本県立熊本中学・現熊本高校卒）の息子5人のうち、4男の元オムロン副社長立石忠雄と、5男の現オムロン会長立石文雄が、嵯峨野高校ＯＢだ。

　芸術・文化関連では、２００年の伝統を誇る京友禅の名跡・五代目田畑喜八、五摂家の一つ近衛家の至宝を保管する財団・陽明文庫の文庫長・名和修、書家の清水菁花、日本画家の曲子明良、落語家の三代目桂枝三郎らがいる。

王立美術館の解説者

　ベルギー王立美術館で日本人ながら公認の専属解説者になっている人物が、卒業生にいる。森耕治で、30年にわたり欧州中の美術館や画家ゆかりの地をめぐり、独学で勉強した。09年に王立美術館に招かれた。

　小説家の高橋たか子は府立嵯峨野高女に入学したが、学制改革の影響で府立山城高校に移り、卒業した。

　武田綾乃は同志社大学に進み、2本の小説を世に出した。そのうち『響け！ユーフォニアム』が、テレビアニメ化され放送された。

　芸能では、俳優の松原千明と清水紘治、落語家の3代目桂枝三郎が卒業生だ。

　女優の吉岡里帆は16年ころから、テレビドラマやＣＭで売れっ子になった。映画撮影所がある京都・太秦近くの育ちで、幼少期から映画、演劇、日本舞踊などに親しみながら育った。しかし93年生まれながら、女優デビューはやや遅れた。

京都教育大学附属高校

●国立 ●京都府京都市伏見区

JR京都駅の南方約5キロの場所にある。近鉄京都線と京阪本線に挟まれたエリアで、交通の便が良い。

1965(昭和40)年に京都学芸大学附属高校として設立された。翌66年、京都学芸大学から京都教育大学への名称変更に伴い、京都教育大学附属高校となった。京都府内で唯一の国立高校だ。

1学年は200人で、2カ所の付属中学から7~8割が進学してくる。男女はほぼ半々だ。

2年次からサイエンスコース(理系)と、グローバルコース(文系)に分かれる。

キャッチフレーズは「世界にはばたく人の『知的空間』」だ。「自主・自律」を旨とする校風が確立しており、「学ぶ姿勢の養成」に努めている。

02年度から続くSSH

文部科学省は、全国の高校の中からSSHを選んで、指定している。京都教育大附属高校はこの制度が始まった02年度から連続して指定を受け、現在4期目になっている。

その取り組みの特色は日英サイエンスワークショップ、臨海実習、製鉄所見学などの多彩なプログラムだ。

さらに、授業以外にスーパーサイエンスクラブ(SSC)を作って、放課後や休日にも活動している。京都大の研究室への訪問、天体観測、スーパーカミオカンデ見学など、活発に取り組んでいる。

18年3月に卒業した田上大喜は、カ(蚊)の交尾を活発化させたり、逆に抑制する物質を発見した。

この研究は、NHK、民放テレビや雑誌でも取り上げられ話題になった。現在は米コロンビア大に研究者待遇で入学し、脳科学の研究をしている。

京都教育大の先生と連携しながら、授業展開、教材開発、あるいは「グローバル人材育成プログラム」の開発などの研究も行っている。

京都教育大から毎年度、６月と９月に１００人を超える教育実習生を、受け入れている。付属校として課せられた義務だ。

部活動ではこれまでに、陸上競技部で全国大会に出場する選手が出ている。電子工学部は、ロボカップ世界大会で好成績を収めている。

高校生が検察側と弁護側に分かれて架空の裁判で競い合う「高校生模擬裁判選手権」に、07年から毎年出場し、優勝か準優勝をしている。

19年春の大学受験では現役、浪人合わせ、京都大４人、大阪大３人、神戸大５人の合格者を出した。卒業生数は約２００人で、難関大合格実績はこの10年で下降している。

卒業生には学者が多い。京大、阪大などの教授で現在活躍中の脂の乗りきった学者が目白押しだ。

哲学者の鷲田清一が第１期の卒業生だ。言葉、教育、アート、ケアなどを論じ、さまざまな社会・文化批評を行ってきた。

「『ぐずぐず』の理由」など一般の人にわかりやすいエッセーも多数、著している。大阪大総長、京都市立芸術大理事長・学長などを歴任している。

美術史家で江戸文化史に詳しい早川聞多も、１期生だ。「春画」研究の第一人者だ。

吉本の社外取締役

中村伊知哉は慶応大教授で、メディア・知的財産政策などが専門だ。コンテンツ・ビジネスについて詳しく、大学教授の枠にとどまらない多様な活動をしている。吉本興業ＨＤの社外取締役を務めているのも、その一つだ。

民法の磯村保、国際法の村上正直、国際政治学の小谷賢、経営人類学の日置弘一郎、アメリカ政治の待鳥聡史、比較文化史の福田真人らがいる。

理系では、有機合成化学が専門の京大教授で、内外の学会から多くの学術賞を得ている吉田潤一がいる。

古生物学が専門で京大総合博物館教授・館長を務めた大野照文、海洋生物環境学の荒井修亮、数学者の山田道夫と小磯深幸、微生物遺伝学の布柴達男、化学と物理の境界領域の表面科学が専門の吉信淳、分子生物学の佐藤文彦、高分子化学の中條善樹、生態機能化学の二木史朗らもOBだ。

ゲノム生物学の小原雄治と、後輩の分子生物学の岩里琢治は、ともに国立遺伝学研究所教授として学究生活を送っている。

京大は、日本におけるアフリカ研究の拠点になっている。農林生物学が専門の重田真義は、京大アフリカ地域研究資料センターの教授・センター長だ。

企業トップに就いた卒業生では、日本航空会長・前社長の植木義晴

植木義晴

が話題を呼んでいる。父は昭和期の剣劇映画の大スターだった片岡千恵蔵で、植木自身は日航で初となる「機長出身」のトップだ。

植木は進学した慶応大を1年で中退し、航空大学校に入学、操縦士として日航に入社した。日航が経営破綻したあと、再建を引き受けた会長・稲盛和夫（鹿児島県・鹿児島市立鹿児島玉龍高校卒）に見込まれ、とんとん拍子に社長になった。

清水琢三（五洋建設）、鴻池一季（鴻池組）、増田寿幸（京都信用金庫）、土井伸宏（京都銀行）安田育生（リーマン・ブラザーズ）らもOBだ。

「京都銘柄」の経営者

京都ならではの、ユニークな業容の企業を「京都銘柄」と呼んでいる。そうした企業で会長、社長、副社長になったのは、大倉治彦（月桂冠）、大宮正（宝HD）、鈴木順也（NISSHA）、村田大介と村田洋介（村田機械）、猪田浩史（イノダコーヒ）らだ。

弁護士の井口博は環境法に詳しく、西表島リゾート開発差し止め訴訟の原告側弁護団長を務めた。

文化人ではガラス工芸作家の生田丹代子、照明デザイナーで表参道ヒルズ、金閣寺などのライトアップを手がけた内原智史がいる。

音楽では、ピアニスト、ミュージシャンのハタヤテツヤ、シンガーソングライターで06年末にNHK紅白歌合戦に初出場したボニー・ピンクがOB、OGだ。

茶道裏千家の家元・16代千宗室

がいる。同志社大卒で、03年に家元となり「宗室」を襲名した。エッセイストとしても知られる。ジャズやＳＦにも興味を示すなど、「茶道家元」のイメージに収まらない多様な活動をしている。

作家の谷崎潤一郎（東京府立第一中学・現都立日比谷高校卒）など多くの文化人の墓がある京都東山・法然院の31代貫主・梶田真章が卒業している。梶田は、芸術家の発表の場やシンポジウムの会場として、法然院を開放している。

官界では、在ジュネーブ国際機関日本政府代表部大使の伊原純一がいる。外務省北米局長、アジア大洋州局長を歴任した。

政界では、前民進党代表で現国民民主党所属の衆院議員・前原誠司がいる。17年10月の衆院選直前に前原は、東京都知事・小池百合子（兵庫県・私立甲南女子高校卒）が結成した希望の党へ民進党が合流することを決断した。しかし、小池の「排除」発言などで民進党は３つに分裂し、衆院選は自民党政権に漁夫の利をもたらすことになった。

前原はアルバイトに明け暮れながら京大を卒業し、松下政経塾に入塾して職業政治家の道を歩んできた。民主党政権時代には、党代表、国土交通相、外相などを歴任した。

山村紅葉

スポーツでは、ＦＩＦＡ（国際サッカー連盟）の国際審判員で、日本サッカー協会審判委員会の前副委員長・小幡真一郎がいる。

山村紅葉がＯＧ

芸能では、女優の山村紅葉がいる。母親の推理作家・山村美紗原作のテレビドラマに出演したのをきっかけに、計５００本以上も出演している。

紅葉は、早稲田大に進学し、国税庁の国税専門官試験に合格して国税調査官として働いたという異色の経歴の持ち主だ。

歌舞伎俳優で重要無形文化財「歌舞伎」（総合認定）保持者の片岡嶋之亟もＯＢだ。片岡は歌舞伎修業のため、進学した京大を中退した。

同志社高校

●私立　●京都府京都市左京区

140年余の歴史の中で多くの人材を育ててきた学校だ。卒業生の中で、まずは代表的な2人を紹介しよう。

1973（昭和48）年に、ノーベル物理学賞を受賞した江崎玲於奈が旧制同志社中学の出身だ。

旧制京都一中（現京都府立洛北高校）の入試に失敗し、1年浪人生活を送ったあと同志社に入学した。飛び級で旧制第三高校（現京都大）を経て東京大理学部に進学、東京通信工業（現在のソニー）に勤務した。

IBM研究所に移籍し、「半導体におけるトンネル効果の実験的発見」により日本人として4人目のノーベル賞受賞となった。筑波大学、芝浦工業大学長をしたあと横浜薬科大の学長をしている。

ノーベル賞と直木賞

もう一人は、直木賞はじめ多くの文学賞を受賞している作家の高村薫だ。同志社高校から国際基督教大学に進学、『マークスの山』『冷血』など話題作を次々と世に出した。重厚な長編が多く、日常のニュースについてもメディアに鋭いコメントを寄せている。

江崎玲於奈

執筆にパソコンが必需品の「デジタルネーティブ作家の第一世代」であり、現在もっとも活躍している小説家の一人だ。

1875（明治8）年に、京都でキリスト教主義の私学・同志社英学校として開校したのが、この学校のルーツだ。

「校祖」といわれているのが、群馬・安中藩士で幕末に米国留学帰りした新島襄だ。13年のNHKの大河ドラマ『八重の桜』のヒロイン・新島八重は、福島・会津出身で、新島襄の妻だ。男勝りの八重が内助の功どころか、裏と一緒になって学校を育てていく姿がドラマの後半に描かれている。

　英学校を母体に、旧制の同志社尋常中学が設置されたのは96年だ。

　1920（大正9）年には同志社大学が開設された。戦後の学制改革に伴い新制の同志社中学・高校が設立され、男女共学の中高一貫教育が行われている。

　同志社高校の生徒は、約85％が推薦制度により同志社大学と同志社女子大学に進む。他大学を受験する生徒も約15％いる。

高村薫

　2019年春の大学入試では現役、浪人合わせ、京都大5人、大阪大2人、東京芸術大に1人が合格している。

　熊本出身のキリスト教信者の集団である「熊本バンド」のメンバーが、草創期の同志社英学校に入学し、新島襄を支えた。

　のちに思想家、歴史家となる徳富蘇峰、その弟の小説家・徳富蘆花、キリスト教伝道者の海老名弾正、早稲田政治学の基礎を作った浮田和民、同志社3代目社長になった横井時雄らだ。

　また、日本の社会主義運動の先駆者であり、早稲田大野球部創設者である安部磯雄も同志社英学校で学んだ。こういう人物たちが、明治〜大正にかけて日本の近代化に果した役割は大きい。

日銀総裁の深井英五

　同志社草創期の卒業生でエコノミストとして名を残したのは、13代日銀総裁をした深井英五だ。36（昭和11）年の2・26事件後の金融界の動揺を巧みな金融政策によって乗り切った。

　深井は上州高崎藩士の息子だったが、廃藩置県後に父は貧乏士族となった。中学校に行くにはカネがなかったが、郷里出身の新島襄からの奨学金をもらい、同志社で学ぶことになった。

　草創期に2年ほど在籍していた小野英二郎は米国に留学し、のちに日本興業銀行総裁になった。前衛芸術家のオノ・ヨーコ（東京・私立学習院女子高等科卒）は孫だ。

　大正から昭和初期の政治家、山

本宣治が卒業生だ。通称「山宣」といわれ、1928年の第1回普通選挙に労働農民党から立候補し、当選した。治安維持法の改正に、ただ一人反対した衆院議員だ。

気鋭の若手学者から、紹介していこう。

京大教授の山中伸弥（大阪教育大学附属高校天王寺校舎卒）が、「iPS細胞」（人工多能性幹細胞）を世界で初めて作製したことが評価され、12年にノーベル医学生理学賞を受賞した。

山中の一番弟子で、山中の論文に連名で名を連ねることも多い高橋和利（京都大学iPS細胞研究所講師）は、95年に同志社高校を卒業している。

高橋は同志社大工学部を卒業後に、山中が助教授として赴任していた奈良先端科学技術大学院大学の山中研究室に最初の大学院生として入学した。以来、山中の研究を二人三脚で支え、24個の遺伝子から山中因子を4つに特定した際には高橋の着想が大発見に直結した。

iPS細胞にかかわる創薬開発、再生医療を効率的に進めるためのプラットフォームを提供する「iPSポータル」という会社が、14年に設立されている。

この社長を務めた村山昇作も同志社高校のOBだ。村山は同志社大学から日銀に入り、退行後に帝国製薬の社長を務めた。実家は西陣織の織元だった。

岸本展は、日本数学会の奨励賞を受賞するなど若手の数学研究者として頭角を現している。同志社高校を01年度に卒業し、京大に進学して博士号をとった。

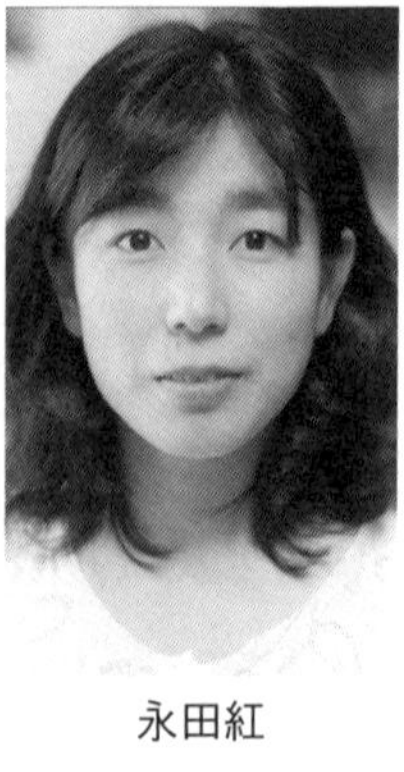
永田紅

京大は、優秀な若手研究者を年俸制特定教員として採用し、自由な研究環境を与え研究に専念させる「白眉プロジェクト」を09年から立ち上げているが、岸本はそれに選ばれている。

生化学研究者で歌人

京都大生理化学研究ユニット特任助教で生化学研究者である一方、歌人としても現代歌人協会賞などを受賞しているスーパーウーマンがいる。永田紅で、同志社高校から京大に進み04年に博士号を取得、10年には欧州生化学連合の分科会で最優秀若手研究者賞を受賞した。

永田は、歌人一家の生まれだ。父永田和宏（京都府立嵯峨野高校卒）は前京大教授の細胞生物学者で歌人、母河野裕子（私立京都女子高卒）も歌壇ではよく知られ、さらに兄も歌人だ。

裕子は10年に64歳で死去し、これをきっかけにメディアで何度も一家が取り上げられた。

古手の学者では、明治時代に同志社を卒業し、米国に留学し昆虫学者になった湯浅八郎が、35年に同志社大総長になった。

戦後に再び総長になったが、国際基督教大学を設立するために退任し、初代の同大学長になった。

経済学者でジャーナリストの阿部賢一は、東京日日新聞（毎日新聞の前身）主筆をしたあと66年には早稲田大総長になった。湯浅と同志社で同期だった。

大正時代初めに旧制同志社を卒業した梅原末治は、病弱のため大学進学はかなわなかった。しかし東洋考古学で功績を残し、京大教授になった。

在野のマルクス経済学者で明治の末から昭和にかけて社会主義者として活動した山川均は、同志社を中退している。

夏目漱石（東京府第一中学正則科、のちの府立一中・現都立日比谷高校中退）の小説『坊っちゃん』のモデルとされる人物も旧制同志社中学卒だ。数学や英語の教師だった弘中又一で、愛媛県尋常中学校（現松山東高校）で、漱石と同僚だった。

高野連会長の八田英二

新制同志社高校の卒業生では、経済学者で産業組織論の八田英二が98年から15年間、同志社大学長を務めた。

15年からは、日本高校野球連盟の第7代会長に就任している。

社会工学の中村英夫は東京都市大学(旧武蔵工業大学)学長をした。

ケインズ経済学の渡辺弘、米国経済政策の西川宏、経済安全保障論の村山裕三、米外交史の麻田貞雄らは同志社大学教授をした。

物理学者の前川覚は低温物質科学の、国文学者の田中貴子は中世文学の研究者だ。

イタリア文学が専門で京大教授

を務めた岩倉具忠は、幕末・維新の立役者の一人である岩倉具視の5代目子孫だった。

八代尚宏は労働経済学者で、政府が主宰する各種の会議の委員を務めている。労働格差是正論者だ。

法曹界では、日本弁護士連合会会長や整理回収機構社長などをした中坊公平が旧制時代の卒業生だ。正義感が強く「平成の鬼平」というニックネームがついた。

弁護士出身の田原睦夫は、最高裁判事を務めた。

弁護士の坂元雅行は09年に、NPO法人「トラ・ゾウ保護基金」を設立し、事務局長をしている。

80年生まれの小説家・藤野可織は13年に、『爪と目』で芥川賞を受賞した。時代小説を得意としていた隆慶一郎は旧制の卒業生だ。


アウトドアライターの天野礼子は、ダム不要論を主張し林業再生などの運動をしている。

烏賀陽《うがや》弘道は、朝日新聞記者出身のジャーナリストだ。

メディア関連では、中沢隆司が京都放送社長、会長を務めた。毎日放送のアナウンサー・西村麻子は、同志社高校在学中はインターハイに出場するなど陸上・短距離の選手として鳴らした。「日本一足の速い女子アナ」といわれる。

明治時代の初期に、新島襄により創立された同志社。その流れは「キリスト教主義」「国際主義」「自由主義」を土台に据えた「良心教育」として同志社高校に脈々と受け継がれている。「知徳体の調和のとれた全人教育を実践している」と、学校は強調している。


同志社高校の卒業生には「京都ならでは」の企業経営者や、伝統芸能・文化の継承者が多数いる。

京都には個性的でユニークな企業が立地している。これを「京都銘柄」と呼んでいる。

制御やFA機器の大手メーカーであるオムロンは、創業地が京都市北西部の御室《おむろ》だったことからこの会社名になっている。ゲームの任天堂などと並び、「京都銘柄」を代表する企業だ。

オムロンの立石義雄

そのオムロンの社長、会長や京都商工会議所会頭を務めた立石義雄は、創業者の立石一真（旧制熊本県立熊本中学・現熊本高校卒）の三男として生まれた。

「中学は父が同志社を選んだ。キ

リスト教精神に基づく博愛主義の教育を三男坊の私に授けようと考えたようだ。同志社に進んだのは幸せだった」（12年11月5日、日本経済新聞朝刊『私の履歴書』）と述懐しているが、大学まで同志社一筋だった。

立石義雄

　ゲームクリエーターの横井軍平は、１９８９年にゲームボーイなどの開発をして任天堂を世界的企業に飛躍させる礎を築いた。

　同志社大工学部へ進学、京都を離れたくないという理由で65年に任天堂に入社した。当時の任天堂は花札やトランプの会社であり、大学新卒の就職先としては珍しかった。

　大宮久は宝酒造やタカラバイオを擁する宝ＨＤの会長だ。江戸時代からの造り酒屋であった創業家の出身だ。

　村田恒夫はセラミックスをベースとした電子デバイスのメーカーである村田製作所の社長だ。やはり創業家の生まれだ。村田製作所は、清水焼の窯業技術がルーツだ。

　村田純一は、工作機械、産業機械メーカーである村田機械の２代目社長をし、現会長だ。京都商工会議所会頭も務めた。村田機械は西陣織の繊維機械技術をルーツとしている。

　高見重光は呉服卸商として大正時代に京都でスタートした「高見」の社長で、現在はブライダルコスチュームやウエディング事業が中心だ。

　西村永和は、京都市に本社がある半導体製造用精密金型の「ＴＯＷＡ」のトップを務めた。

　京都の地場産業のひとつに漬物があるが、大角正幸は千枚漬などで知られる業界トップの「大安」の社長を経て現会長だ。

　同志社大の経済学部卒だが、還暦を迎えもう一度大学で学びたいと一念発起し、09年に京都工芸繊維大学繊維学部を卒業した。

　上田耕司は京都・錦小路で京野菜の老舗店を経営する一方、全国で講演し京野菜ブランドの振興に力を注いだ。上田は京都大農学部農林経済学科に進学した。

　国友銃砲火薬店の社長・国友繁

明は、同志社一筋だ。国友銃砲火薬店は、現在の滋賀県長浜市に戦国時代に興った鉄砲鍛冶集団を発祥とし、明治時代に京都に上洛、創業した会社だ。

さらに、企業で社長などとしてトップを経験している卒業生としては、森井清二（関西電力）、須田寛（JR東海）、宮原賢次（住友商事）、井上礼之（ダイキン工業）、嶋雅二（J-オイルミルズ）、巽悟朗（光世証券、大阪証券取引所）、松井純（静岡新聞社）、山口悟郎（京セラ）らがいる。

京都は794年に平安京が置かれた古都。日本で一番、歴史の重みを背負っている街だ。

当然のことながら伝統の美術、工芸、芸能などを受け継ぐ才人がたくさん居住している。その中には同志社高校で学んだ人も多い。

裏千家前家元の千玄室

茶道では、裏千家前家元の千玄室が旧制時代の卒業だ。利休居士第15代宗室で、茶道界の大御所だ。世界の多くの国で日本文化・茶道の講座を開設し、97年には茶道界としては初めての文化勲章を受章している。

御釜師・6代釜彦の佐々木彦兵衛は新制卒。同志社大に進学し司法試験を目指していたが、代々続いた370年の歴史を継承すべく釜造りの道に入った。

千宗員は18年2月、茶道表千家の15代家元を襲名した。同志社大学からイギリス・バッキンガム大学大学院に進んだ。

73年生まれの西阪保則は、江戸時代から300年以上も続く生け花の専慶流17代家元・専慶の長男で、次期家元だ。専慶が古木使いを得意とするのに対し、西阪は金属にこだわっている。桑原仙渓は、桑原専慶流15世家元だ。

染色家の森口邦彦

染色家の森口邦彦は、重要無形文化財「友禅」の保持者（人間国宝）だ。同志社高校から京都市立美術大（現京都市立芸術大）日本画科に進学、パリでグラフィック・デザインを学んだ。

父森口華弘（旧制小学校卒）は08年に死去しているが、親子そろって手書き友禅の人間国宝に指定された時期もあった。

能楽では、金剛永謹がシテ方金剛流能楽師で、金剛流26代宗家だ。

広田幸稔も金剛流能楽師で同志社高校では永謹の6期後輩だ。

　茂山あきらは狂言師の生まれで、3歳で初舞台を踏んでいる。SF狂言や英語と日本語のバイリンガル狂言をプロデュースし、狂言の大衆化に力を注いでいる。同志社高校は中退した。

　三浦竹泉は京焼（清水焼）の窯元・名跡で、5代目に当たる。京焼の歴史研究でも第一人者だ。

　吉村楽入は、清水焼の若手陶芸家だ。

　鷺珠江は、民芸運動の創始者の一人である河井寛次郎（旧制島根県立松江中学・現松江北高校卒）の孫娘で、京都東山・五条坂にある河井寛次郎記念館の学芸員を務めている。民芸運動の研究者であり、テレビ出演もしている。

はしだのりひこがいた

　フォークグループ「ザ・フォーク・クルセダーズ」のメンバーで、「風」「帰って来たヨッパライ」などを歌った歌手のはしだのりひこが、熟年世代の記憶に残る。

　同志社大学に進学、大学在学中からフォークソングでヒットを飛ばした。17年12月に死去した。

　バイオリニストの石上真由子は、京都府立医科大医学部に進んだ。

　スポーツでは、74（昭和49）年に世界8位の高峰マナスル（標高8163メートル）に日本女子登山隊の一員として参加し、8000メートル級高峰女性初登頂の記録を作った遠藤京子（1938年生まれ）がいる。今井通子（東京・私立女子学院高校卒）、田部井淳子（福島県立田村高校卒）と並ぶ女性登山家の草分けだ。

　スポーツ用品などのモルテン（本社・広島市）の2代目社長をした民秋史也は、日本バスケットボールリーグのプロ化を推進し、初代理事長になった。サッカー界でも尽力した。

　鮒子田寛は元レーシングドライバーで、日本人で初めてF1やル・マン24時間レースに挑戦した。レーシングカーやモデルカーを作る「童夢」の社長を務めた。

　昭和期の映画プロデューサーであるマキノ光雄は、放蕩がたたり旧制同志社中学の卒業前日に退学処分された。

　俳優では松方弘樹、目黒祐樹兄弟が、いずれも同志社高校を中退している。

京都女子高校

●私立 ●京都府京都市東山区

京都・東山三十六峰の一つ、阿弥陀ヶ峰にある豊臣秀吉の廟所の手前にキャンパスがある。

浄土真宗本願寺派（西本願寺）と関係のある京都女子学園の一つだ。幼稚園から大学院まである女子教育の総合学園だ。

1899（明治32）年に設立された顕道女学院をルーツとしている。1910年に京都高等女学校と改称した。戦後の学制改革で新制の中学と高校に衣替えし、中高一貫教育が行われている。

戦前から「京女」という略称で、京都市民だけではなく関西一円から親しまれてきた。西本願寺の紋である藤の花＝ウィステリアを意匠化し、校章としている。

「京女」として親しまれる

親子孫3代にわたり「京女」の同窓という一家も、たくさん出ている。例えば、京都市内在住の前田明美（53年卒）は、子の山下薫（79年卒）、孫の草深恵生（08年卒）の3代が京女高卒だ。

「自立　共生　感謝」という3つの理念に象徴される「建学の精神」に基づき、いのちを尊重し、女性の地位の向上と社会に貢献できる心豊かな女性の育成を目指している。

週に1回、宗教の時間と礼拝の時間がある。クラブ活動も盛んで、ダンス、少林寺拳法、コーラスなどが全国大会に出場している。

京都女子大への内部進学を前提としたウィステリア科と、普通科がある。普通科は、難関国公立大・医歯薬学部、国公立大、難関私立大を目指すコースの3つに分かれる。1学年は計約360人だ。

きめ細かな進学対策が功を奏して近年、女子の進学校として安定した実績を残している。

毎年度の大学入試では、国公立大合格者が現役、浪人合わせ約90人だ。大学別には、京都大、大阪大、神戸大、奈良女子大に各数人が合格する。

私立大には延べ人数で、同志社大、立命館大、関西学院大、関西大に計約170人が合格する。私立大も含めた医歯薬看護系学部の合格者は計約200人で、うち医学部医学科は約20人だ。

卒業生には、昭和から平成にかけ歌人として名を残した河野裕子がいた。京女時代から作歌を始め、多くの歌集を出し、宮中歌会始の選者も務めた。

歌人一家として知られている。河野の夫・永田和宏（京都府立嵯峨野高校卒）は細胞生物学の京大教授を務め、やはり歌会始の選者にもなった。娘の永田紅（京都市・私立同志社高校卒）は気鋭の生化学者で、歌人としても名が通っている。

85年に直木賞を受賞し、多くの歌謡曲を作詞した小説家、作詞家の山口洋子がいた（中退）。14年9月に死去した。時代モノを得意とする築山桂もいる。

研究者では、労働経済学者でワークライフバランスを研究している西村智、日本映画史の研究者・大矢敦子らがいる。

中村玉緒、富司純子がOG

中村玉緒

本職は女優だが、バラエティー番組やCMへの出演も多い中村玉緒がOGだ。歌舞伎役者一家の生まれで、高校時代から映画に出演していた。

やはり歌舞伎一家に生まれた富司純子もOGだ。高3の時に東映京都撮影所に見学に行った際にスカウトされ、「藤純子」の芸名で映画デビューした。

長女は女優の寺島しのぶ（東京・私立青山学院高等部卒）だ。

松竹新喜劇の看板女優で、舞台、テレビ、映画で天性の芸達者ぶりを見せつけている藤山直美も卒業生だ。

女優の和田幾子、舞台女優の森万紀、インド舞踊家の大谷紀美子、オペラ歌手の渡士あかね、シンガーソングライターの白井貴子もいる。

着物コーディネーターの服部有樹子、染色家の朝倉美津子、映像作家の落合安紀子もOGだ。

洛南高校

●私立　●京都府京都市南区

京都駅の南西1キロに、世界遺産の東寺（教王護国寺）がある。日本最初の私立学校「綜芸種智院」を9世紀に設立した、弘法大師空海ゆかりの寺院だ。

その東寺の境内に1962（昭和37）年、真言宗をバックに発足したのが洛南高校だ。男子校だったが、06年から共学化されている。

小学校、中学校もあり中高一貫教育をしている。高校の1学年は約450人で、男子3・女子1の比率だ。

80年代後半以降、京都大、東京大に毎年、多数の合格者を出している。

京大については91～14年度の24年間、合格者数トップを続けてきた。92年などは現役、浪人合わせ、151人が合格した。東大には、97年に68人が合格している。

19年春の大学入試では現役、浪人合わせ、京大64人で、全国3番目だった。東大は13人、大阪大は28人、神戸大は16人だ。

全国有数の進学校

難関大の合格者はひところより減っているが、そのぶん国公立大医学部医学科の合格者が増えている。19年は計78人を数え、全国で3番目だった。

その内、京大医学部医学科については11人の合格者を出し、灘高校（神戸市）の26人に次ぎ2番目だった。京都府立医科大は14人だった。

進学実績は、全国に鳴り響いている。しかし洛南高校は「空海が提唱した庶民教育の精神を受け継ぐ、いわば総合校として見てほしい」と強調する。

例えば、課外活動を重視するクラスも設けている。陸上、体操、バスケットボール、バレーボール、サッカー、水泳、吹奏楽の7クラブについては、推薦入学（50人以内）を実施している。

インターハイで陸上部は総合優勝を7回、体操部は優勝8回を記録するなど、好成績を残している。

まずは陸上競技。男子100メートル走で日本人として初めて10秒を切った桐生祥秀《よしひで》（日本生命所属）がOBだ。17年9月、日本学生陸上競技対抗選手権大会で、東洋大4年の桐生は、9秒98を記録した。この日本新記録はサニブラウン（東京・私立城西大学附属城西高校卒）によって19年6月に破られた。

桐生は19年10月の陸上世界選手権で男子400メートルリレーに出場し、銅メダルを獲得した。

桐生祥秀

桐生と高岡が日本記録

長距離選手で現カネボウ陸上競技部監督の高岡寿成は、02年のシカゴマラソンで2時間06分16秒のタイムをマークした。18年2月に設楽悠太（埼玉県・私立武蔵越生高校卒）に5秒だけ記録を更新されるまで15年間以上も、これが男子マラソンの日本記録として続いた。

体操では、冨田洋之と中野大輔が04年のアテネ五輪に出場し、団体優勝して金メダルを取った。

バレーボールでは、全日本高校選手権で19年1月、14大会ぶり2度目の優勝を果たした。OBでは、パナソニック所属の福沢達哉が08年の北京五輪に日本代表選手として出場した。

経済界では、吉本浩之が18年6月に日本電産の社長兼最高執行責任者（COO）に就いた。杉本雅士はエフエム京都社長だ。

京都の老舗企業のトップ経営者では、お香「松栄堂」の畑正高、ミシュランガイドで6年連続三つ星の「京料理　なかむら」の6代目中村元計、京料理「三友居」の山本寛、宇治茶「祇園辻利」の三好正晃らが卒業生だ。

推理作家の鏑木蓮、SF作家の小林泰三もいる。

学者では、2010年度のエコノミスト賞を受賞した労働経済学の太田聰一、実験病理学の近藤玄、鳥類学者の川上和人らがOBだ。

芸能では、俳優の佐々木蔵之介がいる。作道雄は、気鋭の脚本家、映画プロデューサーだ。

畝傍高校

奈良県立　橿原市

「倭《やまと》は国のまほろば」と古事記・日本書紀にうたわれた。その奈良盆地の南東に位置する畝傍《うねび》山、天《あまの》香具《かぐ》山、耳成《みみなし》山の大和三山に囲まれた地には、７世紀に藤原京が造営された。

畝傍高校はその領域内にある。日本の故地にあるということでは、日本一の由緒ある高校、と言える。

04年に県立耳成高校と統合し新しい畝傍高校が誕生しているが、畝傍の方は１８９６（明治29）年に奈良県で２番目にできた旧制中学だ。一方、耳成高校は１９８３（昭和58）年につくられた新設校だった。

校舎は、旧制時代から使われている。33（昭和８）年の竣工で、建国神話の土地柄にふさわしい帝冠様式の特徴を持つ「日本風折衷様式」だ。２０１２年には、国の登録有形文化財に選定された。

大和三山の中の故地

校内の史料室には、古代日本や朝鮮に関する考古学資料が多数、保管されている。旧制時代の教員らが収集したもので、14年夏に九州国立博物館で開かれた全国高校考古名品展に出品されている。

校訓は、学校創立10年目に制定された「至誠、至善、堅忍、力行」だ。伝統的に教員の水準が高く、戦後の学制改革時には多くの教員が大学の先生に引き抜かれた。

文部科学省からＳＧＨに指定されている。

地元志向が強く、関西の大学に進学する者が多い。毎年度の大学入試では現役、浪人合わせ、京都大、奈良女子大に各約10人、大阪大に約30人、神戸大に約20人、大阪市立大に約35人が合格している。

私立大には延べ人数で、早稲田大約10人、関西学院大約70人の合格者を出している。

卒業生で知名度が高いのは、西川善文と高市早苗だ。

西川は三井住友フィナンシャルＧのトップとして辣腕ぶりが評判

を呼び、自民党政府から日本郵政の初代社長に起用された。民主党が政権をとり郵政民営化の見直しが始まったため、09年に日本郵政を去った。

　自民党衆院議員の高市は畝傍高校から神戸大に進学、松下政経塾の第5期生だ。エッジが鋭い発言をするためメディアでの露出が多く、第1次安倍内閣で40代半ばで内閣府特命担当相に起用された。

　第2次安倍内閣では自民党政務調査会長に就任した。自民党で、このポストに女性が就いたのは初めてだった。その後、総務相などを歴任、19年9月の内閣改造で再び総務相に就いた。

西川善文

　政治家では、衆院議員として13回も当選を積み重ね文相、法相などを歴任した奥野誠亮が、旧制畝傍中学の卒業だ。戦前の内務官僚で、特高課長をしたことがある。

　タカ派の政治姿勢で定評があり、憲法改正や靖国神社参拝などを主張し続けてきた。16年11月に満103歳で死去した。

　西川のほか企業でトップを務めた卒業生は、三和銀行（現三菱UFJ銀行）の頭取で国際展開を図った村野辰雄、地元の銀行である南都銀行の頭取をした阪本龍児、奥村組の社長をした奥村太加典、味の素社長の西井孝明らがいる。

高市早苗

　藤田浩之は、早稲田大を中退し22歳で渡米し米国の大学で物理学の博士号を取得した。GEなどを経て、06年にクオリティー・エレクトロダイナミクス社を設立した。MRI（磁気共鳴画像装置）の最新技術を開発し、この方面での世界有数の企業に育て上げた。

　09年には米誌フォーブスで「米国の最も有望な新興企業20社」に選定された。

オバマに招かれた藤田浩之

　藤田は、12年1月のオバマ米大統領の一般教書演説に特別ゲストとして招待された。製造業を強化するオバマ政権が期待する会社だったからだ。アップル創業者のスティーブ・ジョブズ（11年10月に死去）の妻なども招待され、藤田と同席した。

辻本憲三はゲームソフトメーカーのカプコンを創業し、この業界で有数の会社に育てた。現在は米国でワイナリーを経営している。

前川喜作は冷凍機などの機械製造業・前川製作所の創業者だ。東京文京区にある男子大学生・大学院生向けの学生寮「和敬塾」（公益財団法人）の創設者でもある。塾生は約600人、所属大学は約50校という大きな寮だ。

文部科学事務次官を務めた前川喜平（東京・私立麻布高校卒）は孫だ。

古代史の研究拠点であるため考古学者を多数、生んでいる。

アマチュア出身の森本六爾、静岡県の登呂遺跡の発掘などを行い日本考古学の黎明期を開いた樋口清之、高松塚古墳で彩色壁画を発掘、考古学ブームを巻き起こした網干善教、キトラ古墳を発掘した秋山日出雄、シルクロードの研究者で奈良県立橿原考古学研究所の前所長・菅谷文則などが卒業生だ。菅谷は19年6月に死去した。

考古学者が多数

田村圓澄は古代仏教史、山内得立は哲学、北川三夫は宗教史、大峯顕は宗教哲学が専門で俳人でもある。18年1月に死去した。

西洋史学の豊田尭、社会経済学の北岡寿逸、経済統計学の保田順三郎、マルクス経済学者で大阪市立大学長をした崎山耕作、日本政治史の西田毅らもOBだ。

伊瀬敏郎は学校法人奈良学園を創設した。

英語教師の森一郎は、都立日比谷高校教諭の時に出した『試験に出る英単語』が累計1500万部を超えるベストセラーになった。

理系の学者・研究者では、病原微生物学者で世界で初めて麻疹ウイルスの分離に成功した奥野良臣、ウイルス学者で塩野義製薬副社長をした畑中正一、生命化学が専門の岸本鎌一、人工物工学の上田完次、ロケット工学の木村逸郎らが卒業している。

芸術・文化分野で活躍している人物としては、陶芸家で古代の陶芸技術の研究・復元の第一人者である脇田宗孝がいる。

画家では、南都明日香ふれあいセンター犬養万葉記念館館長を務めた日本画家の烏頭尾《うとお》精、月刊誌の文藝春秋の表紙画を担当している松村公嗣、大和の風景や橿原神宮の絵馬の制作をしている藤本静宏らがいる。

音楽では、西欧の打弦楽器ハンマーダルシマーの演奏に取り組んでいる演奏家の山口智がいる。

舞踏家で個性派俳優の麿赤兒《まろあかじ》は、畝傍高校から早稲田大に進学したが、中退した。72年に舞踏集団「大駱駝艦」を旗揚げし、主宰した。

鈴木清順監督（都立第三商業高校卒）の話題作『ツィゴイネルワイゼン』に出演するなど、映画やテレビドラマでも活躍している。

文芸では、評論家の保田與重郎、俳人の阿波野青畝、ライトノベル作家である五代ゆうらがOB、OGだ。

中央公論社の嶋中雄作

大正から戦後にかけ中央公論社社長をした嶋中雄作は、反軍国主義、自由主義を貫いた。谷崎潤一郎（東京府立一中・現都立日比谷高校卒）や永井荷風（高等師範学校附属尋常中学・現筑波大学附属中高校卒）などの著作を世に出し、バックアップした。

奈良県は、部落解放運動の団体である全国水平社の発祥の地だ。

1922年の水平社宣言の起草者である西光万吉は旧制畝傍中学を中退している。戦前の部落解放・社会運動家のリーダーとして知られる。

戦後は、畝傍高校を卒業した山下力が部落解放同盟の幹部として運動を担うとともに、奈良県議として幅広い活動をした。

スポーツでは、脇田珠樹がアーチェリーの有力選手だった。大阪府立大在学時にアーチェリーを始め、世界選手権大会の日本代表選考などに出場した。

その一方、ビジネスでも活躍し、ニッセンHD社長などを務めた。

海軍軍人だった淵田美津雄は、1941（昭和16）年12月8日の真珠湾攻撃の空襲部隊を、連合艦隊航空参謀として指揮した。

戦後はキリスト教に入信し、52年から57年まで伝道の旅に出かけた。「戦争の愚かしさ」を訴えた。米国では「真珠湾攻撃の英雄」として迎えられることも多い。

奈良女子大学附属中等教育学校

●国立　●奈良県奈良市

東大寺、興福寺、春日大社を擁する奈良公園の南にある。時々、鹿《シカ》が迷い込み、校庭の草を食んでいる。

1学年は定員が120人と少ないが、その割に校地は広く野球とサッカーが同時にできるグランドを備える。恵まれた環境だ。

校歴100年を超える伝統校だ。前身は1911（明治44）年創設の奈良女子高等師範学校附属高等女学校だ。戦後の学制改革や新制大学の発足などで何度も校名は変わったが、2000年からは1年生～6年生までの中等教育学校に衣替えされた。

旧制時代は女子のみだったが、学制改革を機に男女共学になった。

女子学生だけの国立大は、奈良女子大とお茶の水女子大（東京）の2つしかない。お茶の水の附属中学は男女共学で、高校は国立で唯一の女子のみだ。一方、奈良女附属は男女半々の共学だ。

6年制の共学校

教科指導から生活指導のあらゆる教育の場面において、「考える、討論する、表現する」活動が組み込まれているのが、特長だ。

奈良女子大との高大連携特別教育プログラムもある。奈良女の先生が講義にやってくるし、毎年度7人以内が特別選抜で奈良女に進学できる。

奈良女を中心とした学生の教育実習も毎年度100人ほど受け入れている。

文科省から05年度以降、SSHの指定を受け、自然科学リテラシーを育成することに力を注いでいる。

06年度よりユネスコスクールに加盟し、異文化理解や環境教育にも熱心に取り組んでいる。フィリピン、タイ、韓国のユネスコスクールとパートナーシップを結び、多彩な国際交流事業もしている。

校風を反映して生徒会活動が活

発だ。70年安保の時には生徒が学校を占拠し、学園祭が延期になったこともあった。

その後も、制服や頭髪などをめぐって生徒の運動が起きた。制服は廃止され、頭髪は4年生以上に限って染色や脱色の禁止条項が撤廃された。

大学進学では、第一希望を貫徹するために4分の1の生徒が浪人する。19年春の大学合格実績は現役、浪人合わせ京都大10人、大阪大6人、神戸大11人、奈良女子大3人だった。私立大には早稲田大4人、関西学院大18人だ。

佐伯啓思

卒業生で最も著名な学者は、社会経済学、国際文明論の佐伯啓思であろう。新聞各紙や論壇誌に登場する機会がすこぶる多く、当代一の売れっ子になっている。最近では、安倍政権の「保守」について批判的に論じることが多い。

東京大経済学部に進学し、京大教授を15年3月で定年退官した。

京大総長から理化学研究所へ

宇宙物理学が専門で、地球磁気圏・宇宙圏のプラズマなどについて研究している松本紘は、08年10月から6年間、京大総長を務めた。15年4月からは、理化学研究所理事長に就いている。

中室牧子

京大総長時の12年には京大教授・iPS細胞研究所長の山中伸弥（大阪教育大学附属高校天王寺校舎卒）のノーベル医学生理学賞の受賞に立会った。

また、全国各地で頻繁に講演を行い、京大のブランド向上に精力的に取り組んだ。

英国近代史の川北稔、労働経済学が専門で埼玉大学長を務めた上井喜彦、刑法学の中森喜彦、金融経済学の川北英隆らもOBだ。

中室牧子は日銀、世界銀行出身の気鋭の教育経済学者だ。慶応大に進学後、米コロンビア大に留学、現在は慶応大准教授だ。

奈良は古代史の中心地だ。奈良文化財研究所主任研究員の山本崇は、藤原京、平城京の木簡について研究している。

理系では、応用光学の吉川潔、建築学の東樋口護、公衆衛生学の高橋裕子らがOB、OGだ。

上田樹は5年生だった15年、第12回高校生科学技術チャレンジで、「白黒フィルム写真のカラー化」の研究で、文部科学大臣賞を受賞した。カメラが大好きで、学校のクラブ活動「サイエンス研究会」で取り組んだ研究が評価された。

企業経営者では、近畿日本鉄道社長の山口昌紀がいた。社長時代、プロ野球球団・大阪近鉄バッファローズをオリックスに売却した。

秋山咲恵は、ロボット技術を用いた電子部品の自動外観検査装置を開発し、海外に輸出するベンチャー企業・サキコーポレーション（東京・品川区）の創業社長だ。

奈良市で「器まつもり」を経営している松森重博は、奈良市中心市街地活性化研究会の会長を務めている。

官僚として活躍した卒業生も多い。

竹内行夫は、京大卒業後に外務省に入省し、インドネシア大使から事務次官に就いた。退官後の08年から4年9ヵ月、最高裁判事を務めた。

荒井正吾は運輸官僚出身で、参院議員のあと07年5月から奈良県知事だ。

福島県広野町といえば東日本大震災に伴う東京電力の原発事故の影響で復旧・復興が難航している。この町役場で3年余勤務した尾田栄章は1941年生まれだから、70歳台後半だ。

福島・広野町で働く官僚OB

尾田は奈良女附属から京大に進み建設省のキャリア官僚になり、河川局長を務めて1998年に退官した。

退官後に河川環境保全のNPO法人を設立し代表をしていたが、13年4月から福島県の任期付き職員になり広野町に派遣された、という経緯だ。復興サポートに情熱を燃やす異色の官僚OBだ。

森本哲夫は郵政事務次官を、総務官僚の岡本全勝は首相秘書官、復興庁事務次官を務めた。

文芸では、ノンフィクションライターの井上理津子がOGだ。11

年に出版した『さいごの色街　飛田』は、12年間も取材を重ねた労作だった。タウン誌の記者をしたのち、フリーのライターになった。

小説家の森見登美彦はファンタジーやSFを得意とし、独特の「森見ワールド」を醸し出している。『夜は短し歩けよ乙女』で07年に山本周五郎賞を受賞し、18年には『熱帯』が3回目の直木賞候補作となった。

芸術では、彫刻やパブリックアートを得意とする環境造形作家の坂口紀代美がいる。校庭に100周年記念モニュメント『に至る』がある。

音楽で才能を開花した卒業生としては、ソプラノ歌手の山口佳恵子、マリンバ奏者の望月恵理子、ピアニストの宮本弘子と姫野真紀、バイオリン奏者の五十嵐由紀子らがいる。

芸能では、文学座出身の演出家・鵜山仁がいる。新国立劇場の演劇芸術監督を務めた。

演出家、俳優の松村武（早稲田大卒）と、俳優、司会者の八嶋智人（日本大学卒）は同級生だ。早大の演劇サークルを母体に劇団カムカムミニキーナを旗揚げした。

西田幸治は、お笑いコンビ「笑い飯」の一人だ。相方は、やはり同郷の中西哲夫（奈良県立奈良高校卒）だ。映画監督、テレビディレクターの津島勝もいた。

東大寺長老の橋本と森本

大仏で象徴される東大寺といえば、8世紀に聖武天皇が建立した華厳宗大本山の寺院だ。ユネスコの世界遺産に登録されている。

その最高位・別当（住職）に、卒業生が連続して就いている。第217世（2001年～04年）の橋本聖圓と、218世（04～07年）の森本公誠だ。2人とも京大博士課程で美術史を学んだ。

橋本の実家は大仏殿のすぐ西側にあった。森本は高校1年の夏休みに得度（入門）した。現在は2人とも東大寺長老だ。

村上定運（1985年生まれ）は、12歳で実家の薬師寺で得度した僧侶だ。早稲田大文学部で東洋哲学を専攻、それをバックに薬師寺を訪れる観光客にガイドをしている。

16年11月には、一人前の僧侶になる薬師寺の口頭試問「竪義《りゅうぎ》加《け》行《ぎょう》」に合格している。

八幡商業高校

●滋賀県立　●近江八幡市

琵琶湖東岸の滋賀県中部にある近江八幡市。豊臣秀次が築いた城下町で、近世は商業都市として栄えた。「近江商人」発祥の地であり、織田信長の安土城城跡も残る。

1886（明治19）年に滋賀県商業学校として開校した。

諸説あるが、私立、公立を含め全国で10番目の商業学校だ。「県立」としては全国で初めて設立された商業学校だ。

当初は大津市にあったが、1901年に現在地に移った。戦後の学制改革の過程で男女共学の県立八幡商業高校となった。略称は「八商《はっしょう》」だ。

日本で数多くの西洋建築を手がけたウィリアム・メレル・ヴォーリズ（米国生まれだが、日本国籍・一柳　米来留）は来日当初、県商業学校で英語教師をしていた。その縁で、1940年に竣工した校舎を、ヴォーリズが基本設計した。鉄筋コンクリートの3階建てで、現在でも使われている。

ヴォーリズが設計した校舎

近江八幡市だけではないが、滋賀県出身の商人は江戸時代から全国各地や今のベトナムにまで進出してビジネスに励んだ。これを総称して「近江商人」と呼んでいる。

旧制時代に生徒は、商人の制服である前垂れ掛けで通学していた。英語のほかに中国語が必修科目になっていた。「八商」の評判を慕って、生徒は遠く、北海道や九州からもやってきた。

校訓は、「自主自律、独立自尊、進取気鋭」だ。また、学校全体の気風を象徴する「天八魂」もある。

商業科、国際経済科、情報処理科の三つがある。文部科学省により2017年度からスーパープロフェッショナルハイスクール（SPH）の指定を受けている。

近江商人の商売の極意として、「売り手よし、買い手よし、世間よし」の「三方よし」がある。

八商は「企業の社会的責任（C

SR）を全うするプロフェッショナル人材の育成をめざす」ことを、SPHの研究開発課題としている。とりわけ、「三方よし」を実践できるリーダーを育てることを、目指している。

国際交流にも熱心に取り組んでいる。1986年の創立100周年を記念して設立された八商教育基金の補助もあり、留学生派遣や短期研修を続けている。

生徒は簿記、ビジネス文書実務、情報処理、秘書などの資格を取り、就職や進学に役立てている。

現在の生徒数は、1学年6クラスで計約240人だ。女子が圧倒的に多く、65％を占める。

生徒の約半分は、高卒として滋賀県内の企業に就職している。明治時代からの信頼が抜群の学校であり、就職先は引く手あまただ。半分は関西の商学系大学や専門学校などに進学する。

「近江商人の士官学校」

評論家の大宅壮一（大阪府立茨木中学・現茨木高校卒）は旧制時代からの八商を「近江商人の士官学校」と評した（大宅壮一全集第11巻から）。将来、出世が約束されている陸軍のエリートを養成する陸軍士官学校になぞらえたのだ。

企業の創業者や、跡を継いで企業を大きく成長させた経営者が、八商からいっぱい巣立っている。極め付きは、総合商社の伊藤忠商事と丸紅を育て上げた卒業生の面々だ。

伊藤忠と丸紅は同根だ。創業者の初代伊藤忠兵衛は琵琶湖の湖東出身で、1858（安政5）年に、両社のルーツである麻布類の「旅商い」を始めた。

初代忠兵衛が商売を始めた時にはまだ滋賀県商業学校はできていなかったが、2代目忠兵衛を襲名した初代の次男（精一）は、父が亡くなった翌年（1904年）に八商を卒業した。家業を継ぎ、伊藤忠商事の2代目社長となった。

伊藤家の養子に入った伊藤竹之助は、2代目忠兵衛より4期前の1900年に八商を卒業した。

2代目忠兵衛と竹之助は、名コンビで戦前までの伊藤忠を盛り立てた。1939年には2代目忠兵衛が会長になり、竹之助が伊藤忠商事の第3代社長となった。

丸紅と分離して戦後再発足した

伊藤忠商事の初代社長に就いた小菅宇一郎（通算すると4代目社長）と、そのあとの「伊藤忠中興の祖」といわれる越後正一（通算5代目社長）も八商を卒業した。

　要するに、伊藤忠商事の2代目経営トップ以下4人は、すべて八商で学んだわけだ。このうち越後だけは神戸高等商業学校（現神戸大学）に進学した。

伊藤忠商事と丸紅のルーツ

　前述の伊藤竹之助と同期卒の石黒昌明は、東亜同文書院で学んだあと伊藤忠商事の上海・漢口支社に勤務し、のちに豊田紡織廠の役員になった。その息子の石黒鎮雄（長崎県立長崎中学卒＝現在の長崎東、長崎西高校の前身）は海洋学者で、英国育ちの孫のカズオ・イシグロは17年12月、ノーベル文学賞を受賞した。

　児玉一造は伊藤竹之助、石黒昌明と同期卒の実業家で、東洋棉花（トーメンを経て豊田通商と合併）を創業した。

　日本生命保険は創業者が滋賀県出身であることから、近江商人の一員としてカウントされることがある。6代目社長の川瀬源太郎も滋賀県出身であり、八商を34年に卒業している。

　塚本幸一は、下着メーカーのワコールの創業者だ。ワコールの創業メンバーで副社長を務めた中村伊一は、38年卒の同期だ。2人とも八商のすぐ近くで育った。

　八商出身で近江商人といわれる人物は、ほかにもたくさんいる。13代目西川甚五郎（西川産業）、嶽山貞治郎（滋賀銀行）、小杉總一郎（小杉産業）、西田清美（カドリールニシダ）、白井治夫（シライ電子工業）、橋本健（ミズショー）、浅野恭司（浅野運輸倉庫）らがOBだ。

塚本幸一

　地元で根を張る企業では、菓子店の「たねや」がある。山本傳一と徳次はそろってOBで、兄傳一は菓子職人として、弟徳次がマネージメントに努めた。
　飲食業の「ひょうたんや」の女将・中嶋弓子、菓子店の「和た与」代表の小川与志和、近江牛を育てる「木下牧場」を経営する木下その美らも、OG、OBだ。

　明治時代から東南アジアに雄飛する卒業生が多かったが、槇田益雄は１８９６年にオランダ領時代のスマトラ島・メダンに渡り、写真館を営む傍ら現地日本人会の会長を長く務めた。

　政治家では、１９８９年にわずか69日間だけ首相の座についた宇野宗佑がいた。リクルート事件で辞任した首相の竹下登（旧島根県立松江中学・現松江北高校卒）の後任となったが、女性スキャンダルで失脚した。

　滋賀県議出身の自民党議員で、八商卒業後、彦根高等商業学校（現滋賀大学経済学部）に進学した。

　学者では、有機合成化学者の辻二郎がいる。八商―彦根工業専門学校（現滋賀大学）―京都大理学部という学歴だ。

　文化人では、児童文学作家で作品が小学国語教科書に掲載されている国松俊英や、漫画家の木川かえるが卒業している。

　雛倉さりえは八商在校中の16歳の時、「ジェリー・フィッシュ」を著した。この小説は12年度の「女による女のためのR-18文学賞」の最終候補になり、のちに映画化された。

　八商は、部活動も盛んだ。琵琶湖が近くにあるためボート、カヌー部がとりわけ強い。

則本昂大

奪三振王の則本昂大

　硬式野球部は１８９８年の創部で、甲子園の全国大会には春、夏とも各7回、出場している。

　東北楽天ゴールデンイーグルスの投手・則本昂大《のりもとたかひろ》は甲子園出場経験はないものの、八商―三重中京大（13年に閉学）を経て入団し、新人王を取った。

　14年から18年まで、5年連続してパ・リーグで最多奪三振のタイトルを獲得した。妻の紋華は、八商野球部で1学年下のマネージャーだった。

　則本より3年先輩の遠藤エミは、競艇の有力選手で、「湖国のレイクレーサー」と呼ばれる。17年の女子賞金王だ。

膳所高校

●滋賀県立　●大津市

難読校の一つだ。「ぜぜ」高校と読む。

琵琶湖南岸の大津市にある。1898（明治31）年に県第二尋常中学校として創立された。10年後に県立膳所中学と改称された。

江戸時代に大津は、膳所藩本多家6万石が領していた。「二中」の校地は、1808（文化5）年につくられた藩校遵義堂《じゅんぎどう》の跡地だったため、校名に「膳所」をもってきたのだ。

膳所藩6万石の藩校跡地

県庁所在地でありながら「二中」となったのは、琵琶湖の東に彦根藩井伊家23万石（幕末）の城下町だった彦根市があり、こちらに先に開校した中学が「一中」（現彦根東高校）になったためだ。

こうした例は、青森県（県庁所在地にある青森高校の前身は旧制三中で、旧制一中は現弘前高校）など全国で10例ほど見られる。

戦後の学制改革で膳所中学は、旧制大津高等女学校など周辺4中学と統廃合を繰り返し、男女共学の新制膳所高校となった。

2年生から文理コースに分けられる。京都大特別授業など高大連携プロジェクトも行われている。年間15回、土曜日に「Z《ゼット》プログラム」という名称の、膳所高校教員による多彩な講座もある。「ラテン語入門」「地球と宇宙の科学講座」といった幅広いテーマが用意されている。

文部科学省から06年度よりSSHに指定されている。

校訓は、藩校時代から伝わる「遵義」（誠実な心で、真理と正義を追求し、人類の未来に貢献しよう）と、「力行」（自主、自立を尊び、心身を鍛え、高い理想に向かおう）である。

硬式野球班は県第二中学設立と同時にスタートしている。これまで夏2回、春4回、全国大会に出場している。18年春のセンバツでは「21世紀枠」で甲子園に出場した。59年ぶりのことだった。

JR膳所駅から京都駅までは11～12分で着く。京都大は地元の大学という感覚だ。このため京大志向が強い。

京大入試では、公立トップ校になったこともある。毎年度、ほぼベスト10位に入っている。

19年では現役、浪人合わせ、京大に50人を合格させ第5位だった。東京大には6人、大阪大には45人、神戸大には23人の合格者を出している。国公立大の医学部医学科には、地元の滋賀医科大の10人を含め計25人が合格している。

卒業生でこの数年、もっとも話題となった卒業生は、2012年1月に36歳の若さで大津市長になった越直美だ。越は北海道大に進み、ハーバード大ロースクールなどにも留学し、日本と米ニューヨーク州の弁護士資格をとった才媛だ。

女性市長としては史上最年少だ。滋賀県知事はやはり女性の嘉田由紀子（埼玉県立熊谷女子高校卒・現参院議員）が14年7月まで務めていた。県知事と県庁所在地の市長がそろって女性というのは、初めてだった。

最年少女性市長の越直美

越直美

注目を浴びたのは、それだけではない。11年10月に起きた大津市立中2年の男子生徒のいじめ自殺事件について越は、いじめと自殺の因果関係を認めるなど積極的に発言し、行動した。事件は全国ニュースとして大きく取り上げられた。

これがきっかけとなって、13年9月からいじめ防止対策推進法が施行された。また教育委員会制度の改変にもつながった。

「政官」の分野では、大蔵官僚出身の的場順三が国土事務次官や内閣官房副長官を、同じく大蔵官僚の梅沢節男が国税庁長官や公正取引委員会委員長を務めた。

三日月大造は衆院議員のあと、14年の滋賀県知事選に出馬し当選した（無所属）。前述の嘉田の後継で、「卒原発」を主張した。

宇野勝は、滋賀県野洲町長を7

期28年間務め、全国町村会会長をした。

学者・研究者では、農芸化学者で麹からコウジ酸を発見するなど多くの業績を残した藪田貞治郎が、64年に文化勲章を受章している。

腫瘍分子細胞学者の上野直人は、全米トップのがん医療機関と評される米テキサス大MDアンダーソン教授だ。自身も2度のがん手術経験者だ。

分子遺伝学の岡田清孝と西川伸一、高エネルギー医学の米倉義晴、前岩手大学長で農業土木学の藤井克己もOBだ。

大正〜昭和期の天文学者山本一清もいた。浄土真宗の僧侶だった木辺宣慈は光学技術者でもあり、レンズ磨きの名人として知られた。「レンズ和尚」の異名をとった。

長尾真

東レの技術者だった岡本三宣は、人工皮革「エクセーヌ」を開発した。宇宙航空研究開発機構（JAXA）の小鑓幸雄は、宇宙ステーション補給機「こうのとり」プロジェクトのチーム・リーダーを務めた。

文系では、中国仏教史研究の第一人者で京都国立博物館館長をした塚本善隆が卒業生だ。塚本は浄土宗の僧侶で、京都の嵯峨清涼寺住職などもした。

大正〜昭和期の日本史学者中村直勝、日本近代文学研究の稲垣達郎、経営学者の小島健司、民事訴訟法が専門の福本知行、社会教育学者で和歌山大学長を務めた山本健慈らもOBだ。

2人の図書館長

図書館長として功績を残した2人の卒業生がいる。

情報工学者で京都大総長を務めた長尾真は07年に、研究者出身としては初めてとなる国立国会図書館長に就任し、蔵書のデジタル化、インターネットによる配信サービスを推進した。

もっとも長尾自身は、「紙の本の方が好きだ」と公言している。18年に文化勲章を受章した。

もう一人は、昭和期に東京都立日比谷図書館（現千代田区立日比谷図書館文化館）の館長を務めた中田邦造だ。日比谷図書館は45年の空襲で焼失したが、中田はその直前に陣頭指揮をとって蔵書約40万冊を埼玉県などに疎開させ、難をのがれることができた。

連合赤軍元幹部の坂東国男は72年にあさま山荘事件で逮捕された。しかし、75年に日本赤軍によるクアラルンプール事件で日本政府が超法規的措置をとったために釈放され、国外に脱出した。その後の消息は不明だ。

メディア情報では、坂東は「京大中退」とされているが、京大農学部林学科を1970年に卒業している。

文化人では、作家の外村繁がいた。通産官僚出身の八幡和郎は文筆家で、江戸時代の各藩史などの著作も多い。

種村直樹は、レイルウェイ・ライターとして知られた。

パーソナリティー、タレントの中村鋭一は、衆参両院議員も務めた。シュウゾウ・アズチ・ガリバーは現代アート作家だ。

『小樽のひとよ』の三條正人

歌手の三條正人がOBだ。「鶴岡正義と東京ロマンチカ」のリードボーカルで、『小樽のひとよ』がヒットした。

長戸大幸は、音楽制作会社ビーイング・グループを創業した。

川本勇は滋賀県を中心に活動するミュージシャン、プロデューサーで、琵琶湖や郷土愛をモチーフにしたイベントなども企画している。

羽田一郎は作曲家・編曲家、奈良田朋子はピアニストだ。

メディア関連では、NHKアナウンサーの野村正育、北海道で人気アナだった森中慎也、毎日新聞社専務を務め関東膳所高校同窓会会長の長崎和夫らがいる。

企業経営者では、百貨店・大丸の社長をした井狩弥治郎、清酒「松竹梅」が有名になった宝酒造のトップ・大宮隆らが卒業している。

KDDI社長の高橋誠、滋賀銀行頭取の大道良夫もOBだ。

田中正明は三菱UFJ・HD副社長のあと18年に産業革新投資機構の社長の座に就いたが、経済産業省との間で役員報酬などを巡って対立、約3か月で退任した。19年3月からは日本ペイントHD会長、20年1月からは会長兼社長に就く。銀行出身には珍しい豪腕タイプだ。

八日市高校

滋賀県立　東近江市

滋賀県東部の近江盆地（湖東平野）にある伝統校だ。八日市市や近江商人発祥地の一つである五個荘町など1市4町は2005年に合併し、東近江市となっている。

新制八日市高校が誕生したのは1951（昭和26）年だが、旧制時代をさかのぼると、2つの流れがある。07（明治40）年設立の神崎郡立神崎実業学校と、20（大正9）年設立の八日市中学校だ。

この2つの学校が戦後の学制改革で合併し、新制高校となった。現在は普通科単独校だ。

「自彊不息《じきょうやまず》」と「自主協同」の2つの校訓がある。伝統的に生徒の自治意識が高く、生徒会活動が活発だ。

生徒会が活発

60年安保の時代には、生徒会有志で安保改定研究集会を開き、4、500人が講堂で議論した、というエピソードが残っている。

卒業生の市田忠義（後述）は「民主的な雰囲気のある時代」（創立100周年記念誌から）と、回想している。

そうした雰囲気は、「雲は行く鈴鹿のかなた……」で始まる校歌にも表れている。多くの伝統校が標榜する「質実剛健」といった精神は込められていない。学校というより故郷といったイメージで、作詞作曲されている。

その校歌は、56年に詩人の小野十三郎（旧制大阪府立天王寺中学・現天王寺高校卒）が作詞、清水脩（旧制大阪府立八尾中学・現八尾高校卒）が作曲した。

当時の八日市高校校歌制定委員会は、「民主主義の理念がにじみ出た、伸びやかな校歌にしてほしい」と両氏に依頼したという。

滋賀県の県立高校は06年度から、通学区域が全県一区になった。これに合わせ八日市高校は特色選抜を実施している。現在7学級280人の定員の内、3割がこの選抜により入学している。

大学への進学では、難関大への合格者がひところより減っている。19年春は現役で、北海道大、神戸大に各2人が合格した。地元の滋賀大には15人、滋賀県立大には23人だ。立命館大など京都の私立大に進学する者が多い。

他の公立の進学校と同様、部活動は活発だ。ただし野球部は60年余、あと一歩で甲子園出場を逃し続けている。

1953（昭和28）年に八日市高校は、夏の甲子園大会に出場した。夏の大会では滋賀県勢として

姫野カオルコ

初めてのことだった。

しかし、その後はたびたび県予選でベスト4以上の戦績を挙げたが、甲子園には届かなかった。13年、14年の春の選抜大会では2年連続して滋賀県の21世紀枠候補にノミネートされたが、やはり涙を呑んだ。

「文」の領域で活躍している卒業生が目立っている。

14年の第150回直木賞は、『昭和の犬』の著者姫野カオルコ（1958年生まれ）が受賞した。姫野は八日市高校から青山学院大学

幸田真音

に進んだ。1990年から単行本デビューし、直木賞候補になること5度目にしての受賞だった。

女性作家の通例に反し、読者層は男女ほぼ半数、という。

姫野カオルコと幸田真音

姫野は母校の校風について、「（当時は）実にのんびりとして鷹揚で、かつリベラルだった」（「オール読物」14年3月臨時増刊号）と述べている。

東大生、東大大学院生5人による集団強制わいせつ事件が、16年に起きた。この事件に着想を得た小説『彼女は頭が悪いから』を、姫野は18年に出版し、話題を呼んだ。

女性小説家でありながら男性読者が多いということでは、幸田真

音（1951年生まれ）などはその典型であろう。外資系の銀行や証券会社で勤務した経験を生かして、経済・金融小説を次々と著しているからだ。

ペンネームの真音《まいん》は、ディーラー用語の「mine（買い）」が由来だ。

幸田は八日市高校で、卒業生代表として答辞を読んだ。女子生徒が答辞を読むのは初めてだったという。

現在は小説を執筆する傍ら、政府の各種審議会委員やコメンテーターなどとしても活躍している。

芥川賞作家も輩出している。13年3月に98歳で死去した辻亮一だ。50（昭和25）年に『異邦人』で受賞した。

歌人・詩人・評論家の塚本邦雄も、八日市高校の前身の一つである神崎商業学校を卒業している。昭和30年代以降の前衛短歌運動のリーダー的存在だった。

茶の間でおなじみだった政治家もいる。日本共産党副委員長で参院議員の市田忠義だ。2000年から14年1月まで共産党の書記局長を務めていたため、党を代表してテレビの政治討論番組に登場する機会が毎週のようにあった。

1990年代に、非自民連立政権樹立の立役者で内閣官房長官や蔵相を務めた武村正義も八日市高校出身だ。自治省を退職して八日市市長―滋賀県知事―衆院議員と歩んだ。

武村の後任の滋賀県知事・稲葉稔、前東近江市長の西沢久夫、その前の市長中村功一もOBだ。

京大総長の井村裕夫

学者では内分泌学が専門の医学者井村裕夫が、1990年代に京都大総長を務めた。政府の第2期科学技術基本計画の作成に主導的な役割を果たした。

旧制八日市中の第1期生である近藤政市は航空機工学が専門で、戦後に自動車の操縦安定性の研究をした。

医学者の上畑鉄之丞は脳卒中や突然死の研究などで知られ、05年に過労死・自死相談センターを設立した。中井準之助は解剖学者で、浜松医科大学長などを務めた。

企業トップを経験した卒業生は、山本広治（近江鉄道）、田中博（京樽）、松沢与吉（日本カーリット）、太田功（堀田産業・現堀田丸正）、岡竹夫（東洋化学）らだ。

滋賀県庁の職員だった黒瀬正は、秋田県大潟村に入植し、コメ作りに情熱を燃やした。無料宿泊所を設けて消費者との交流を図り、無農薬有機栽培に力を注いだ。減反政策に抵抗し農政改革活動にまい進、あきたこまちのブランド化に努めた。

森田正治は北海道酪農学園大に進学し、獣医師になった。北海道中標津町で動物病院を開く一方、NPO法人道東動物・自然研究所をつくり、野生動物保護と自然環境保全運動に力を注いでいる。

卒業生には映画監督もいる。東映時代劇華やかなりしころに活躍した沢島忠、シナリオ作家でもある深尾道典、『霧の子午線』（1996年）などを手がけた出目昌伸だ。

『山谷ブルース』の岡林信康

ミュージシャンの岡林信康は、熟年世代にはおなじみの人物だ。1970年前後に『山谷ブルース』が一世を風靡した。『友よ』『手紙』など反戦フォークも次々と出し、話題を呼んだ。

松岡大祐は新進の作曲家で、ゲームなどの楽曲を手がけている。八日市高校から東京芸術大作曲科に進んだ。

洋画家の鶴房健蔵は多くの滋賀県民に油絵を教え、文科省の地域文化功労章を受章している。

琵琶湖の湖岸にはヨシ群落がある。湖岸の近江八幡市に居住している菊井了は、竹のマウスピースを冠した「琵琶湖よし笛」を1998年に創作した。以来、全国にサークルや愛好者が増加し、日本よし笛協会が設立されている。

一本の紐を手で結び、花や蝶、紋などを表現する伝統技巧を「花結び」という。田中年子はブローチや壁飾りなどのオリジナルな花結びを創作し、日本結び文化学会を設立、韓国とも交流している。

スポーツでは、八日市高校時代に伊藤あづさ（04年卒）がスキー・モーグルの全日本選手権で優勝し、ジュニア世界選手権で5位となった。2人の妹もモーグルの有力選手で、「モーグル3姉妹」と呼ばれた。

井狩吉雄は八日市高校時代から自転車競技を始め、09年には競輪選手史上最年長優勝（当時58歳）を達成した。

田辺高校

和歌山県立　田辺市

和歌山県の中南部にあり、太平洋に面して背後に紀伊山地が迫る田辺市。ここに県下2番目の公立中学が創立されたのは1896(明治29)年だった。ほどなく県立田辺中学と改称された。

戦後の学制改革で、県立田辺高等女学校、市立田辺商業高校、市立田辺高等家政女学校と統合され、男女共学の新制田辺高校として発足した。

2006年には中学校が併設され、中高一貫教育校になっている。

新制高校として発足した1948(昭和23)年から49年にかけて、生徒代表と先生側の委員が話し合って「行動規範」なるものを策定した。「高き文化を目指し、自由の学園を建設する」と、まとめられた。「自由の」としたところが、今に伝わる斬新なキー・ワードとなった。

校訓としては、「合理的な思考・積極的な行動・豊かな情操」を掲げている。

校章はハマユウの花

キャンパスは田辺湾から2キロほどの高台にあるが、70年までは海岸近くの扇ケ浜にあった。このため校章は浜辺に咲くハマユウ(浜木綿)の花をデザインした優雅なものになっている。

略称は「田高《でんこう》」。現在は、普通科と自然科学科が設置されている。併設中学校から進学してきた生徒は、自然科学科に進む。1学年は8クラスで、男女はほぼ半々だ。

「温郷知新」を合言葉に地元に学び、世界を舞台に活躍できる人材の育成に努めている。

地理的な制約から大学進学に際しては、親元を離れざるを得ない。このため、進学先は北から南へと全国に散らばっている。

19年春の大学入試では現役、浪人合わせ、京都大、北海道大、大阪大、神戸大、金沢大、高知大に各2人が合格している。和歌山大には17人だった。

片山哲という、かつて首相を務めた卒業生がいた。戦後の混乱期の１９４７年の総選挙で日本社会党が比較第1党となった。このため、弁護士出身で社会党委員長だった片山が首相に指名されたが、在任期間9ヵ月余の短命に終わった。

社会党内閣の片山哲

社会党委員長が首相となった内閣は、それから46年後の94年6月に成立した村山富一内閣しかいない。自民、社会、さきがけ3党の

片山哲

連立内閣だったが、やはり1年2ヵ月の短命に終わっている。

政治家ではさらに、自治相などをした早川崇（自民党）、大阪市長を16年間務めた大島靖らがいた。日本社会党所属で衆院議員をした大島弘もＯＢで、靖の弟だ。

仮谷志良、西口勇は、地元の和歌山県知事を75年から２０００年まで25年間、２人で続けた。

官僚では真砂《まなご》靖が、12年から13年にかけて財務事務次官を務めた。

財務事務次官（旧大蔵事務次官）は、かつては東京の名門高校出身

小嶋淳司

者で占められていたが、この十数年では地方の伝統高校出身者が増えている。

堺徹は10年7月から2年間、東京地検特捜部長を務めた。大王製紙事件、オリンパス事件などを指揮した。その前に3度にわたり計7年5ヵ月間、東京地検特捜部の検事、副部長をしており、「特捜育ち」の典型だ。

経済界では、小嶋淳司ががんこフードサービスを創業し、現在は会長をしている。同志社大を卒業後に寿司屋で修業、関西を中心に寿司、和食、居酒屋などの外食産業チェーンを育てあげた。

06年から2年間、関西経済同友会の代表幹事を務めた。

戦前に農商務省の特許局長官をした中松真卿は、旧日本製鉄の社

長をした。

　三栖健児は、証券会社に属する民間エコノミストだ。

　中家徹は17年8月から、農協組織の司令塔ともいえる全国農業協同組合中央会（JA全中）の会長を務めている。

　田辺高校から中央協同組合学園に進み、JA和歌山中央会会長から全国組織の会長に選ばれた。農協改革に躍起となっている。

　学者・研究者では、経済学者で経営史や海運、石油・エネルギー問題などが専門だった脇村義太郎が旧制田辺中を卒業している。日本学士院院長を務め、文化功労者にもなっている。

日本学士院院長の脇村義太郎

　郷土愛が強く、父の志を継いだ脇村奨学金で青年の進学を手助けしたり、田辺市図書館や母校の蔵書や施設の充実に力を尽くした。

　大正―昭和時代の医学者で副腎のアドレナリン分泌の研究などをした佐竹安太郎は、戦後に東北大総長を務めた。

　病理学者の那須省三郎はやはり副腎の研究で知られ、東北大教授を務めた。東京電力のトップに就いた那須翔（旧制宮城県立仙台第二中学・現仙台二高卒）は息子だ。

　医師では、田ノ岡宏とその29期後輩である楠本昌彦が、放射線診断の専門医だ。吉田宗人は整形外科医だ。

　大正―昭和時代の農林生物学者で水稲の冷害に関する研究で知られた榎本中衛は、「米作日本一」表彰の中央審査会委員長を長く務めた。

　植物病理学の高藤晃雄、教育学者で「生涯教育」が専門の前平泰志、超音波工学が専門で山形大学長の小山清人らもいる。

　芸術家では、洋画家の原勝四郎がパリで修業後に、故郷の自然を描いた作品を多く残した。

　益山英吾も洋画家で、長年にわたり田辺高校の美術教員をしていた。

　書道家の土井汲泉、漫画家の楠本まきも卒業生だ。楠本はお茶の水女子大哲学科を中退、週刊マーガレットでの連載が多い。約20年前から、ロンドンと日本の両方を拠点とし執筆活度を続けている。

　潮隆雄は、日本では数少ないタピスリーによる造形表現の第一人者だ。

建築家の中村伸吾は、木造民家を得意としている。「わかやま木の家コンテスト」で何度も優秀賞を受賞している。

文化人では、産経新聞記者出身の宮本倫好が時事英語の専門家で、辞典などの著作が多い。

母校・田辺高校などで英語教師を務めた佐山和夫は、スポーツを得意とするノンフィクションライターでもある。

松本剛史は英米小説の翻訳家だ。石田ゆうすけは旅・グルメ作家で、全国でトークイベントなどを行っている。7年半かけて自転車で世界一周した体験を持つ。

芸能では、上方落語家の桂三歩や、お笑い芸人グループ・チャンバラトリオの結成時のメンバーだった南方英二もいた。

メディア関連では、中瀬ゆかりが「新潮45」の編集長のあと、出版部部長だ。田辺高校から奈良女子大に進学した。

桂紗綾は朝日放送のアナウンサーで、関西では人気女子アナの一人だ。湯川真理子はシナリオライターだ。

スポーツでも活躍した卒業生が目立つ。体操選手の早田卓次は日本大体育学部卒業後の64（昭和39）年に、東京五輪のつり輪に出場し男子団体とつり輪で金メダルを獲得した。

悲運の柔道家・北田佳世

北田佳世は悲運の柔道家だ。日本体育大に進学、04年と05年のフランス国際大会で48キロ級を連覇した。実力的に五輪で充分、金メダルを狙える選手だったが、当時は同じ階級に「柔《やわら》ちゃん」つまり谷亮子（私立福岡工業大学附属高校・現福岡工業大学附属城東高校―帝京大、元参院議員）がいたため五輪への出場機会に恵まれなかった。

新制高校第1期卒で野球選手の岩本尭は、早稲田大―巨人―大洋で野手として活躍し、71年から73年にかけて近鉄の監督を務めた。

武道家の植芝盛平は「合気道」の創始者で、「開祖」と敬称されている。旧制中学草創期に1年を経ずに中退した。柔術、剣術を学んだのち、戦後に「合気道」を一般に広めた。

戦前の大相撲力士で小結の和歌嶌三郎は、旧制田辺中学の3年生の時にスカウトされ中退した。

新宮高校

和歌山県立　新宮市

熊野速玉大社を擁する人口約3万人の新宮市。紀伊半島の南端なのでアクセスは良くないが、明治以来、有為な人材を多数、育んできた。その核になったのが、旧制新宮中学・現新宮高校だ。

1901（明治34）年に県立田辺中学校の新宮分校としてスタートした。すぐに県立新宮中学として独立した。

戦後の学制改革で新宮中学、県立新宮工業学校、県立新宮高等女学校の3校が統合・再編成され、男女共学の新宮高校となった。

昭和30年代は生徒総数が2000人を超えるマンモス高校だった。現在は約700人で、女子の方が若干、多い。

「質実剛健」を校訓とし、校是としての「文武両道」を実践し、自由で清新な気風に満ちた校風だ。

校地は約5万平方メートルと広大で、体育館は1800人が入れるほどゆったりした造りだ。

名物行事は、「熊野古道ロングハイキング」。1年生全員と教職員が世界遺産に登録されている熊野古道を歩く。

国際交流としては、オーストラリアやニュージーランドへの語学研修を実施している。外務省が進める北米地域との青少年交流校にも選ばれ、夏休みに米国の高校との相互訪問をしている。2014年には、台湾の国立彰化女子高級中学との間で姉妹校の提携をした。

卒業後は新宮を離れる

生徒の9割が大学や専門学校に進学する。1割は、公務員になったり民間企業に就職する。地理的な制約から、卒業生のほとんどが新宮市を離れざるを得ない。和歌山大など国公立大の合格者は毎年度、卒業生数の約15％だ。

優れた文学者を2人、輩出していることがこの学校の自慢だ。旧制卒の佐藤春夫と、新制卒の中上健次だ。

佐藤春夫は、明治末期から昭和

にかけて、『田園の憂鬱』などの小説、あるいは詩、随筆、文芸評論など多岐に及ぶ文筆活動をした。60年には文化勲章を受章した。

　新宮中学の入学時に志望を問われて「文学者」と答え、詩、短歌、戯曲を発表し文才を早くから発揮していた。講演会の演説を巡って無期停学処分を受けたりしたが、慶応大文学部予科に入学した。

　熊野速玉大社境内に、東京の旧宅を移築復元した新宮市立佐藤春夫記念館がある。

　その館長・辻本雄一も新宮高校卒で、母校の国語科教諭をかつて務めた。

佐藤春夫

　佐藤の門弟は3000人といわれるほどで、その一人に太宰治(旧制青森県立青森中学・現青森高校卒)がいた。
　36年に太宰から佐藤に宛てた芥川賞の受賞を懇願する巻紙の手紙が、15年に見つかった。佐藤春夫記念館で展示されている。

佐藤春夫と中上健次

　46年生まれで、戦後生まれとしては初めての芥川賞を『岬』で受賞(76年)した中上健次もいた。佐藤春夫とは「五百米とも離れていない所で生まれ育った」(「物語の系譜　佐藤春夫」より)という。

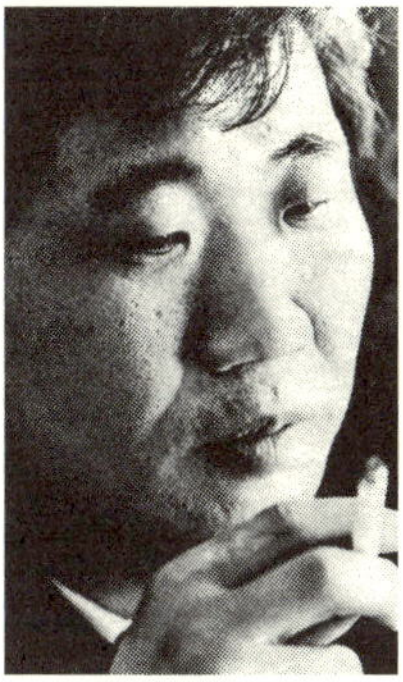
中上健次

　中上は紀州新宮・熊野を舞台にした数々の小説を書き、斬新で独自の文学世界を構築したが、92年に腎臓がんのために46歳で早逝した。
　中上にがんを宣告したのは日比記念病院(勝浦市)理事長だった日比紀一郎。中上とは新宮高校の同期生で、親友だった。
　時代小説の新宮正春もOBだ。
　学者・研究者では、旧制卒の天文学者である畑中武夫がいた。戦後いち早く日本に電波天文学を取り入れ、東京大教授として多くの弟子を育てた。月には「ハタナカ」と名付けられたクレーターがある。

新宮市内には、アマチュア天文観測家の田阪一郎もいる。宇宙には「タサカ」という名の小惑星がある。

雪氷学、気候学の榎本浩之、レンズ設計者の中川治平、天然記念物ヤマネの研究者でヤマネミュージアム（山梨県）館長の湊秋作、核融合学者の間瀬淳らもいる。

医歯系では、多くの歯科医療機器を開発した沖野節三、肝臓がんなどの病理学者・宮地徹、酵素タカラーゼの研究をした東悳彦《とくひこ》、食道がん治療で知られ近畿大学長の塩崎均らがOBだ。

文系では、近代経済学者で「ゲーム理論」を研究している岡田章、日本では数少ないラテンアメリカ文学研究者で詩人でもある田村さと子がいる。田村は中上健次と高校同級で、ともに校内文芸誌『車輪』で活動していた。

英文学者でシェークスピアの研究者・鷲山第三郎、台湾文学の研究者・下村作次郎、国際法の庄司克宏もOBだ。

法曹界では、旧制卒の弁護士・岡本尚一の名が残る。55年に国を相手取り東京地裁に原爆訴訟を初めて起こした。終戦後の極東軍事裁判で弁護団の一人になっている。

企業トップなど経済界で活躍した人物としては、藤本一郎（川崎製鉄）、坪井一郎（トリオ）、薗口穣(巴川製紙)、嵩聰久(長谷工コーポレーション）らが卒業生だ。生駒大壱は現旺文社社長。

創意と工夫を凝らして、個性的な事業を展開している卒業生も多い。

個性的な事業を経営

日本アルミット（本社・東京）という先端的な会社がある。NASA（米航空宇宙局）のスペースシャトルのハンダ付けなどにも使われているアルミ用の高性能ハンダを製造している。沢村経夫が長年、社長を務めた。

京都には老舗和傘専門店・日吉屋の社長をしている西堀耕太郎がいる。

レーザー加工で独自の技術力を発揮している京芝製作所社長の小山雅史もOBだ。

地元では、熊野山地で乳牛を1500頭も飼育している尾崎畜産御浜ファーム会長の尾崎敬吾、浦島観光ホテルの経営者・浦木清十郎と中地寿らが卒業生だ。

嶋本宗薫は、東京・高田馬場で人気のラーメン店「俺の空」を経営している。

芸術家では、社会派の洋画家といわれた石垣栄太郎（中退し渡米）、抽象画の先駆者・村井正誠、版画家の清水昭八らがいた。

造園家の中谷耿一郎は、景観デザインを考えるランドスケープデザイナーとして知られる。

写真家では、中平穂積、和田久士、鈴木理策らが光っている。

音楽では、ブルース・ギタリストの浜口祐自、ピアニストにして現代美術作家でもある向井山朋子、ギタリストの堀幸起、作曲家の平野義久らがOB、OGだ。

史劇、現代劇作家の永田衡吉、映画美術監督の桜木晶、俳優・声優の中村育二らもOBだ。

帝京大ラグビー部の岩出雅之

スポーツでは、帝京大教授兼ラグビー部監督の岩出雅之がいる。元高校ラグビー日本代表監督も務めた。名指導者といわれる。

全国大学ラグビーフットボール選手権大会で帝京大は17年までに9年連続9回の優勝を果たしている。優勝回数のトップは早稲田大で15回、2位が明治大で13回、帝京大は9回で3位だ。

野球部は甲子園に春夏各5回、出場している。プロ野球入りした選手も13人いる。

藪恵壹《やぶけいいち》は、阪神や米大リーグなどで投手として活躍した。阪神、中日で投手と外野手だった前岡勤也もOBだ。

大相撲では、最高位が東前頭筆頭だった久島海がいた。新宮高校時代、3年連続して全国高校相撲選手権大会で優勝、進学した日本大でも3年連続して全国学生相撲選手権大会で優勝した。

鎌倉市の名刹・円覚寺の管長を務めている横田南嶺が卒業生だ。筑波大在学中に出家し、京都・建仁寺などで修業、10年に45歳で臨済宗円覚寺派管長に就いた。

また、熊野速玉大社では、上野殖―上野元―現在の上野顕の3代にわたる宮司がOBだ。

NPO（特定非営利活動）法人の「OWS」（海洋野生生物協会の略、事務局・東京渋谷区）創立者の横山耕作がいる。

海の自然環境を良好に保ち、海洋生物保護に取り組む活動をしている。

3章

北陸の伝統高校　8校

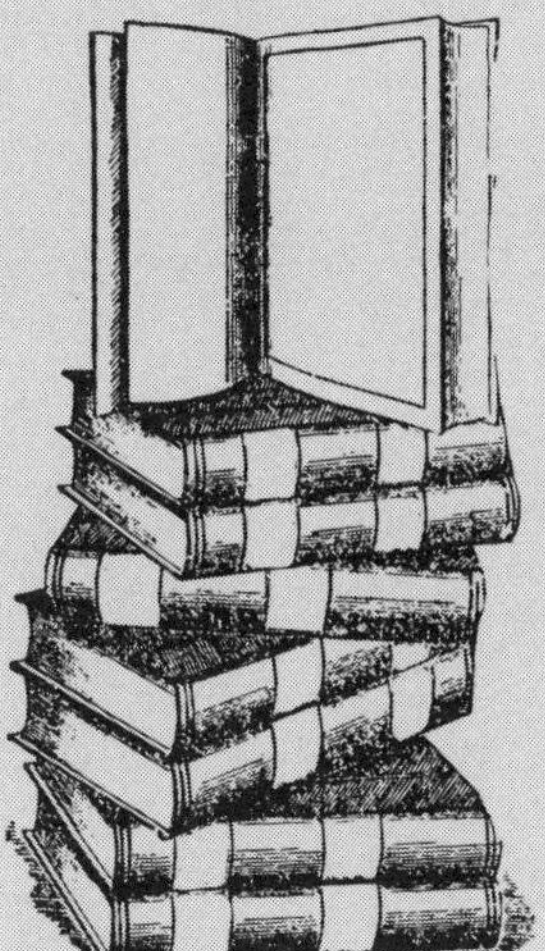

富山高校

●富山県立　●富山市

「御三家」が定着しているのが富山県だ。県立の富山高校、富山中部高校、高岡高校だ。

県下で最初の1885（明治18）年に、富山中学として発足したのが富山高校の前身だ。戦後の学制改革で新制富山高校に衣替えした。略称は戦前が「富中」で、現在は「富高」だ。

「学びたきもの集う」を創校の志とし、「慎重　自ラ持シ　敢為事ニ当ル」という格調の高い校訓となっている。

1968（昭和43）年には、日本の公立高校としては初めての理数科が設置された。現在は普通科に加え理数科学科と人文社会科学科を置いている。

「探究科学科」を設置

後者の2学科を、学校では「探究科学科」と呼んでいる。「探究」とは、論理的思考力を身につけ、自分の頭でものを考える力を養おう、という意味だ。

生徒数は女子55・男子45の比率。部活動では、吹奏楽や山岳、陸上、ダンス部などが活発だ。

2019年春の大学入試では現役、浪人合わせ、東京大6人、京都大1人、北海道大8人、東北大12人、富山大45人、金沢大40人などの合格者を出した。

私立大には延べ人数で、早稲田大7人、慶応大10人などだ。

明治時代から有為な人材を多数、輩出してきた。時代の最先端を走る若手の卒業生もいる。

東京大に進学した内山幸樹がその筆頭だ。インターネットのベンチャー企業「ホットリンク」を創業し、13年12月に東証マザーズ市場に株式上場させた。

インターネットの世界ではこの数年、「ビッグデータ」の重要性が強調されている。ネット関連のベンチャー企業はたくさんあるが、「ホットリンク」はその中でも、まさに最先端企業なのだ。

内山は、東大に進学し船舶海洋

工学の博士課程を中退したが、大企業には就職しなかった。検索エンジンの開発などに情熱を燃やし、今日の業態を切り拓いた。

テレビ界で活躍しているOGもいる。内山より1期後輩の高成麻畝子は、TBSでドラマ制作にかかわり、08年に『Around40～注文の多いオンナたち～』のプロデューサーをした。

この番組がきっかけとなり「アラフォー」(40歳前後)という略語が定着し、08年の流行語大賞・年間大賞に選ばれた。

高成麻畝子

NHKでドラマ制作をしているのが、内山と同期の屋敷陽太郎だ。11年の大河ドラマ『江～姫たちの戦国～』で制作統括を務めた。

テレビドラマのプロデューサーでは大御所もいた。『寺内貫太郎一家』『時間ですよ』などテレビ史に残る数多くのドラマを制作した久世光彦だ。TBS出身で、制作会社「カノックス」の創業者だ。

財務事務次官も出た

「政官」では、04年から2年間、財務事務次官を務めた細川興一が

久世光彦

いる。退官後、日本政策金融公庫総裁を務めた。

「霞が関のトップ官僚」と言われる財務事務次官(旧大蔵事務次官)ポストは、以前はほとんど東京都内の名門高校出身者で占められていたが、細川以降は地方の高校出身者の就任も多くなった。

政治家では、日中国交回復に尽力した松村謙三が一時、在籍していた。卒業は旧制富山県立高岡中学・現高岡高校だ。法相をした長勢甚遠、社会民主党党首をしている又市征治もいる。又市は、19年7月の参院選には出馬しなかった。

経済人では、北陸電力初代社長の山田昌作がいた。北陸地方に林立していた電力会社を統合し、近代富山の礎を築いた。金井久兵衛も北陸電力のトップを務めた。

北陸銀行の頭取をした卒業生は、田辺友太郎、馬瀬清亮、犬島伸一郎らだ。

高桑徳太郎（広貫堂）、田村四郎（日本医薬品工業）、新田八朗（日本海ガス）、森政雄（リードケミカル）、本告正（船井総合研究所）、津田信治（北陸電気工業）、山下清胤（三協立山）、金子慎（JR東海）らもOBだ。

学者・研究者では、国語学者の山田孝雄が1957年に文化勲章を受章している。富山中を中退し、独学で「山田国語学」と言われる新分野を開拓した。

文系ではさらに、国文学の岩城準太郎、東洋史の岡崎文夫、民俗学の大間知篤三、国文学の高崎正秀、言語学の奥田靖雄、租税法の北野弘久、言語文化専攻の北村卓、言語の科学的研究をしている今西典子らがOB、OGだ。

理系では、日本獣医畜産大学長をした今道友則、畜産学者で帯広畜産大学長をした西川義正、再生医科学の開祐司、イネの遺伝子分析をしている井沢毅、がんの腫瘍マーカーを研究している分子細胞生物学の加藤幸成らが卒業生だ。

「文」の領域では、明治時代のジャーナリスト・横山源之助が『日本之下層社会』などのルポルタージュを著した。

「週刊朝日」編集長をし、戦前に郷土文化誌なども主宰した翁久允もいた。

性文献の研究に情熱を燃やした梅原北明は、ボッカチオの『デカメロン』を完訳出版した。戦前、アングラ雑誌の「グロテスク」を出版し、何度も発禁処分を食らった。

美術評論家、詩人の瀧口修造は、戦前・戦後のシュルレアリスムの理論的支柱を果した。活躍中の詩人には本田信次がいる。

英文学の3兄弟

南日恒太郎、田部隆次、田部重治の3兄弟は英文学者で、そろって旧制富山中卒。ギリシャ出身の文学者ラフカディオ・ハーン（小泉八雲）の蔵書を、富山大学に「ヘルン文庫」として残すことに尽力した。

八雲は富山とは縁故がなかったが、蔵書を安全に保管する学校を探していることを兄弟が八雲の遺族から聞き及び、旧制富山高校（現富山大学）が受け入れた。これがきっかけとなって、「富山八雲会」という研究者の集まりができた。

一方、富山県には明治時代、お雇い外人教師としてクラレンス・ラッドロウ・ブラウネルという米国人がやってきた。富山中学でも英語を教え、帰米後に『The Heart of Japan』（和訳名『日本の心』）を発刊した。

前述の高成麻畝子の母で英文学者・「富山八雲会」事務局長だった高成玲子（富山県立富山中部高校卒）は、『日本の心』の初邦訳を手がけたが、完訳しないまま09年に死去した。

富山高校出身で富山高校校長を務めた木下晶（国語）ら富山八雲会のメンバーが高成の遺志を引き継ぎ、13年に『日本の心』（桂書房）の出版にこぎつけた。


なお、木下の父・周一は数学者。旧制富山中卒で、富山高校の校長をしていた。

文化人では、陶芸家の石黒宗麿が55年に国指定重要無形文化財技術保持者に認定され、人間国宝となった。

小泉博は富山市で劇団文芸座を主宰した。田中世津子は女優、三遊亭良薬は落語家、雲井雅人はサクソフォーン奏者だ。

小西謙造は富山市のフランス料理店のオーナーシェフだ。

法曹界では58年に、高木常七と石坂修一の2人の富山中同窓生が同時に最高裁判所判事に任命されている。

気骨ある裁判官も生んでいる。現在の最高裁の前身は大審院だが、最後の大審院院長をした細野長良は44（昭和19）年の広島控訴院院長の時に、時の首相・東條英機（旧制東京府城北尋常中学・現都立戸山高校卒）が裁判官や検事を恫喝した「東條演説事件」に対し、問いただす意見書を提出した。

「自衛隊は違憲」の判決

自衛隊の合憲性が問われた長沼ナイキ訴訟の一審判決で、札幌地裁で裁判長を務めた福島重雄は73（昭和48）年に、「自衛隊は憲法9条が禁ずる陸海空軍に該当し違憲である」とする違憲判決を出した。

福島の判決は、札幌高裁と最高裁によって破棄された。福島はその後、左遷が続いた。

スポーツでは、安田寛一が64年の東京五輪で陸上の110メートル・ハードルに出場した。

高岡高校

●富山県立　●高岡市

富山県北西部にあり、県下第2の都市・高岡市。加賀藩前田家・高岡城の城下町として商工業が発展した。

1898（明治31）年、県高岡尋常中学校として創立された。戦後の学制改革の過程で、男女共学の高岡中部高校―高岡高校と校名が変わった。校地は1988年以来、旧富山大学工学部跡地にある。

旧制時代から「質実剛健」「自主自律」を、校風としてきた。

校歌は、作詞・堀口大学（旧制新潟県立長岡中学・現長岡高校卒）、作曲・団伊玖磨（旧制私立青山学院中等部・現青山学院高等部卒）という名の通った人物によってつくられている。

2011年度から、理数科に代わる科として1年次用に探究科学科（80人）が、2・3年次用からは理数科学科、人文社会科学科が設置された。

文部科学省から07年まで、SSHの指定を受けていた。14年からはSGHの指定を受けている。

全国の国立大に合格者

19年春の大学入試では現役、浪人合わせ、東京大8人、京都大3人、北海道大5人、東北大9人、金沢大47人（うち医学部医学科10人）、富山大29人、大阪大7人、神戸大4人など全国各地の国公立大に合格者を出している。

県庁所在地ではないのに、全国に鳴り響く進学校になっている。

富山、富山中部、高岡の3高校はこの50年余、激しい進学競争を繰り広げてきたが、東大、京大合格者は1970年代後半から90年代にかけては高岡高校が、この20年余は富山中部高校がトップになっている。

旧制高岡中の草創期に卒業し、大正、昭和にかけて活躍した3人の大物政治家がいる。

日中国交樹立の先駆者・松村謙三が、1902年に高岡中を卒業した第1回卒業生12人のうちの1

人だ。

早稲田大卒業後、新聞記者を経て衆院議員となり、戦中・戦後に農相、文相などを歴任した。中国との国交がない時に、日中貿易交渉の取りまとめに尽力した。

厚相などを務めたのち小松製作所の社長に就任し再建にあたった河合良成が、第3回卒業生だ。戦後、日本とソ連の経済交流を進め、共産圏との貿易拡大に努めた。

河合と同期卒だったのが、「原子力の父」「プロ野球の父」「テレビ放送の父」といわれた正力松太郎だ。

正力松太郎

正力は、警察官僚のあと読売新聞社の経営者として部数拡大に成功し、「読売中興の祖」といわれた。衆院議員になり科学技術庁長官を務め、原子力発電の導入、プロ野球巨人軍や日本テレビ放送網の創設など、時代を見据えたアイデアマンとして活躍した。
内務官僚出身で、日本テレビ社長、読売新聞社社長などを歴任した小林與三次は、正力の娘婿で、高岡中30回卒だ。
読売新聞社のトップに就任した人物は、もう一人いる。新制17回卒の白石興二郎で、2011年に読売新聞グループ本社社長、その後会長を務めた。
白石は、19年9月2日付けで政府から駐スイス大使に任命された。

読売新聞社トップが3人

発行部数日本一の読売新聞社で、ひとつの地方高校から3人もの経営トップを出したのは特筆に値する。

官界では、矢口洪一が第11代最高裁長官を務めた。高岡中学から旧制京都府立京都第一中学（現洛北高校）に移り、卒業した。法服（各地の裁判所での裁判官）勤務ではなく背広（裁判行政）勤務が長く、「ミスター司法行政」といわれた。

逓信（旧郵政）官僚出身の大橋八郎は、日本放送協会（NHK）会長、日本電信電話公社総裁などを歴任した。NHK会長として終戦時の玉音放送に携わった。

自治事務次官、内閣官房副長官を歴任した二橋正弘、元環境事務次官の炭谷茂も卒業生だ。

　経済産業省は17年4月、世界貿易機関（WTO）での訴訟など通商紛争を専門に扱う幹部ポスト「通商法務官」を新設した。その初代法務官に就いた米谷三以は高岡高校OBで、大手法律事務所の弁護士出身だ。

　地元・高岡市の市長では、佐藤孝志、橘慶一郎に続き現職の高橋正樹がOBだ。橘は高橋より6期後輩で、09年6月に高岡市長を辞任、17年10月の衆院選で4選を果した。

　社長、会長など企業のトップを経験した卒業生は、岡本一雄（日野自動車）、稲垣晴彦（北陸コカ・コーラ）、日銀出身の斉藤栄吉（富山銀行）、浅野敏雄（旭化成）、桜野泰則（熊谷組）松田洋祐（スクウェア・エニックスHD）らだ。

松本恭攝（ラクスル㈱HPより）

　中村利江は宅配ポータルサイトの「夢の街創造委員会（株）」の社長だ。ほぼゼロから事業を立ち上げ、06年に大阪証券取引所ヘラクレスに株式上場させた。現在はJASDAQ市場だ。

　松本恭攝は、インターネットによる印刷、広告ベンチャー「ラクスル」の創業社長だ。同社は19年8月、東証一部に上場した。

　学者では、代数幾何学が専門の数学者で、東大教授を経て東京女子大教授の石井志保子がOGだ。1995年には若手の女性科学者に贈られる猿橋賞を受賞している。夫は富山県知事の石井隆一（富山県立富山中部高校卒）だ。

　戸瀬信之は台数解析が専門の数学者だ。慶応大教授を務め、98年にゆとり教育批判、学力崩壊について警鐘を鳴らした。

　川人光男は、脳科学研究の第一人者だ。国際電気通信基礎技術研究所（ATR）脳情報通信総合研究所所長・ATRフェロー脳情報研究所長というポストで、脳科学が医療や教育にどのようなインパクトを及ぼしているかを、研究している。

　土肥義治は高分子化学が専門で、世界最大の高輝度光科学研究センター理事長だ。文科省の技術官僚出身・林幸秀、免疫細胞生物学が専門で京大医学部長を務めた湊長博、地震学の古村孝志、物理学の崎田文二も卒業生だ。

外来生物のリスク管理

昆虫学の五箇公一は、国立環境研究所の室長で、生物多様性の研究を続けている。外来生物のリスク管理を業務の一つとしている。強毒の「ヒアリ」の日本上陸について、警告している。

文系では政治学の川人貞史、会計学の上埜《うえの》進もOBだ。

英米文学者で浄土真宗本願寺派の住職でもあった山内邦臣は、旧制奈良中学から高岡中学に編入した。

ロバートソン黎子は国際派ジャーナリストだった。

息子のモーリー・ロバートソンは、日本で活躍している米国籍のタレント、コメンテーターだ。広島市の私立修道高校から高岡高校に転入し、東大を中退し米ハーバード大を卒業した。

文化人では、漫画家の藤子不二雄Ⓐが卒業生だ。藤子・F・不二雄（富山県立高岡工芸高校卒）と共に長年コンビを組み、『オバケのQ太郎』などを共作した。

藤子不二雄Ⓐ単独としても『忍者ハットリくん』など多数の作品がある。漫画家では今市子もいる。

小説家の木崎さと子は、1985年に『青桐』で芥川賞を受賞している。

生物学者の夫の勤務先であるパリやニューヨークに長く滞在した。カトリック信者で、『小説　聖書の女性たち』の著書もある。

アメフット選手の東海辰弥

東海辰弥は、アメリカンフットボールの有力選手だった。高岡高校から京大に進学し、3、4年次の1986、87年と連続して毎日甲子園ボウル（全日本大学アメリカンフットボール選手権大会の決勝戦）で優勝した。京大史上で最高のQB（クォーターバック）といわれている。

東海は、アサヒビールに入社しライスボウル（学生代表と社会人代表との優勝決定戦）2連覇を果すなど活躍し、引退した。

屋敷利紀は高岡高校で東海と同期卒で、京大に進学した。京大アメリカンフットボールを、チーム史上初の2年連続日本一に導いた1987年度のキャプテンだった。

金沢錦丘高校

●石川県立　●金沢市

日本三名園の一つに数えられる兼六園の、南方4キロの金沢市郊外にある。団塊の世代の高校進学に合わせて、1963（昭和38）年に開校した。

前身校がある。金沢第二中学だ。1899年に開校した石川県第二中学は1907年に金沢第二中学となり、戦後の学制改革で後継校を得ないまま48年に閉校となった。

二中卒業生の間で「母校を継ぐ学校を」という声が高まり、14年間の「途切れ」はあるものの現高校が誕生した際に後継校と位置付けられた。

「錦丘」という校名は、旧制二中の校歌「紫錦が陵の学窓に」の一節から取られている。新校歌にも「はろけくも紫錦の空に」の一節があり、二中との一体感が歌われている。

旧制二中の後継校

「質実剛健」の校風も受け継がれた。

2004年には、県立金沢錦丘中学を併設した。石川県の公立学校では唯一の中高一貫校だ。略称は「錦《にしき》」だ。

校訓は「弘毅篤学」。大きな心と強い意志を持ち、知ること（学問）に熱心であれ、という意味だ。

教育目標として「高い志を育み、豊かな心と知性、健やかな身体を培い、地域や国家、国際社会の持続可能な発展に貢献できる人材を育成する」を、掲げている。

15年度からは「いしかわ探究スキル育成プロジェクト」指定校になった。教員たちが、論理的、批判的、創造的思考力養成を目指した授業づくりに取り組んでいる。

中学は1学年3クラスの120人で、高校では200人を採り、1学年は8クラス・320人となる。女子の方が若干多い。2年から文系、理系コースに分かれる。その比率は半々だ。

19年春の大学入試では現役、浪

人合わせ、京都大、東京工業大、一橋大、北海道大各1人、地元の金沢大には29人、富山大に33人が合格した。

私立大には延べで、早稲田大1人、慶応大2人、立命館大に59人だった。

部活動では、陸上、弓道、テニス、水泳、フェンシング、少林寺拳法や文芸部などが、全国大会に出場している。

歴史的には断絶があるものの、旧制金沢二中から通算すると120年弱の伝統があり、多くの有能

堀田善衛

の士を、世に送り出してきた。特に、文芸で才能を発揮した卒業生が目立つのが、この高校の特徴だ。

金沢二中卒の堀田善衛は1952年に、『広場の孤独』で芥川賞を受賞した。

アジア・アフリカ作家会議での活動や、評論家としての発言も多く、71年には毎日出版文化賞も受賞している。

進歩派知識人の堀田

戦後日本を代表する進歩派知識人の一人だ。アニメ映画監督の宮

本谷有希子

崎駿（都立豊多摩高校卒）が最も尊敬する作家として挙げているのが、堀田だ。

堀田の受賞から六十数年たった2016年には、錦丘高校卒の本谷有希子が、『異類婚姻譚』で芥川賞を射止めた。夫婦の顔が似てくる不気味さを扱った物語だ。

本谷は高校時代に演劇部に所属し、専属の俳優を持たない「劇団・本谷有希子」を主宰している。07年に鶴屋南北戯曲賞を受賞して以降、芥川賞受賞まで計6本の文学賞を受賞している。

直木賞受賞者もいる。01年に『肩こしの恋人』で受賞した唯川恵だ。この受賞については、選考委員の中から「軽すぎる」との批判も出た。若い人向けの恋愛小説を多く、手がけている。

女性で芥川・直木賞

全国の共学校、女子高校で、女性の卒業生で芥川賞と直木賞の受賞者を出しているのは、大阪府立泉陽高校（堺市。芥川賞・由起しげ子、直木賞・西加奈子）、私立同志社高校（京都市。芥川賞・藤野可織、直木賞・高村薫）、私立横浜雙葉高校（横浜市。芥川賞・中里恒子、直木賞・三浦しをん）、それに金沢錦丘高校ぐらいしかない。

女性の芥川賞受賞者を2人出している例としては、福岡県立福岡中央高校（森礼子と大道珠貴）がある。

文芸ではさらに、大正時代のベストセラー作家である島田清次郎も旧制時代に学んでいる。

脚本家の水橋文美江は、橋田寿賀子新人脚本賞を受賞、『ホタルノヒカリ』など多くのドラマを書いている。

漫画家の奥村真理子は、高校1年時に集英社の漫画投稿コンテストで金賞を受賞、翌年高校生デビューを果たした。少女漫画を中心に執筆している。

古都・金沢らしく、美術や建築で活躍した卒業生もいる。

建築家の谷口吉郎も

昭和期の建築家である谷口吉郎が、旧制卒だ。東宮御所、帝国劇場、東京国立近代美術館、国立飛鳥資料館など、話題となった多くの作品を設計した。

谷口は、歴史的な建築物を集めた博物館明治村（愛知県犬山市）の開設に尽力し、初代館長を務めた。73年には文化勲章を受章した。

息子の谷口吉生（横浜市・私立慶応義塾高校卒）も建築家として著名だ。

日本画の畠山錦成、石川義、山本隆、洋画家の堀忠義、田辺栄次郎、村田省蔵がOBだ。

中川衛は加賀象嵌作家で、彫金の重要無形文化財保持者（人間国宝）だ。

松本佐一は九谷焼の陶芸家だ。JR金沢駅に陶壁「百花繚乱」がある。長島伸夫は陶磁器デザイナーだ。

加賀友禅作家の藤村建雄、パリ生活が長かった写真家の塗師岡弘次もいる。

学者・研究者では、環境経済学が専門で滋賀大学長を務めた宮本憲一がいる。四日市公害を始めて紹介するなど環境問題で積極的に発言、行動した。

渡辺真由子は、新進のメディア研究者でジャーナリストだ。リベンジポルノ、ネットいじめ被害、性的有害情報などインターネットを巡る様々な問題を研究し、発信している。

鹿田正昭は空間情報工学が専門で、地理情報システムの研究をしている。

先端生命科学の出村誠、流体工学の木綿隆弘、化学生態学の森直樹、歯学の古本啓一、経営史の赤坂義浩、哲学の村上喜良、衛生看護学の田淵紀子がOB、OGだ。

政治家では、衆院議長、自民党幹事長などを歴任した益谷秀次が旧制時代に在籍していたが、東京・旧制私立海城中学（現海城高校）に転校した。

矢田富郎は県議会議長、自民党県連幹事長を経て現石川県津幡町長だ。戦後の公選制以降の金沢市長では、井村重雄、岡良一、山出保がOBだ。

泉鏡花文学賞を制定

このうち岡は、泉鏡花文学賞を制定するなど教育と文化の街作りに業績を残した。

岡の三女の精神科医・玲子（金沢大学附属高校卒）は、小説家の五木寛之（福岡県立福島高校卒）の妻だ。この縁で、五木は泉鏡花文学賞の選考委員を務めた。

経済界では、東亜燃料工業社長を務めた南部政二がいた。

現職では、渋谷弘利が渋谷工業社長、勝本竜二が保険比較のアイリックコーポレーションの創業社長だ。三木伸夫は学習塾「志向館」の創業者だ。

錦第1期生の大友佐俊は、天保元（1830）年創業の老舗料亭、大友楼（金沢市）の代表だ。

花岡慎一は老舗加賀友禅の店「ゑり華」（金沢市）の前代表だ。「加賀のお国染」の染色研究家であり、約2万点のコレクターとして知られる。

芸能人では、時代劇の悪役としてテレビドラマによく登場した御木本伸介がいた。

舞台女優の森尾舞、沢田春菜、舞踏家の田中千絵、ファッションモデルの一双麻希、小柳綾華もOGだ。前田明日香はフリーアナウンサー・パーソナリティーだ。

小松高校

●石川県立 ●小松市

日本海に接し、石川県南部に位置する小松市。小松空港や、歌舞伎の勧進帳の舞台となった安宅の関が知られている。

江戸時代初期には、加賀藩102万2000石の藩主・前田利常が隠居所として小松城に入城した。小松高校の校地は、その城祉の二ノ丸にある。天守台の石垣が敷地の西側に残っている。

小松城祉の二ノ丸に

ルーツは、1899（明治32）年創立の県立第四中学だ。8年後に小松中学と改称された。戦後の学制改革で小松中と県立小松高等女学校、小松市立高等女学校とが統合され、男女共学の新制小松高校となった。

校是は「自主自律　文武両道」。1953年に生徒会が定めた「生徒清規」が伝わっている。

10ヵ条からなるが、その中には「個人の価値を尊び、自己を自覚し、個性の確立をはかる」という今日的な項目もある。

「朝夕仰ぐ白山や…」で始まる校歌の作詞者は、小松中卒の演出家、翻訳家の北村喜八だ。戦前に築地小劇場に参加、戦後は新劇で活動した人物だ。

普通科7クラス、理数科1クラスがあり、男女ほぼ半々だ。

後述するように優れた科学者を輩出している。その伝統ゆえ理数科は2006年度以降、文部科学省からSSHに指定されている。

韓国の大田科学高校と共同研究し、相互に訪問しあって英語で研究成果を発表する。能登半島に出向いて、生物地学の野外実習なども行っている。

石川県より「いしかわニュースーパーハイスクール」の指定を受けている。2、3年生には「人文科学コース」が1クラス、設けられている。

毎年度、現役で60％以上の生徒が国公立大に合格している。

19年春の大学入試では現役、浪

人を合わせ、東京大3人、京都大に7人が合格している。東北大、大阪大、神戸大にも各十数人が受かっている。金沢大には65人だ。

私立大には延べで早稲田大6人、慶応大に4人が合格している。

雪の結晶の中谷宇吉郎

旧制小松中を代表する科学者は、物理学の中谷宇吉郎だ。雪の結晶の研究で知られ、人工雪の製作に世界で初めて成功した。科学を一般の人にも分かりやすく伝えることに努め、多くの随筆を著した。

中谷宇吉郎

旧制四高（金沢）から東京帝大に進み、北海道大教授を務めた。

実弟で考古学者の中谷治宇二郎も小松中出身。東大やパリで研究生活を送ったが、34歳で早逝した。

生理学者で、聴覚の研究をした勝木保次もいた。73年に文化勲章を受章、東京医科歯科大学長を務めた。

勝木は秀才4兄弟として知られ、全員が小松中出身。長兄の直次は外科医、次兄の新次は労働生理学の権威、末弟の健次は内科医になった。

理系では、中谷人脈が育った。関戸弥太郎は中谷を慕って北大に入学し、独創的な宇宙線望遠鏡を発明した。

孫野長治は中谷の直弟子になり、人工雪の実験などに没頭した。

農芸化学者で俳人でもあった飴山実、物理学者で素粒子研究の亀渕迪、高分子化学の寺本明夫、建築学の園田真理子、金属物理学の宮永崇史、運動生理学の北一郎らもOB、OGだ。

文系では、英文学の宮田恭子と森松健介、独文学の元吉瑞枝、国際経済学の若杉隆平、比較文学の南明日香、マルクス経済学の松尾匡らが卒業生だ。

医師では不妊治療が専門で、メディアにもよく登場した加藤修がいた。小松市や東京・新宿でクリニックを開いていたが、14年3月に死去した。

日本海側唯一の私立医大である金沢医科大（石川県内灘町）には腫瘍内科医の元雄良治がいる。

川本八郎は学校法人立命館の理

事長を務め、学校経営でらつ腕を振るった。

社会思想研究家でマルクス主義諸文献の翻訳で知られた石堂清倫が、旧制小松中を卒業している。

劇作家の松田章一は、「鈴木大拙館」の館長を務めた。脚本家の佐々木守もいた。文芸評論家の高橋世織、編集・出版プロデューサーの清丸恵三郎、サッカーのスポーツライター・清尾淳は、現在活躍中だ。

洋画家の宮本三郎が小松中出身だ。戦後に、金沢市立美術工芸専門学校（現金沢美術工芸大学）の創設に尽力し、同校教授を務めた。小松市と東京・世田谷区に記念美術館がある。

活躍中の洋画家では阿戸猛子、建築家の片桐広祥、女性フォトグラファーのシトウレイがいる。

陶芸の九谷焼で2人が、人間国宝（重要無形文化財保持者）に認定されている。新制3期卒の吉田美統と、4期卒の3代目徳田八十吉だ。篆刻家では北室南苑がいる。

音楽では、男性ミュージシャン、音楽プロデューサーの久保田麻琴、「めんたんぴん」というバンドを結成した佐々木忠平らがいる。

経済界では、第17・19代の日本銀行総裁・新木栄吉が卒業生だ。戦後に東京電力会長、駐米大使なども歴任した。

1度目の日銀総裁就任は終戦直後の1945年10月だったが、46年6月に公職追放によって総裁を辞任した。54年に2度目の日銀総裁に就任した。

「日本のホテル王」犬丸徹三

戦後に帝国ホテル社長を25年間務め、「日本のホテル王」といわれた犬丸徹三がいた。

北陸電力のトップとなった原谷敬吾、その実兄で郡是産業社長をした原谷一郎、北国銀行頭取をした本陣甚一、北陸放送社長をした笹原忠義、イトーヨーカ堂社長を務めた戸井和久がOBだ。

現職では、多くのホテルを経営するアパグループ代表の元谷外志雄がいる。

政治家では嶋崎兄弟がいた。兄の均は大蔵官僚出身の参院議員で法相を、弟の譲は政治学者で衆院議員だった。

選挙区は兄弟とも石川県で、均は自民党、譲は日本社会党と、兄弟で与野党に分かれていた。2人の弟・丞《すすむ》は古九谷など伝統工芸の研究者で、石川県立美術館館長だ。

田谷充実は55年から8年間、石川県知事を務めた。現小松市長の和田慎司はコマツのサラリーマン出身だ。石川県根上町長を36年間務めた森茂喜は、元首相・森喜朗（石川県立金沢二水高校卒）の父だ。

官僚では、国土交通事務次官を務めた増田優一、元気象庁長官の西出則武がOBだ。

競歩の鈴木が五輪出場決定

陸上競技の競歩選手・鈴木雄介（富士通、31歳）は19年9月の世界陸上ドーハ大会・男子50キロ競歩で優勝、20年の東京五輪代表が決定した。

鈴木は15年3月の全日本競歩大会で、20キロに出場して1時間16分36秒の世界新記録を樹立し優勝した。これは日本の男子選手が、陸上競技で50年ぶりに打ち立てた世界新記録だ。

16年のリオデジャネイロ五輪で鈴木は金メダルが期待されたが、股関節痛のため代表選手会を欠場した。

20年の東京五輪では、50キロ種目での出場に照準を合わせてきた。

鈴木は小松高校から順天堂大に進学し、富士通で練習してきた。

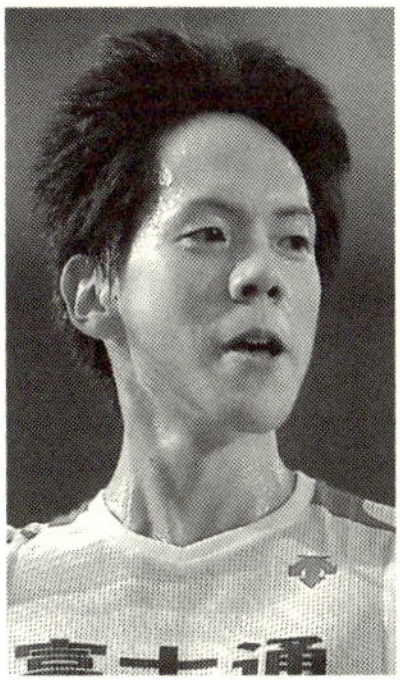

鈴木雄介

ボートも盛んだ。小松高校の裏には、梯川という絶好のフィールドがあるからだ。毎年7月に行われるクラス対抗のボート大会は、1906年から続く伝統行事になっている。

ボートでは過去、4人の五輪選手を出している。村井富雄は68年のメキシコに、息子の啓介は00年のシドニーに、前口英明は84年のロサンゼルスと88年のソウルに、坂田昌弘は88年のソウルと92年のバルセロナ五輪に出場している。

古西宏次は02年に、元マラソン選手の有森裕子（岡山市・私立就実高校卒）とともに、アスリートを支援するマネジメント会社「ライツ」を設立し、代表を務めている。

文化部も活発で、中でも吹奏楽部は60年以上の伝統を誇る。部員は常に100人を超えている。

金沢二水高校

●石川県立　●金沢市

名園で知られる兼六園の南方3キロの住宅地にある。

1948（昭和23）年に、女子のみの県立金沢第二高校として設立され、翌年に男女共学の金沢二水高校となった。

戦前からの県立金沢第一高等女学校の歴史を間接的に継いでいる、と位置付けられている。

「二水」の由来は、市内を流れる犀川と浅野川を意味するという説が有力だが、諸説ある。

校舎と校舎の間には、屋根付きの美しい中庭「ガレリア」がある。独創的な構造で、遊園地の中にいる雰囲気だ。

一方、19年1月には、生物の授業で使う器具などを置いている部屋から本物の人の頭蓋骨が見つかり、話題になった。他の県立高校でも、同様な人骨が見つかった。

校風は「自由と創造」という表現に集約できる、という。

部活動では、全国の高校では珍しい馬術部がある。フェンシングも強い。文化系では、合唱部、新聞部などが全国大会に出場する。

19年の大学入試では現役、浪人合わせ、京都大1人、北海道大7人、東北大5人、名古屋大7人、大阪大5人、地元の金沢大に80人が合格している。

金沢大合格者は、石川県立金沢泉丘高校に次いで2番目だ。

元首相の森喜朗

著名な卒業生は、元首相の森喜朗だ。金沢二水時代はラグビー部で、早稲田大に進学しラグビー蹴球部に入ったものの4ヵ月で退部した。

01年4月、首相在任1年強で退いた。しかし退任後の活躍はめざましく、日本ラグビーフットボール協会会長を10年間務め、19年9月に開かれた「ワールドカップ2019」の日本招致に尽力した。14年からは、20年夏に開かれる東京五輪・パラリンピック競技大会の組織委員会会長に就いている。

ジェンダー論などの社会学者・上野千鶴子がOGだ。京大哲学科で学び、京都精華大教授の時に東大に招聘された。

　東大教授を退職後は、NPO法人ウィメンズアクションネットワーク（WAN）の理事長だ。

ジェンダー論の上野千鶴子

「父は私を女らしく育てるために『お嬢さんに良い学校』と言われた二水に入れたが、逆効果だった」と高校時代を回想している（学校案内パンフレットから）。

上野千鶴子

19年4月の東京大学学部入学式で上野は祝辞を述べた。東大における女性差別を正面から告発した内容で、大きな話題を呼んだ。

　学者では、物理学の小出義夫、流体力学の南部健一、日本経済論が専門で福井大学長を務めた下谷政弘、細菌学者で元金沢大学長の中村信一らが卒業生だ。

　評論家の宮崎正弘、児童文学作家の山元加津子、漫画家の出口竜正もいる。

　経済界では、ヤマハのトップを務めた上島清介、丸善の元社長・村田誠四郎、旭化成の現職社長・小堀秀毅がOBだ。

　芸能界では、俳優、声優、歌手の鹿賀丈史が活躍中だ。

　音楽では、歌手、作詞・作曲家の浅川マキがいた。ジャズ、ブルース、フォークソングなどを独自の美意識で独唱した。

　音楽プロデューサーの土井晴人、作曲家の堀内貴晃、オペラ歌手の浜真奈美、バイオリニストの西沢和江がOB、OGだ。西沢は高3の時、日本音楽コンクールで第1位となった。

　スポーツでは、全日本トランポリン競技選手権大会で半田玲子が1981～89年、古章子が90～98年、女子個人の部で毎年、優勝を続けた。古は00年のシドニー五輪に出場し、6位入賞を果たした。

　ボート選手の中野紘志は16年のリオデジャネイロ五輪に出場し、男子軽量級ダブルスカルで15位だった。中野は、金沢二水から一橋大に進学、未経験ながらボート部に入って、頭角を現した。

金沢大学附属高校

●国立　●石川県金沢市

日本海側では唯一の国立高校だ。正式な校名は、金沢大学人間社会学域学校教育学類附属高等学校。日本一、名前が長い高校だ。略して「金大《きんだい》附属」「金附《きんぷ》」あるいは地元では「附属」と呼ばれている。

隣接して附属中学もある。多くの国立大附属は中高一貫教育方式をとっているが、金沢の場合は採用していない。

男女共学で3学年で定員360人という小規模な高校だ。そのうち、附属中学から入学してくる生徒は6割弱だ。

創立は、金沢高等師範学校に旧制の附属中学が設置された1947（昭和22）年だ。終戦間際に理科系の英才教育をする特別科学学級が金沢高師内に置かれ、それを引き継ぐ形で、開校された。

すぐに学制改革があり、新制大学の金沢大学が誕生したことにより、附属高校と改名された。

日本一名前が長い高校

校歌の作詞者は、金沢が生んだ詩人、小説家の室生犀星だ。校歌にありがちの雄々しさとは別の、詩情あふれるフレーズで成り立っている。

特別科学学級の伝統から、理科系に強い進高校として知られる。

2年生の笠原千晶は14年4月にトルコで行われたヨーロッパ女子数学オリンピックに日本代表として参加し、銀メダルを受賞した。

文部科学省は14年度からの新規施策として、国際的な素養を身につけ、海外のビジネスでも活躍できる人材を育てるSGH事業を始めた。「金附」は全国56高校の1つに選ばれた。

また文科省は19年度から、国際教育に力を入れる高校を支援する「ワールド・ワイド・ラーニング（WWL）」事業を始めた。全国で10高校が指定され、「金附」もその一つに選ばれた。

19年春の大学入試では現役、浪人合わせ、東京大4人、京都大6

人、東北大に3人が合格した。

72年などは、東大に44人の合格者を出していた。最近は減っているが、それは医学部志望が増え、各地の医学部に分散して多数の合格者を出しているためだ。

19年の国公立大医学部医学科の合格者は、卒業生数の20％に当たる計23人だった。地元の金沢大には24人が合格しているが、そのうち13人が医薬保健学域医学類（医学部医学科に相当）だ。

地元の金沢医科大には5人が合格し、トップ校になっている。

外交・防衛問題の論客として活躍している卒業生が、2人いる。

孫崎享は外務官僚出身の元防衛大学校教授で、『日米同盟の正体』などの著作で対米従属に警鐘を鳴らしている。

もう一人は防衛大学校卒2期生で、自衛隊の北部方面総監などを歴任した志方俊之だ。こちらは、脆弱な国防の実態について憂いている。

官僚では、科学技術事務次官を務めた石田寛人が金沢学院大学長を、谷公士が郵政事務次官、人事院総裁を務めた。

気鋭の学者や経済人が多数、巣立っている

理系の学者では、13年に45歳で東京大教授になった浅井祥仁が卒業生だ。

孫崎享

13年のノーベル物理学賞は、物質に質量を与えるヒッグス粒子の存在を予言した欧州の2人の科学者に授与されたが、浅井はそれを実験で確かめる東大チームのまとめ役をした。

ノーベル賞候補の長田重一

京都大教授で分子生物学の長田重一は、生体内で死んだ細胞を処理するために目印をつけるたんぱく質を発見した。

ベルツ賞、コッホ賞など多くの賞を受賞し、文化功労者にもなっている。ノーベル医学生理学賞受賞の期待がかかっている。

数学の大沢健夫、分子生物学の石浦章一、情報工学の竹内郁雄、建築史家の五十嵐太郎、予備校のカリスマ数学講師・森茂樹らもいる。

医師では、泌尿器科医の北村唯一が前立腺がん治療の第一人者で、03年に平成天皇の前立腺がん手術の際に執刀医を務めた。内科医の北村聖は、東大医学部付属病院総合研修センター長を務めた。

日本医科大学千葉北総病院救命救急センター部長の松本尚はドクターヘリの専門医で、テレビにもしばしば登場している。金沢大学医学部卒だ。

循環器内科の竹腰裏は、金沢医科大学長のあと理事長を務めた。金沢医科大学は、日本海側では唯一の私立医科大として1972年に開学した。

文系の学者では、宗教学の島薗進、メディア論の水越伸、政治学の広岡守穂、マクロ経済学の福田慎一、比較政治学の小川有美、建築史家の五十嵐太郎、近代音楽史の輪島裕介、紫式部研究で知られる山本淳子らがOB、OGだ。

北陸の老舗旅館、料亭、酒造業などのオーナー家の生まれで、大学卒業後には大企業などに就職せず家業を継いでいる者も多い。

「加賀屋」の金附トリオ

「おもてなし」が流行語になったが、石川県七尾市の和倉温泉に本拠を置く「加賀屋」は、ホテル・旅館人気ランキングで常に上位になる創業100余年の老舗だ。その加賀屋の相談役小田禎彦、弟の会長小田孝信、禎彦の長男で社長の小田與之彦が金附トリオだ。

小松市の粟津温泉にある旅館「法師」は、創業がなんと718（養老2）年。1300年もの歴史を持ち、世界最古の企業としてギネスブックにも登録されている。

小田輿之彦

また200年以上の社歴を有する老舗企業のみが登録できるフランス・エノキアン協会にも加盟している。その法師の経営を担っている第46代法師善吾郎と、弟の誠もそろって金附OBだ。

粟津温泉には、創業から700余年の旅亭懐石「のとや」がある。そのオーナー・桂木隆二もOBだ。

能美市の辰口温泉旅館「まつさき」も天保時代から続く老舗で、

泉鏡花の小説の舞台にもなっている。そのトップ、松崎陽充が卒業生だ。

兼六園といえば金沢一の観光名所。その近くの「きくのや旅館」の斎藤一社長も前述の桂木と同期卒だ。

白山市で余年１３０余年にわたりすき焼き店を開いている「犀与亭」社長の須田浩士と、金沢市にある老舗ジャズ喫茶「もっきりや」を経営する平賀正樹も卒業生だ。

老舗造酒業では、創業４００年弱の福光屋（金沢市）第13代当主で、社長の福光松太郎、清酒のほか化粧品も作っている金谷酒造店（白山市）の金谷芳久社長、純米酒「手取川」で知られる吉田酒造店（白山市）の吉田隆一社長らが卒業生だ。

地場産業のオーナー社長

味噌醤油業でも金附ＯＢが多いが、その一人として四十萬谷本舗《しじまやほんぽ》の5代店主四十万谷正久を挙げておこう。金沢伝統のかぶら寿しなど漬物のほか、野菜マイスターの資格をとり農業にも進出している。

創業３９０年の和菓子店「森八」（金沢市）の中宮嘉裕社長もＯＢだ。

大企業でトップを経験した卒業生は、元職と現職がまじるが、武弘樹（高砂香料工業）、武田正利（カネカ）、番尚志（三菱倉庫）、南健治（芝浦メカトロニクス）、土田洋（東洋電機製造）、春田博（シチズン時計）、永守良孝（ＲＫＢ毎日放送）、堀口裕恒（横浜松坂屋）、今村九治（今村証券）、平岡昭良（日本ユニシス）、別川俊介（住友重機械工業）らがいる。

高山与志子は、取締役会評価やコーポレート・ガバナンスに特化したコンサルタント会社を設立した。東大―東大大学院博士課程―米エール大などの学歴で、経産省・東京証券取引所の「なでしこ銘柄選定基準検討委員会」の委員など、多くの公的委員を務めている。

文化人では、漫画家の森川久美、映画監督・脚本家の松浦雅子、ＳＦ・推理作家の松尾由美、染織作家の木場紀子、表千家吉祥会会長の吉倉虚白、加賀友禅作家の寺西一紘らがＯＧ、ＯＢだ。

１９５３（昭和28）年卒の精神科医・岡玲子（旧姓）は元金沢市長の三女で、作家の五木寛之（福岡県立福島高校卒）と結婚、無名時代の五木を支えた。

武生高校

福井県立 越前市

「たけふ」高校という。福井県中南部に位置する越前市にある。武生市と隣接の街が合併し、05年に越前市になった。

1898（明治31）年に県立武生尋常中学校として開校し、すぐに武生中学校と改称された。

戦後の1948年の学制改革で、県立武生高等女学校、武生町立高等女学校を統合し、男女共学の新制武生高校となった。

現在の全日制の生徒数は約950人で、男女が半々だ。65年度には全日制のみで2599人が在籍し、全国の公立高校でベスト3に入るマンモス校だった。

「真理と正義を愛して学問に精励し、人格の完成につとめる」など3つの校訓がある。

文科省からSSHの指定を受けている。①旺盛な好奇心　②高い分析能力　③明快な根拠・明快な論理、④明快な質問・明快な回答—の四つの力を育てることを主眼としている。

校歌は大物が作詞・作曲

56年にできた校歌が自慢だ。作詞は、詩人・小説家の佐藤春夫（和歌山県立新宮中学・現新宮高校卒）、作曲は『椰子の実』などで知られる大中寅二（大阪府立北野中学・現北野高校卒）という大物によって手がけられた。

毎年度、浪人も含め京都大、大阪大に各数人が合格している。福井大には毎年度、約60人、金沢大に約30人が合格している。

新制高校になって以来、野球部は夏の甲子園大会に4回、出場している。

昭和時代には定時制の体操チームが強かった。定時制に在籍していた羽生和永は68年のメキシコ五輪、72年のミュンヘン五輪に女子体操日本代表として出場した。男子体操日本代表だった笠松茂（三重県立木本高校卒）と結婚し、現在は笠松姓だ。

東京電力福島第一原子力発電所

の大事故後に、注目されている学者がいる。環境経済学者で、立命館大教授の大島堅一だ。

大島は電力会社の有価証券報告書を基に原発の発電単価を分析、政府や電力会社が従来、公表してきたコストより相当割高である、と明らかにした。使用済み核燃料の再処理や巨額な廃炉の費用などをカウントすれば、さらにコストは膨れ上がる。

数学者で京都女子大学長を務めた土川真夫、社会言語学の加藤和夫、経営学の鷲田祐一もいる。

藤田晋

旧制卒では、素粒子理論物理学者だった山口嘉夫、細菌学者で初代の福井大学長を務めた竹内松次郎がいた。

サイバーエージェントの藤田晋

ビジネスで活躍している卒業生では、IT系ベンチャーのサイバーエージェントの創業社長である藤田晋がいる。20代で起業し、ネット広告やネット配信サービス、ネットテレビなどで事業を拡大し、東証一部上場企業に成長させた。

五十嵐義和（アイジーエー）、武藤昌三（シンフォニアテクノロジー）、林正博（福井銀行）、三田村俊文（福邦銀行）らの経営者もいる。

加藤団秀は、「梵」の銘柄で知られる醸造元・加藤吉平商店（福井県鯖江市）の社長だ。

文化人では、アニメーション作家、洋画家の久里洋二がいる。アニメ映画「人間動物園」「殺人狂時代」などで、内外から多くの賞を獲得した。

競技かるた八段の川崎文義は、16年1月の第62期名人位戦で勝利し、福井県勢初の名人位を獲得した。

映画監督の南部英夫、写真家の土田ヒロミも卒業している。

芸能ではタレントの小川恵里子、劇団四季の俳優である飯田洋輔・達郎兄弟が、OG、OBだ。

小倉武一は農林事務次官ののち、政府税制調査会会長を16年間も務めた。警察庁長官を務めた田中節夫も卒業生だ。

大野高校

福井県立　大野市

福井県東部の内陸にあり、江戸時代には土井家大野藩4万石が領していた大野。「天空の城」としてスポットを浴びている越前大野城の麓に碁盤目状に城下町が広がり、「越前の小京都」といわれる。

1901（明治34）年に県立福井中学校（現藤島高校）の大野分校として開校、すぐに大野中学となった。

戦後の学制改革で、大野中学、大野高等女学校、大野農林学校の県立学校3校が合併し、男女共学の新制大野高校となった。

校地は広く、野球とサッカーが同時にできるグランドがある。大野藩の藩校に旧蔵されていた和漢書、洋書を、不燃書庫で保管している。

「真理探求の精神」「自主自律の精神」「協調する態度」「堅忍持久の精神」といった教育方針がある。

部活動ではスキー、サッカーなどが全国大会に出場している。野球部は90年代初めに2度、甲子園に出場している。

95％の生徒が現役で、大学か専門学校に進学している。そのうち30％が国公立大に、40％強が私立大に進んでいる。

2019年度入試では東京大1人、名古屋大2人、大阪大3人、金沢大5人、地元の福井大に11人が合格している。

作家の山崎朋子がOG

ノンフィクション作家、女性史研究家の山崎朋子が知られている。広島県で育ち、原爆投下前に母親の郷里である福井県に疎開、大野高校を卒業した。

夫との共著『日本の幼稚園』で1966年に毎日出版文化賞を、九州地方の「からゆきさん」の聞き書き『サンダカン八番娼館』で73年に大宅壮一ノンフィクション賞を受賞した。山崎は18年10月に死去した。

小説家の井ノ部康之もOBだ。

学者では、大正から昭和にかけ

て皇国史観で知られた日本中世史の平泉澄《きよし》がいた。

遺伝学者で2002年に文化功労者に選定された堂脇恒一郎、東大教授を務めた地球物理学者で科学雑誌『Newton』の初代編集長をした竹内均がいた。

仏教学者で大谷大学長を務めた松原祐善、社会学者の竹内郁郎、航空工学の後藤俊幸、核融合エネルギー研究者の松田慎三郎、経済史学の柴田英樹、仁愛大学長を務めた禿正宣らが卒業している。

医師では、耳鼻咽喉科医で熊本

竹内均

大の初代学長を務めた鰐淵健之、内科医で血栓症を研究している坂田羊一らがOBだ。

布川朝雄・雅雄は秀才兄弟として知られ、そろって大野高校─東大医学部卒で、医師になった。

衆院、参院の議長

政官界では、福田一が80年から3年4ヵ月余、衆院議長を、山崎正昭が16年7月までの3年弱、参院議長を務めた。一つの高校から衆参両院議長を出したのは珍しい。

国鉄総裁の加賀山之雄、鉄道省の鉄道局長、日本通運社長を務めた早川慎一が卒業している。

大野市の市長を務めた卒業生は、森広治兵衛、寺島利鏡、川崎泰彦、山内武士、天谷光治の5人だ。

このうち寺島は7男2女の9人兄妹で、全員が大野中学、大野高女、大野高校のOB、OGだ。次男の利鏡は「ソ連抑留日記」を著し、4男の典二は林学者、5男の幸夫は洋画家、7男の和光は泌尿器科医だ。

ビジネスでは、新古書店のブックオフコーポレーションで社長を務めた橋本真由美がOGだ。パート勤務から経営トップまで上りつめた。

マルチタレントの清水国明は実弟だ。

内山昭克は、理容・美容用のハサミ製造の職人だ。07年に「現代の名工」に選ばれている。

音楽では、指揮者の斉藤一郎、シンガーソングライターの尾野玲子がいる。声優の斉藤隆史もOBだ。

4章

中国の伝統高校 19校

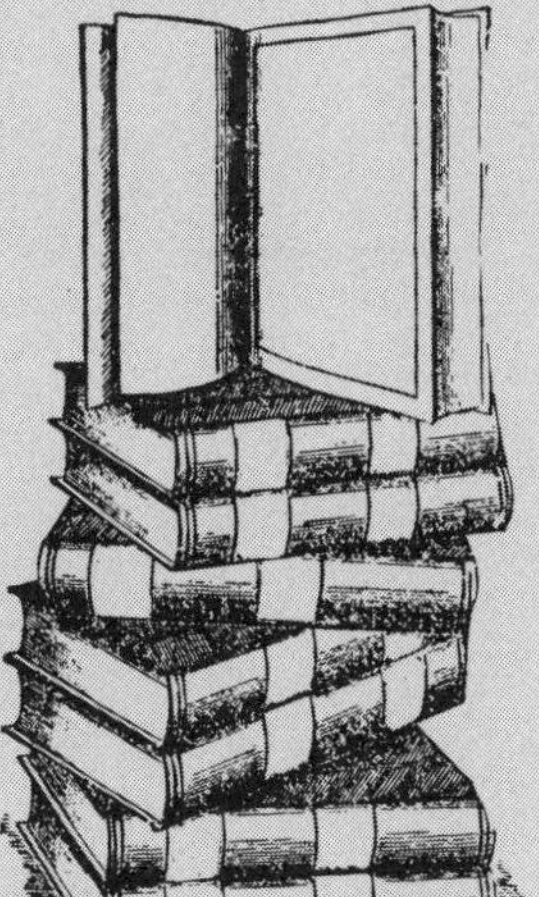

津山高校

岡山県立 津山市

中国山地の盆地にある人口10万人余の津山市。江戸時代は津山藩松平家10万石が領し、幕末には宇田川榕庵、箕作阮甫など洋学に優れた人物を輩出した。

この地に、県津山尋常中学校が開校したのは1895（明治28）年だった。その後、津山中学校と改称された。戦後の学制改革の過程で津山高等女学校を前身とする高校と合併し、男女共学の県立津山高校となった。

2015年度からは中学校が併設され、中高一貫教育校になっている。旧制以来の卒業者数は、累計で4万人を超える。

校訓は「畏天敬人」。悠久な自然の摂理に思いをいたし、自他ともに敬愛する……と説明されている。

教育方針として、「自学自律の生活態度を確立する」、「知・徳・体の円満なる発達を図る」などを掲げている。

「名も美作のうまし国……」で始まる校歌の作詞者は、旧制津山中卒で昭和期の英文学者、詩人の矢野峰人。戦後に、東京都立大（現首都大学東京）、東洋大学長をした人物だ。

旧本館は重要文化財

今も使われている旧本館は、1995年に国指定の重要文化財になっている。イタリアのルネサンス様式をモデルとした端正な外観で、1900（明治33）年に落成した。東京・上野に現存する旧東京音楽学校（現東京芸術大学）奏楽堂と瓜二つだ。

旧本館は、NHKの朝の連続テレビ小説『あぐり』や『カーネーション』のロケ現場になった。

キャンパス内には、十六夜山古墳と呼ばれる前方後円墳や、江戸時代の屋敷跡などもある。歴史の重みを感じさせるたたずまいだ。

文科省からSSHに指定されている。普通科と理数科があり、3学年の全校生徒800人を対象に、米国の大学訪問など海外研修やサイエンス探究、英語での成果発表会などさまざまなプログラムが組まれている。

全国物理コンテストで銅メダルを獲得した生徒や、「アジアサイエンスキャンプ」の日本代表団に選ばれた生徒もおり、成果が着々と現れている。文科省によるSSH中間評価で「モデル校として期待される」と高い評価を得ている。

地理的な制約から、大学進学時には生徒のほとんどが親元を離れる。19年度入試では現役、浪人合わせ東京大、京都大、東京工業大に各1人、岡山大に32人、大阪大に5人、九州大に6人が合格、さらに日本海側の鳥取大に8人の合格者を出している。

洋学の伝統が脈々と息づいているためか、学者・研究者として活躍している卒業生が多い。

「江戸学博士」の山本博文

知名度が高いのは、日本近世史が専門の東大史料編纂所教授・山本博文だ。「江戸学博士」といわれ、武士の行動様式や日本人のメンタリティなどについて、わかりやすい概説書を多数、出版している。

92年に萩藩毛利家の江戸留守居役の活動を描いた「江戸お留守居役の日記」で、日本エッセイスト・クラブ賞を受賞した。テレビ出演も多い。

山本博文

中国政治学の天児慧、宗教学の宮家準、環境社会学の松野弘らもいる。

旧制時代の卒業生では、哲学者でアリストテレスの研究をした出隆、西洋経済史の本位田祥男、イタリア文学の黒田正利らがいた。

理系では、京大教授・火山活動研究センター長（火山物理学）の井口正人が、メディアによく登場している。

鹿児島・桜島を拠点に長年にわたって研究を続けている。日本火山学会会長を務めた。

さらに、平井啓久が京大教授・霊長類研究所長を務め、ゲノムマーカーを用いた霊長類の分子細胞遺伝学を研究している。

熱工学の赤松史光、河川生態学

の可児藤吉、航空力学の佐々木達治郎、環境学の杉山雅人らもOBだ。

　医学・生理学者では、元東大形成外科・美容外科教授の光嶋勲が微小な血管をつなぐ技術の第一人者だ。岡山市立市民病院の院長の松本健五、精神保健学の川上憲人らもいる。

　旧制卒では、東京・神田の名門である杏雲堂病院の院長をした佐々廉平、衛生学が専門で熊本医大（現熊本大医学部）学長をした太田原豊一がいた。

　歯科医の豊福恒弘は津山市内で「M&Y記念館」を主宰し、版画家・棟方志功の作品を展示している。

　文芸では、大正、昭和期の小説家・片岡鉄兵と棟田博、同じく文芸評論家の井汲清治、編集者の岩本敏が卒業生だ。

　漫画家の胡桃ちのは、4コマ漫画が得意だ。常に10誌前後の雑誌で連載を持ち、すべての雑誌で違うキャラクター、違う作品を連載している。

　西東三鬼は伝統俳句の発想を嫌い、モダンな感性を強調した昭和期の新興俳句運動の中心人物の一人だった。津山中から東京・青山学院中等部に転校した。

　俳人といえば、大谷是空は津山藩藩校で教育を受け、明治期に東京大学予備門に入学、正岡子規（愛媛県立松山中学・現松山東高校中退）らと親交を結んだ。津山尋常中学校創立に際し、教員として赴任した。

　美術では、彫刻家の久原濤子、洋画の水野恭子が旧制津山高女卒だ。洋画の木村克郎と田淵隆三もOBだ。松井陽子は水墨画で頭角を現した。

全日空の初代社長

　企業の創業者も出ている。

　美土路昌一は日本ヘリコプター輸送を設立、極東航空と合併して全日本空輸の初代社長となった。その後、朝日新聞社社長を務めた。

　早嶋喜一は産業経済新聞社社長のあと、旭屋書店を創業した。

　落合完二は八洲電機商会（現八洲電機）を、池上勝はインナーウエアをネットで販売する「白鳩」を創業した。

　さらに企業経営者では現・元職がまじるが、小林充佳（NTT西日本）、高下貞二（積水化学工業）、野口憲三（日本紙パルプ商事）、中島純三（日立国際電気）、竹内俊一（三菱石油）、石原建男（モロゾフ）、松尾均（はとバス）らが卒業生だ。

労働運動華やかなりし昭和期の運動家で、総評議長をした太田薫が卒業生だ。旧制津山中―旧制六高から大阪大に進み、宇部窒素（現宇部興産）の技術者になったが、労働界に転身して春闘方式を定着させた。

岡山県真庭市長の太田昇は、京都府副知事を経て就任した。木質バイオマス事業を推進し、国内外から多数の視察団が訪れている。

96年卒の佐藤香里は東京外国語大スペイン語学科卒で、在エクアドル日本大使館に勤めた。エクアドルの児童養護施設「子どもの家」存続のため活動資金集めに奔走した。

ロックスターの稲葉浩志

音楽ではボーカリスト・作詞・作曲家で、人気ロックグループ「B'z」（ビーズ）のメンバーである稲葉浩志がいる。横浜国立大に進学し教員免許も取っている。日本を代表するロックスターだ。

谷口博章は兵庫県西宮市役所の職員にしてアマチュアピアニストだ。大正、昭和時代のソプラノ歌手で、東京高等音楽学院（現国立音大）の創立に参画した武岡鶴代もいた。

稲葉浩志

津山高校音楽科教諭の秋山貴はOBで、「津山第九を歌う会」の会長だ。

父・保は津山中卒で美術の教員、母・幸子は旧制津山高女卒で音楽の教員だった。娘・幸は津山高校卒で洋画家だ。

メディア・芸能関係では司会者、フリーアナウンサーで映像プロモーション社長の押阪忍、宝塚歌劇団花組トップ娘役から舞台女優になった桜乃彩音、評論家の工藤雪枝らがOB、OGだ。

旧制津山中時代は、「白帯津中」の名で柔道部が全国優勝を7回している。照尾暢浩は津山高校で寝技を得意とし、その後、空手や様々な武道を経験し、護身術の指導者になった。

岡山操山高校

●岡山県立　●岡山市中区

岡山「そうざん」高校という。岡山市東部にある高さ150メートルほどの雑木林の丘陵地・操山《みさおやま》に由来する。それを音読みにしている。

1900（明治33）年開校の岡山県高等女学校（のちに第一岡山高等女学校と改称）と、21年開校の第二岡山中学とが、学制改革で49年に統合されて男女共学の県立岡山操山高校が誕生した。

2002年からは、岡山県立では初めての中学校を併設し、中高一貫教育校になっている。

校訓は一女時代からの「和して流れず」と、二中時代からの「松柏の精神」（論語）だ。

19年の大学入試では現役、浪人合わせ、東京大6人、京都大8人はじめ大阪大9人、九州大7人、名古屋4人、神戸大3人、岡山大に46人の合格者を出している。

卒業生には、政治家として活躍した人物が目立つ。

脱藩官僚の江田憲司

「結いの党」や「維新の党」の代表を務め、現在は立憲民主党所属の衆院議員である江田憲司がOBだ。通産官僚だったが、岡山県選出の首相・橋本龍太郎（東京・私立麻布高校卒）の秘書官に起用されたことから政界に転じた。

キャリア官僚を辞職した人物は、出身官庁の応援団になる「過去官僚」と、役所批判にまわる「脱藩官僚」とに分かれるが、江田は「脱藩官僚の会」を結成し、その代表幹事をしている。

検察官あがりの山下貴司は、衆院議員当選3回（自民党）ながら18年10月に法相として初入閣し、19年9月に退任した。

面白いエピソードが2つある。参院の議長と副議長とを第二岡山中の卒業生で占めていたことがあるのだ。東京地方区選出の安井謙（自民党）が議長で、岡山地方区選出の秋山長造（社会党）が副議長という組み合わせだ。79年8月から80年7月にかけての短期間ではあったが。

もうひとつは京都市長。1911（明治44）年8月生まれの船橋求己と、11年1月生まれの今川正彦が71年から89年まで連続して市長の座を占めていた。

46（昭和21）年の衆院選挙で、日本で初めて39人の女性代議士が生まれた。その一人が、一女卒で一女の教諭（家政科）もしたことがある近藤鶴代だ。近藤は62年に科学技術庁長官として入閣し、2人目の女性閣僚となった。

地元の岡山県知事は建設官僚出身の石井正弘が16年間務めた。現在は参院議員だ。

岡山市長は、松本一、安宅敬祐それに建設官僚出身の現職・大森雅夫がOBだ。


官僚では小野元之が文部科学事務次官を、香山充弘が総務事務次官を務めた。

学者になった卒業生では、刑事法学の第一人者で文化勲章受章の団藤重光がいた。

最高裁判事にもなり、「疑わしきは被告人の利益に」という刑事裁判の原則を再審開始基準にも適用すべきだとした「白鳥決定」に、かかわった。

経済学者では、大阪大経済学部長をした厚生経済学の熊谷尚夫と、やはり阪大経済学部長をした近代経済学の建元正弘が、旧制卒だ。

新制卒の学者では、政治学者で前北海道大教授・現法政大教授の山口二郎が論壇によく登場する。旧民主党系のブレーンでもある。

哲学者でエッセイストでもある土屋賢二、国際政治学の木畑洋一、民法学の道垣内弘人、建築学の門内輝行、生体物性学の荒田洋治、経営学者で私立岡山商科大学長の井尻昭夫、毎日新聞記者出身で日本近現代史研究の前坂俊之らも卒業生だ。

昭和時代の小説家、ノンフィクション作家の柴田錬三郎が名高い。慶応大に進学し、51年に直木賞を受賞した。戦国、幕末を扱った作品が多く、剣客ブームを巻き起こした。

芥川賞作家の母・吉行あぐり

97年度上半期のNHK連続テレビ小説『あぐり』のモデルになった美容師の吉行あぐりが一女の卒業生だ。夫のダダイスト詩人・吉行エイスケ（旧制岡山県立第一岡山中・現岡山朝日高校中退）との間に、芥川賞作家の長男吉行淳之介（東京・旧制私立麻布中学・現麻布高校卒）、女優の長女吉行和子（東京・私立女子学院高校卒）、芥川賞作家の次女吉行理恵（同）が生まれた。

あぐりは15年1月に、107歳の長寿をまっとうした。和子はテレビ、映画で活躍中だ。

戦後を代表する詩人の一人である飯島耕一もいた。翻訳家としても活躍した。

吉行あぐり

幻想文学作家の山尾悠子、小説家の原田宗典、ノンフィクション作家の小野俊哉らもOG、OBだ。

グラフィックデザイナーの原研哉は前述の山口二郎、原田宗典と同期生だ。世界各地で企画展示や個展を開催するなど今、最も注目されているデザイナーの一人だ

デザイナーの春名憲治は、心臓病など身体内部に障害を持つ人が周囲に理解されないことが多いため、一目でわかる「ハート・プラス」マークを考案した。春名自身も重い心臓病を持って生まれてきた。

ガラス工芸作家の有松啓介、ファンタジーな油彩画が得意な角南育代もいる。

音楽では、作曲家、編曲家の川口真と小六礼次郎、トロンボーン奏者の栗田雅勝、作曲家の平田祥一郎、ロック歌手の甲本ヒロトらがいる。

芸能では、お笑いタレントの大森うたえもん、俳優の山本康平、DJパーソナリティの植松哲平らがいる。

企業メセナのベネッセHD

経済人では、ベネッセHD前会長の福武總一郎が卒業している。父親が創業した福武書店の2代目経営者で、教育（「進研ゼミ」）、出版、通信販売事業などで急成長させた。

企業メセナにも力を注ぎ、財団を通じて香川県・直島に地中美術館を設立した。東京大・本郷キャンパスに「情報学環・福武ホール」を寄付したりしている。そのベネッセHDで社長・副会長を務めた福原賢一もOBだ。

110余年の歴史を持つ木下大サーカス（岡山市）の4代目社長・木下唯志もOBだ。明治大卒後にサラリーマンにならず、家業のサーカス業に就いた。

空中ブランコから落ち怪我をしたこともあった。大赤字が続いたが、経営の才を発揮して、同社を安定した興行会社に育て上げた。

石橋鋏子は、NPO（特定非営利活動）法人の「リブ&リブ」（東京・練馬区）を立ち上げ、独り住まいの元気なシニアと大学生との共同生活を仲介する事業をしている。

スポーツで活躍したOB、OGもいる。

国内外の陸上競技大会で、100、200メートル、走幅跳びなどの公認世界記録を樹立し、日本女性として初の五輪メダリストとなった人見絹枝が一女卒だ。

五輪メダリストの人見絹枝

一女時代はテニス選手だったが、その後、陸上競技選手となり毎日新聞社に入社した。28（昭和3）年のアムステルダム五輪に出場し、800メートルで銀メダルを取った。男女を問わず日本人の五輪トラック競技でのメダリストは、08年の北京五輪（男子400メートルリレーで銀）まで80年間も出現しなかった。

人見絹枝

人見は31年に24歳で、肺炎のため若死にした。岡山操山高校の中庭に人見絹枝像がある。

14年にはプロボクシングで世界王者になった女性が出た。池山直《なお》で、世界ボクシング機構（WBO）のアトム級（上限46・2キロの女子軽量級）王座決定戦でフィリピン選手に判定勝ちし、公認チャンピオンになった。池山は当時、44歳で、男女を通じ国内史上最年長の世界王座獲得だった。

元日本バスケットボール協会会長の尾崎正敏が卒業生だ。岡山操山高校-早稲田大で選手として活躍し、その後、全日本チームや女子チームのコーチ、監督として指揮をとった。

小林晋はライフル射撃選手で、08年の北京五輪に出場した。

西大寺高校

岡山県立　岡山市東区

岡山市の東部にある西大寺（高野山真言宗）は、「会陽《えよう》」と呼ばれる「裸祭り」が「天下の奇祭」として知られている。

そのすぐ近くにある西大寺高校は、旧制の県立西大寺高等女学校と西大寺中学校が、戦後の学制改革で統合されてできた。西大寺高女の前身である西大寺町立高等女学校が開校した1906（明治39）年を、西大寺高校の創立年としている。

文武両道をモットーとし、自由でおおらかな校風だ。普通科、商業科、国際情報科の3学科がある。

国際情報科がユニーク

国際情報科は1999年に設置された。岡山県内では西大寺高校しかない。同じタイトルの学科は、全国でも4校のみだ。インターネットや英字新聞、雑誌など様々な題材を用いた授業を行っている。

大学入試では毎年度、浪人も含め約50人が国公立大学に合格している。19年春は、岡山大13人、広島大1人だった。

卒業生には、東京・霞が関の中央官庁で特異な光彩を放った官僚がいる。

小長啓一

通商産業省（現経済産業省）のキャリア官僚として入省し、通産相秘書官、首相秘書官として約3年半、田中角栄（東京・私立中央工学校夜間部卒）に仕えた小長啓一だ。

田中は通産相時代に国土開発を推進する「日本列島改造論」を発表した。田中のレクチャーを聞いて論文のまとめ役をしたのが小長だった。

首相の田中を再評価する関連書籍やテレビ特番が、この数年、相次いだ。同時に小長の存在もクローズアップされた。小長は通産事務次官になり、退官後はアラビア石油社長などを歴任した。

　元検事総長の吉永祐介も、旧制西大寺中学の卒業生だ。76年のロッキード事件で主任検事を務め、元首相・田中を5億円の受託収賄罪などで逮捕、起訴し、「ミスター検察」と呼ばれた人物だ。

　吉永は東京地検特捜部に計13年8カ月在籍し、79年のダグラス・グラマン事件を特捜部長として指揮するなど多くの事件を手がけ、「現場派検事」の代表とされた。検事総長まで上りつめ、13年6月に死去した。

　小長と吉永はともに、5年制の西大寺中学を4年で終了し、「四修」といわれる秀才だった。48年に旧制六高に進み岡山大卒の同期だ。

小長啓一と吉永祐介

　岡山大の卒業生が通産事務次官、検事総長に就いたのは初めてだった。この意味で二人は、霞が関の世界では異色だった。さらに同じ高校の卒業生として、田中角栄と全く違った角度から関わったことは、ほとんど知られていない。

　新制西大寺高校1期生の奥山雄材も岡山大出身で、郵政省の事務次官になった。退官後はKDDIの初代社長などを歴任した。

　近藤純五郎は、初代の厚生労働事務次官を務めた。

　文芸では、西大寺高女卒の時実新子が川柳作家、随筆家として知られた。

　50年以上、パリを拠点に活動している洋画家の赤木曠児郎が、OBだ。赤い線で描くパリの街角風景は「アカギのパリ」と呼ばれている。

　部活動は活発で、剣道、フェンシング、バドミントン、空手道、放送文化、書道、ダンスなどが、全国大会に出場している。とりわけ剣道部が強く、有力選手を輩出している。

　剣道範士で、事実上の最高位である八段の有馬光男がいる。大阪府警に進み、全日本選手権大会に9回出場し、2位1回、3位3回の記録を残している。

　女子では、稲垣恵理が剣道世界選手権個人3位、鹿屋体育大から岡山県警に進んだ小津野祐佳が全日本剣道選手権大会で優勝2回などの戦績がある。

倉敷青陵高校

●岡山県立 ●倉敷市

瀬戸内海沿岸にある人口48万人の街・倉敷。江戸時代には幕府の直轄地「天領」で、物資の集積地だった。その名残から白壁、赤レンガの美観地区が広がり、大原美術館などもあって観光スポットとして有名だ。

その近くに、倉敷青陵高校がある。「青陵」とは、永遠の理想を追求する青春の陵《おか》、という意味だ。戦後の学制改革で新制高校に衣替えされた時に命名された。

前身は、倉敷高等女学校と倉敷中学校。高女の方がはるかに古く、ルーツになった精思女学校は1908（明治41）年の設立だ。

「知・徳・体の円満な発達を図り、激動の時代を生き抜くたくましい人間を育成する」を「本校のミッション（使命）」として掲げている。

大学入試実績はこの数年、めきめき向上している。毎年春の入試では、国公立大学に現役だけで約200人が合格する。これは卒業生総数の60％強にあたる。

浪人も含めた2019年春の実績は、東京大3人、京都大8人、東京工業大1人、大阪大8人、神戸大9人、九州大14人、地元の岡山大47人などだ。

森和俊

難関大の合格者を増やすために「青藍会」という名の教員による支援チームをつくっており、その成果が出ている。

ノーベル賞候補の森和俊

卒業生には、ノーベル医学生理学賞受賞の期待がかかる学者がいる。京大教授で分子細胞生物学が専門の森和俊だ。細胞内で合成されたタンパク質の品質保持システムを解き明かしたとして、14年にラスカー賞を受賞した。

ラスカー賞は米国で最も権威あ

る医学賞で、受賞者の2割以上が数年後にノーベル賞を受けている。12年にノーベル医学生理学賞を受賞した京大教授の山中伸弥（大阪教育大学附属高校天王寺校舎卒）も、09年にラスカー賞を受賞している。

学者・研究者ではさらに、皮膚科学と免疫学が専門で川崎医科大学長を務めた植木宏明、消化器外科学の溝手博義、西洋政治史の土倉莞爾、日本近代文学の林正子がOB、OGだ。

経済界では、シャープで社長、会長を務めた片山幹雄がいる。東大工学部卒後にシャープに入社した。07年に49歳で社長に就任し、液晶事業で拡大路線を突っ走った。

しかし中国などの追い上げで市況が悪化し、巨額の赤字を出して12年4月に社長を引責辞任した。

シャープ元社長の片山幹雄

シャープは16年に、台湾の鴻海精密工業に買収され外資系企業の傘下となった。片山はその原因を作った人物だ。しかし片山は、14年に日本電産にスカウトされ、代表取締役副会長執行役員（CTO＝最高技術責任者）として第一線にカムバックしている。

現職・元職が混じるが、矢尾弘（三菱マテリアル）、岡本一郎（日本軽金属HD）、新見健（岡山県貨物運送）、石部修平（荒川化学工業）らもOBだ。

中村泰典は、NPO（特定非営利活動）法人「倉敷町家トラスト」の代表理事で、倉敷の伝統的建造物群の景観の保存や再生などに情熱を燃やしている。

漫画家では、中山星香と夏也園子がOGだ。松井えり菜は現代美術家だ。

音楽では、ピアニストの阿部篤志と松本和将、ボーカリストでピアニストの伊沢一葉らがいる。

芸能では旺なつきが14年に、優れた舞台公演に贈られる紀伊国屋演劇賞を受賞した。

お笑い芸人でライターの水道橋博士も、OBだ。

スポーツでは吉備国際大学長をした窪田登が、60年のローマ五輪でウエートリフティングに出場している。

元サッカー選手の黒田和生は、チャイニーズタイペイ（台湾）のサッカーU13／U18の代表監督として、若手の育成に努めている。

福山誠之館高校

●広島県立　●福山市

広島県の東端に位置し、県内2番目の47万人の人口を擁する福山市。江戸時代中期から、福山藩阿部家11万石が領する城下町だった。

幕末には英明の藩主とうたわれた7代阿部正弘がいた。江戸幕府で老中首座の要職を務め、ペリーの来航に対峙した人物だ。

その阿部正弘は1855（安政2）年に、藩校誠之館を開いた。福山誠之館高校のルーツはそこにある。

藩校以来の史料6000点

藩校時代の玄関が「誠之館記念館」として残されている。藩校以来の史料6000点が校内の歴史資料室に保管され、一般公開されている。

学制改革で1948（昭和23）年に、旧制中学から男女共学の新制高校に衣替えされた。現在では女子の方が若干多い。

「館」を名のる高校の多くは、江戸時代の藩校を襲名している。米沢興譲館高校（山形県立・米沢市）、時習館高校（愛知県立・豊橋市）、修猷館高校（福岡県立・福岡市）、伝習館高校（同・柳川市）などだ。「館」がつくと格調高く響く。

東京都文京区の東京大近くには区立誠之小学校がある。1875（明治8）年設立の名門小学校で、女性解放運動で知られる平塚らいてう（東京女子高等師範学校附属高等女学校・現お茶の水女子大学附属高校卒）や小説家の宮本百合子（同）が卒業している。この「誠之」も、福山藩の江戸中屋敷跡に建てられたことに由来する。

福山誠之館高校の校訓は「文武一致」。阿部正弘公の『御諭書』の中にある文言だ。標語として「高い学力」と「自主・自立」を掲げている。

現役志向が強く、95%が現役で大学進学する。

19年春の大学合格実績は浪人も含め、大阪大4人、神戸大5人、九州大13人だ。地元に近い広島大、岡山大には各18人が合格している。

国公立大合格者は現役だけで164人だった。これは卒業生数の約60％に当たる。

学者、教育者として名を成した卒業生が多い。

英文学者、随筆家で、文化功労者に選定されている福原麟太郎、やはり文化功労者で社会思想家の森戸辰男がいた。森戸は衆院議員、文相、広島大学長などを務め、教育界の大御所的な存在だった。

経済学者である力石定一は、早くから自然エネルギーの基盤整備、エコロジカルな公共事業への転換を訴えてきた。

動物生態学者で京都大教授だった宮地伝三郎は、日本モンキーセンター（愛知県犬山市）の所長を務めた。京都大の「サル学」研究の基礎を築いた。

医学者では、国際医療ボランティア組織であるNGO「AMDA」（アムダ・本部＝岡山市）を立ち上げた菅波茂（前理事長）がいる。菅波は岡山とクアラルンプールの両方を拠点に、活動を続けている。

現在活躍中の学者では、国際政治学者でロシア問題の第一人者として論壇によく登場する袴田茂樹がいる。東大・哲学科を経てモスクワ国立大大学院に留学した。

袴田茂樹

言語学者で、中米文化史を専門とする八杉佳穂もいる。国立民族学博物館教授を務め、マヤ文字の研究をした。

さらに、日本の電気通信学の草分け・浅野応輔、生命学の永井潜、建築学の田中喬、建築環境工学の藤井厚二、心臓外科医の佐野俊二、電気通信大学長をした博田五六、機械工学が専門で拓殖大学長をした坂田勝、血管外科学が専門で川崎医科大学長をした勝村達喜、作物栽培学者で東京農工大学長を務めた近藤頼巳、民法学者で神戸学院大学長をした岡田豊基らが卒業生だ。

文化勲章の井伏鱒二

小説家では、戦前に『ジョン萬次郎漂流記』で直木賞を受賞し、66（昭和41）年に文化勲章を受章

井伏鱒二

した井伏鱒二が旧制の卒業だ。16年には中学時代の同級生に送った未公開の書簡162通が見つかった。「鱒二」という筆名は、釣り好きだったことによる。

長年にわたって、直木賞、芥川賞の選考委員を務めた。

劇作家の小山祐士、推理作家の島田荘司、漫画家の満田拓也もOBだ。

昭和時代に語気鋭い政治評論で鳴らした藤原弘達が旧制の卒業だった。

音楽では、ジャズクラリネット奏者の藤家虹二や、大正から昭和期の童謡詩人、童謡作曲家で『村祭』や旧制福山中校歌などが残る葛原しげる、民謡研究家の藤井清水らがOBだ。

福山藩では藩お抱えだった能楽師の家が途絶えたため、藩士であった大島家が師匠のあとを継いだ。シテ方喜多流で、大島七太郎、その息子の寿太郎、さらにその息子の久見がそろって卒業生だ。大島久見は国の重要無形文化財「能楽」の保持者だった。

工業デザインの栄久庵憲司

栄久庵憲司は、日本の工業デザインの第一人者だった。東京府立第五中学（現都立小石川中等教育学校）―海軍兵学校―旧制福山誠之館中学―東京五中と移り、東京芸大に進んだ。日本画家の塩出英雄、映像作家の中野裕之もOBだ。

パリを拠点に活動している舞踏家のMiyoko・Shida（志田美代子、1978年卒）は、13年にスペインで放映されたテレビ番組「あんたはスゴイ!」（邦訳）で、神業パフォーマンスを披露した。その模様がインターネットのユーチューブで話題になり、1000万PV（視聴回数）を記録した。

経済界で活躍した卒業生では、ニッカウヰスキーの2代目マスターブレンダーで、社長、会長を務めた竹鶴威がいた。NHKの14年度下半期の朝ドラ『マッサン』は、威の義父でニッカの創業者・竹鶴政孝（旧制広島県立忠海中学・現忠海高校卒）をモデルにしている。

河内源一郎は「近代焼酎の父」と言われている。1920年代から40年代にかけ、焼酎の品質を飛躍的に向上させた「河内菌」を発見した。

キヤノンの会社名の由来

吉田五郎は、キヤノンのルーツである精機光学研究所の創業者だ。カメラを分解し組み立てるというカメラ少年で、旧制中学を学業半ばで中退し高級カメラ作りに情熱を燃やした。観音教信者だったため、試作品を「カンノン」と名づけた。これが会社名の由来だ。

東京駅前にある八重洲ブックセンターは鹿島建設グループに属するが、鹿島副社長をした河相全次郎はブックセンターの初代社長を務めた。3歳下で誠之館後輩の徳永巌も開設を担当し、のちに社長となった。

広島銀行頭取をした井藤勲雄は、同行創業100周年の記念事業としてひろしま美術館を設立した。

大平駒槌は、大正から戦前にかけて住友支配人、別子所長、満鉄副総裁などを務め、住友財閥の重鎮だった。井上角五郎は日本製鋼所を設立した。

企業のトップとなった卒業生は他に、稲葉侃爾（中国銀行）、守分勉（同）、三谷一二（三菱鉱業＝現三菱マテリアル）、藤井崇治（電源開発）、小林政夫（日東製網）、山本謙（宇部興産）、若林辰雄（三菱UFJ信託銀行）らがいる。

政界で活躍した人物としては、昭和時代に参院副議長をした重政庸徳と、その弟で農林相をした重政誠之がいた。

官僚では、運輸事務次官をした荒木茂久二が昭和海運社長や帝都高速度交通営団総裁を、文部事務次官をした木田宏が新国立劇場運営財団理事長を、内務次官をした挟間茂は日本住宅公団総裁を務めた。

地元・福山市の市長を務めた卒業生は、前述の三谷一二に加え、小林和一、徳永豊、立石定夫、中川弘がいる。

法曹界では、裁判官・門田実の名が残っている。国鉄三大ミステリー事件の一つである松川事件が49年に起きた。門田は、仙台高裁判事の61年に松川事件差し戻し後の控訴審裁判長を務め、被告全員に無罪の判決を下した。その後、最高裁で無罪が確定した。

広島国泰寺高校

●広島県立　●広島市中区

広島県内でもっとも古い歴史を誇る公立高校だ。１８７７（明治10）年に旧制の広島県中学校として創立された。

その後、県立広島第一中学校という校名が長かったことから「広島一中」の略称で市民に親しまれてきた。

東京府立一中（現都立日比谷高校）、京都府立一中（現京都府立洛北高校）などと並ぶ「一中伝統校」の一つだ。

戦後の学制改革で一時、鯉城高校と改称されたが、すぐに所在地のある町名から広島国泰寺高校と改められ男女共学になった。「鯉城」と呼ぶ同窓会の活動が活発だ。

広島県の公立高校は１９５６（昭和31）年以降、40年以上も総合選抜制度を順守した。生徒は進学する高校を自由に選べないため、優秀な生徒は私立や国立高校になびき、公立高校は必然的に地盤沈下した。

ただし広島国泰寺高校は近年、積極的な学校改革に取り組んでいる。「旧制一中以来の人間教育を受け継ぎ、社会の至宝となるべき有為の人材を育成する」ことをミッションとして掲げている。

「WWL」の指定校

文部科学省は19年度から、国際教育に力を入れる高校を支援する「ワールド・ワイド・ラーニング（ＷＷＬ）」事業を始めた。全国で10高校が指定されたが、広島国泰寺高校もその一つに選ばれた。

校訓は「質実剛健」「礼節気品」「自治協同」だ。

国公立大への現役合格率は60％弱で、生徒の９割以上が部活動に参加している。２０１９年春の合格実績は現役、浪人合わせ、京都大、一橋大各1人、大阪大５人、地元の広島大に27人などだ。私立大には早稲田大７人、慶応大２人だ。

45（昭和20）年8月6日午前8時15分、1発の原爆で広島市は廃墟と化した。爆心地から800メートルしか離れていなかったこの学校も火の海となり消滅した。生徒351人、教職員15人が犠牲になった。正門横に「追憶の碑」と「原爆死没者の碑」がある。

　卒業生でもっとも著名なのは、新制ではファッションデザイナーの三宅一生、旧制広島一中では陸上競技の織田幹雄であろう。

　三宅は高校時代、美術部に属し、多摩美術大に進み在学中に装苑賞佳作を受賞するなど頭角を現した。欧米を舞台に活躍し、「一枚の布」で身体を包む独特のデザインでブランドを確立した。2010年に文化勲章を受章した。

三宅一生

初の五輪金メダル・織田幹雄

　織田は早稲田大に進学し、28（昭和3）年のアムステルダム五輪「三段跳び」で金メダルをとった。これが五輪における日本人初の金メダルだ。以来、「日本陸上界の父」といわれ、JOC（日本五輪委員会）委員をするなど活躍した。

　創業経営者として成功した卒業生が多い。4人を挙げよう。

織田幹雄

　矢野博丈は、「100円SHOPダイソー」で知られる大創産業の創業社長だ。通称「ヒャッキン」と呼ばれるこの業界の草分けだ。

　松尾孝は、広島一中を卒業後、柿羊羹造りの家業を引き継ぎ、「かっぱえびせん」「ポテトチップス」などで大当たりしたカルビーを創業した。

　久保道正は家電量販店大手のエディオン・グループの前身である第一産業を創業した。原爆の爆風で倒壊した家の下敷きになるが奇跡的に救出され、戦後にラジオ部品の卸売業からスタートした。

　上質なシャツを低価格で売る「鎌倉シャツ」を創業（会社名はメーカーズシャツ鎌倉）した貞末良雄は、製造から販売まで単一の業者が行うSPA（製造小売業）

で、成功している。

大企業の経営者では、住友財閥に入社し終戦後初めての住友銀行頭取になった鈴木剛、東映社長などをして「日本映画界のドン」といわれた岡田茂がいた。

さらに、鈴川貫一（中国電力）、伊藤信之（広島電鉄）、田部文一郎（三菱商事）、八木直彦（日本製鋼所）、藤田一暁（藤田組）、井上義国（大阪金属工業・現ダイキン工業）、宮内正喜（フジ・メディアＨＤ）らも卒業生だ。

山本実一と山本朗父子は、中国新聞社の社長を務めた。

山崎芳樹は、生え抜きで初のマツダ(旧東洋工業)のトップになった。広島商工会議所会頭なども務めた。

一中時代からサッカー部選手で、東洋工業蹴球部を作り、監督兼選手として活躍した。これがのちに、プロサッカーチームのサンフレッチェ広島となった。

政治家では、戦前に商工相などをした伍堂卓雄（中退）、蔵相などをしてA級戦犯として服役したが復帰し、自民党右派として鳴らした賀屋興宣がいた。衆院議長をした灘尾弘吉も卒業生だ。

広島は、日清戦争の間には大本営が置かれるなど軍都だった。このため広島一中の卒業生で軍人になる者も多かった。神風特別攻撃隊の考案者の一人である源田実は戦後、自衛隊の航空幕僚長として復帰した。参院議員になり防衛問題でメディアによく登場した。

学者では、金属物理学の増本量が文化勲章を受章している。旧制広島中学に入学したものの家が貧しく、中退した。働きながら私立修道学校（現広島市・私立修道中高校）の夜間部で学んだ。

長男の増本剛、次男の増本健とも金属材料学者で、健はアモロファス金属工学の創始者だ。兄弟とも宮城県立仙台第二高校卒で、3人とも東北大教授を務めた。

小麦の染色体数を発見

遺伝学者の坂村徹は、世界で初めて小麦の正しい染色体数を発見した。国文学者の扇畑忠雄は、アララギ派の歌人として知られる。

経済学者の伊東壮は山梨大学長をする一方、日本原水爆被害者団体協議会代表委員を務め平和運動家としても活動した。

科学史家の中山茂は、時代の大

転換を示す「パラダイムシフト」という概念を、翻訳を通じて日本に紹介した。

富士川游は戦前の学者だが、日本医学史研究の道を開いた。

耳鼻咽喉科医の原田康夫は、重力を感じる耳石の代謝の仕組みを世界で初めて明らかにした。広島大学長を務め、テノール歌手としても鳴らし「歌う学長」として親しまれた。

原爆ドームのすぐ近くで島外科（現島外科内科）病院を開業していた島薫は、被爆により80人余の職員と入院患者を亡くした。島本人は、出張診療で広島市外にいたため難を逃れた。

文化人では、明治から昭和にかけて小説家、児童文学者として知られる鈴木三重吉が卒業している。児童文芸誌『赤い鳥』を創刊し、文壇の著名作家に執筆を依頼し多くの児童読み物を世に出した。

洋画の南薫造、日本棋院初代理事長を務めた瀬越憲作も、旧制広島一中卒だ。

毎日新聞記者出身のノンフィクションライター・関千枝子、書道家の原紺通子は広島国泰寺高校移行後のOGだ。

本の装丁画が得意なイラストレーターの松尾たいこと、小説家の沢村凜は、63年生まれの広島国泰寺高校同級生だ。

映画監督、演出家の長石多可男と窪田崇、スポーツジャーナリストの義田貴士は第一線で活躍中だ。

広島国泰寺高校は旧制時代からスポーツが盛んだった。蹴球部はすでに創部100余年で、日本代表になった選手を10人以上も出している。

サッカー界で尽力

その内の一人、野津謙は、第4代日本サッカー協会会長をした。

三菱自動車工業の会長をした岡野良定はサッカー部を創設し育成した。さらに三菱自工が、Jリーグの浦和レッズの主力スポンサーになることに尽力した。

日本水泳連盟会長をした藤田明は広島一中で水泳部を創部し、旧制の早稲田高等学院に進学し水球の名選手となり五輪にも出場した。

広島一中野球部は1915（大正4）年の第1回全国中等学校優勝野球大会（今の夏の甲子園大会に相当）に出場した記録を持っている。出場したのは10校のみだ。

三次高校

広島県立　三次市

中国地方のほぼ真ん中に位置し、北部に中国山地を見上げ、南は平たんな農業地帯の三次市《みよし》。広島県北部の中心都市だ。

「県北の雄」と、誇っている高校だ。ルーツとなった広島県第三尋常中学校（のちに三次中学校と改称）の創立は1898（明治31）年だった。戦後の学制改革で、三次高等女学校と統合され、男女共学の新制三次高校となった。

略称は「三高《さんこう》」。「誇りある三高・逞しい三高」がキャッチフレーズだ。

校訓は「一校一和」、つまり心を一つにして頑張ろうということだ。「文武両道の精神溌剌たる」校風だ

「ぶんちゃん」という名のイメージキャラクターが、つくられている。生徒の応募作品の中から審査され、決まった。

国際交流教育に力を入れている。修学旅行を通じて台湾の新竹高級中学と交流している。米国のハービー校（ニューヨーク州）とは、相互交流をしている。

「県北の雄」を誇る三高

中国地方の地方都市は過疎化が急速に進んでいる。三次市の周辺人口もこの30年で約20％減った。三次高校の生徒数は、1学年7クラスから現在は5クラス、3学年で約600人になっている。女子の方が若干多い。

自宅から通学できない生徒のために、学校から歩いて3分ほどの所に男子寮、女子寮が完備されている。計80人ほどが、寮住まいだ。

ほとんどの生徒が、現役で大学や専門学校に進学する。毎年春の大学入試では現役、浪人合わせ、九州大、広島大、岡山大など国公立大に約80人が合格する。中国山地をまたいで島根大に進む生徒も多く、例年、10人前後が合格している。

部活動は活発で、約90％の生徒が加入している。水泳、レスリン

グ、体操、囲碁将棋などが、全国大会によく出場する。
　2020年夏に2度目の東京五輪が開催されるが、年配者の脳裏に焼きついている人物がいる。陸上選手の坂井義則だ。

　早稲田大競争部1年だった1964年10月10日、東京五輪の開会式でメイン会場となった国立競技場で聖火リレーの最終走者を務めた、あの人物だ。長い階段を駆け上がって聖火台に点火する坂井を映したビデオ映像が、繰り返しテレビで流されている。

坂井義則

　坂井は、広島に原爆が投下された45年8月6日に三次市で生まれ、三次高校を卒業した。66年のアジア大会〈バンコク〉の陸上400メートルで2位、1600メートルリレーで優勝した。

　大学卒業後はフジテレビでスポーツ報道などに携わった。14年9月に69歳で死去した。

　金メダリストも出ている。競泳選手の金藤《かねとう》理絵（1988年生まれ）だ。リオデジャネイロ五輪の200メートル平泳ぎで、2分20秒30で優勝した。

金藤理絵

金メダリストの金藤理絵

　金藤は、高校総合体育大会の200メートル平泳ぎで優勝し、頭角を現した。東海大に進学し、08年の北京五輪では同種目で7位だった。その後は伸び悩み、ロンドン五輪は代表入りを逃した。

　しかし、あきらめずに挑戦を続け、16年4月の日本選手権で2分20秒を切る世界1位のタイムを出し、五輪切符を手にした。リオ五輪では、女性で初めて競泳チームの主将として出場した。

　野球部は、学校設立のすぐ後の、1900年創部という伝統がある。夏の甲子園大会の広島県大会では2度、準優勝しているが、甲子園出場はあと一歩で逃している。

　プロ野球選手では、17年まで広

島東洋カープの内野手だった梵（そよぎ）英心がOBだ。06年度にはセ・リーグ新人王を取った。

昭和期に東映、近鉄で監督をした岩本義行は、三次中学から2年時に旧制私立広陵中学（現広陵高校＝広島市）に転校した。

中重勝《なかしげ》はライフル射撃選手で、アトランタなど五輪に3度、出場している。

専修大学3年生だった河名真寿斗は、15年8月にブラジルで開催されたレスリングの世界ジュニア選手権大会のグレコローマンスタイル60キロ級で3位に入賞した。

「文」でも、著名な卒業生が巣立っている。

アララギ派の歌人で、明治末から昭和初期にかけて約3000首を詠んだ中村憲吉が旧制卒だ。三次市の酒造家の生まれで、在校中に校友会誌「巴峡《はきょう》」に寄稿して文才を開花させた。

大阪毎日新聞の経済記者などを経て、「アララギ」に参加、のちに日本を代表する歌人になった。三次市内に中村憲吉記念文芸館がある。

新制になってからは、歌誌「コスモス」などで老人介護問題をテーマにした歌を詠んでいる桑原正紀が卒業している。09年には『棄老病棟』で短歌研究賞を受賞している。

こうした先輩を輩出していることから、三次高校では毎月2回ほど、短歌の時間を設けている。

また毎年、「三次高校全国短歌大会」を主催しており、19年度で12回目を数える。小中高校生から1万首を超える短歌の応募がある。優秀な作品には中村憲吉青春短歌賞が贈られる。

「短歌大会」を主催

「全国」と銘打っているが、実際に応募してくる学校は広島、岡山県が中心で、あとは愛媛県、宮城県の高校生がいる程度。まだ知名度は高くない。応募する高校生がさらに増えることを期待している。

文芸では、劇作家、評論家の倉田百三の名が高い。大正時代に書いた戯曲『出家とその弟子』が当時の青年たちに熱狂的に支持され、ベストセラーになった。

三次中学では、中村憲吉の実弟でのちに医師となる香川三之助と親友になり、「巴峡」に寄稿している。首席で卒業したが、学校側から素行不良とみなされ、首席者は校旗を持って記念撮影されるという慣行を、倉田の場合は適用されなかった。

活躍中の小説家では、『浪人若さま新見左近』シリーズなどで人気の佐々木裕一がいる。当初は架空戦記モノが多かったが、この10年で時代小説にも手を広げている。

小説家の森下多恵子もいた。

学者・研究者では、東洋史学者で京都大教授を務め中国の近代思想史を研究した島田虔次、昭和期の経営学者で明治大総長、札幌大学長を務めた佐々木吉郎、仏教古文書学の中尾堯らがいた。

医師で消化器外科学が専門の浅原利正は、前広島大学長だ。経営学者の児玉正憲は広島修道大学長を務めた。

「コシヒカリ」の種モミを開発

農林技官だった高橋浩之は、全国の水田で育てられているコシヒカリの淵源となった種モミを開発した。三次中学―旧制広島高校―九州大農学部という学歴で、育種学を専攻した。新潟県農事試験場に勤務し、敗戦直前にコシヒカリの始まりとなる種モミを収穫した。

検察官出身の弁護士で刑法学者でもあった正木亮《あきら》は、戦後に帝銀事件などの刑事事件で被告側の弁護人を務めた。

弁護活動の傍ら死刑廃止論を社会運動として展開した。犯罪者の矯正問題にも取り組んだ。

竹河内捷次は航空自衛官出身で24代統合幕僚会議議長をした。

倫理学者の森滝市郎は原子爆弾に被爆し、右目を失明した。この体験から原水爆禁止運動に取り組み、昭和時代の日本の反核運動の中心的な存在になった。核の軍事、平和利用の両方に反対し、「核と人類は共存できない」と訴えた。

企業経営者では、藤井深造が戦後に3分割された三菱系の重工会社を64年に合併させ、三菱重工業の初代社長に就いた。

住田正一は戦後に呉造船所社長を、八谷泰造は日本触媒化学工業を創業した。

野村秀雄は敗戦直後に朝日新聞社代表を務め、その後、熊本日日新聞社、NHK会長を歴任した。

「笑顔を描くアーティスト」を自称する福間美保、写真家の阿野汎邦、俳優、モデルの長谷部成彦がOBだ。

忠海高校

広島県立●竹原市

「ただのうみ」高校という。広島県の南西部にある竹原市は瀬戸内海に面し、製塩業や交通の要衝として古くから栄えていた。その竹原市の、まさに瀬戸内海に接する忠海地区に1897（明治30）年に開校した公立豊田尋常中学校を前身とする。

県第四中学、県立忠海中学と変わり、戦後の学制改革で旧制の県立忠海高等女学校と統合し、1949（昭和24）年に男女共学の忠海高校となった。

校訓は、旧制時代から受け継ぐ「質実剛健　公明正大　進取向上　自治協同」だ。

校是として「矜持　協働　貢献」を掲げている。

校内には、天然記念物として知られるトキ、ツシマヤマネコなど多数の剥製や標本を展示している自然史博物館がある。大森貝塚を発見したモースの弟子だった初代校長の種田織三が収集した物や、生徒と一緒に海辺で網を引いて海洋生物の採集をした物だ。

旧制の創立以来、校地は変わっていない。校舎からは瀬戸内の多島美を眺望できる。自然環境に恵まれた絶好のロケーションだ。

ただ、竹原市は人口減が激しい。とりわけ忠海地区は高齢化が進んでいる。戦前の旧制忠海中時代、例えば1940年の生徒定員は1000人だったが、現在は3学年で200人強に過ぎない。

かつては難関大学に着実に合格者を出していたが、最近は山口大など国公立大の合格者は数人程度だ。多くは広島市内などの私大に進んでいる。

卒業生には、ビッグネームが並んでいる。

所得倍増計画の首相・池田勇人

昭和時代の1960年代前半に、4年4ヵ月弱、首相を務めた池田勇人がOBだ。所得倍増計画を打ち出し、日本の高度成長の進展に大きな役割を果たした人物だ。

忠海中—旧制五高（熊本）—京都帝大と進み、大蔵官僚から政治家になった。

日本画家で文化勲章を受章した平山郁夫も卒業生だ。旧制私立修道中学（広島市、現修道中・高校）3年在学中に原子爆弾投下により被災し、実家に近い忠海中に転校した。

日本画の平山郁夫

東京美術学校（現東京芸術大）に進学し、2度にわたり東京芸大学長を務めた。

平山郁夫

「日本のウイスキーの父」と呼ばれ、ニッカウヰスキーの創業者である竹鶴政孝も卒業している。14年度下半期に放送されたNHKの朝の連続テレビ小説『マッサン』の主人公のモデルとなった人物だ。

缶詰、ジャム類を製造しているアヲハタの創業者である廿日出《はつかで》要之進もいた。

華道家で、いけばな安達式挿花創流者の安達潮花も卒業生だ。

岡山理科大、倉敷芸術科学大などを擁する加計学園グループの創設者である加計勉も旧制時代の卒業だ。

18年4月には、岡山理科大の獣医学部が愛媛県今治市に開設された。グループは現在、勉の息子が理事長だが、息子は首相・安倍晋三（東京・私立成蹊高校卒）と親友であり、開校には首相の意向で文部行政がゆがめられたのではないかと、17～18年度に大きな政治問題になった。

学者では、固体地球物理学が専門の本蔵義守がいる。東京工業大副学長、文科省の地震調査委員会委員長などを歴任している。

東京新聞のコラムニストとして鳴らし、政治評論家として活躍した唐島基智三がOBだ。NHKの討論番組の司会も務めた。

脚本家の高橋玄洋は、平山郁夫と同級生だった。多くのテレビドラマを手がけ、NHKの連続テレビ小説1971年度の『繭子ひとり』では平均視聴率47・4％（関東地区、ビデオリサーチ調べ）の高視聴率を記録した。

広島皆実高校

●広島県立　●広島市南区

広島「みなみ」高校という。普通科のほか、体育科と5年一貫教育の衛生看護科・専攻科が各1クラス設置されている。

衛生看護科を持っている高校は広島県内ではここだけだ。

1901（明治34）年創立の県立広島高等女学校を前身とする。開戦直前に広島第一高等女学校と改称された。戦後の学制改革で新制高校になり、男女共学の総合制高校として広島皆実高校が誕生した。その時に校舎があった地名が「皆実」だった。

45（昭和20）年8月6日に原子爆弾が投下された。建物疎開作業中の第一高女の生徒および学校残留生徒計281人と教職員20人が死亡した。広島市中区の旧第一高女正門跡にその「追憶之碑」がある。

生徒、教職員約300人の死

旧高女の伝統に加え衛生看護科があることで、約1000人の生徒の内、7割が女子だ。

校訓は「勤勉　強行　責任　自由」だ。校是は部活動や課外活動を推奨する「一人一人の文武両道」だ。

皆実高校にはマスコットキャラクターがある。校章をもとに生徒がデザインした。校章は校歌の一節『柏に映ゆる新雪』に重ねてあるが、男子の剛健さを象徴する柏葉からその名も「かっしー」、あるいは女子の清潔さを象徴する雪の結晶から「ゆっきー」とネーミングされた。

2001年の創立100周年には、業者に依頼して本物（着ぐるみ）を制作、運動部の試合などに一役買っている。全国の自治体で「ゆるキャラ」ブームになっているが、それよりかなり前からの話だ。

「スポーツの皆実」として全国にその名をとどろかせている。ただし、女子高校以外のほとんどの高校にある野球部が、硬式、軟式とも無いのが特徴的だ。

14年度には全国高校総合体育大会（インターハイ）出場の選手59人はじめ、155人の生徒が全国大会に出場した。設置から二十余年になる体育科は、学校の体育活動で県のリード役を果す存在になっている。

インターハイでは、男子サッカー部が優勝（99年度）、女子柔道部が準優勝（05年）など上位進出の常連校だ。14年に卒業した福部真子はインターハイの100メートルハードルで3連覇した。

男子サッカー部は、08年度の全国高校サッカー選手権大会でも優勝している。

為末大が引退後も活躍

アスリートとして知名度が高い卒業生は、元陸上競技短距離選手の為末大だ。世界陸上選手権の2大会で400メートルハードルで銅メダルを獲得、五輪にはシドニー、アテネ、北京と3大会連続で出場した。400mハードルの日本記録保持者だ。

12年に現役引退後は、一般社団法人アスリートソサエティの代表理事になり、陸上競技の普及活動に情熱を傾け、スポーツコメンテーター、タレントとしてテレビなどに積極的に登場している。

15年3月末にはブータン五輪委員会の親善大使に就いた。

為末大

陸上競技では、奥迫政之もいる。96年の世界ジュニア陸上競技選手権シドニー大会に出場し、為末らとチームを組み4×400メートルリレーで銀メダルをとった。

浦野晃弘は高2の時に世界ユース陸上チェコ大会に出場しスウェーデンリレーで銀メダルをとった。

高女時代には、織田美佐子という三段跳びの有力選手がいた。28年のアムステルダム五輪三段跳びの金メダリスト（日本人初の五輪金メダリスト）である織田幹雄（広島県立広島中学・現広島国泰寺高校卒）の妹だ。

サッカーでは、14年のFIFAワールドカップのブラジル大会に日本代表として出場した森重真人（FC東京）はじめ、Jリーグ選手や指導者を十数人、輩出している。

木村孝洋、下田崇、山根巌、金本圭太、梅田直哉、的場千尋、朝日大輔、秦賢二、柴村直弥、小林優希、木村允彦、吉弘充志、らだ。

さらに、ボクシングの中広大悟、フットサルの瀬戸彬仁、バスケットボールの渡部真代、岡崎修司、柔道の藤田康恵らの有力選手が出ている。

酒井原良松は60年のローマ五輪のセーリングに出場している。

フォークとロックの吉田拓郎

音楽でも、著名な人物がいる。シンガー・ソングライター、作詞・作曲家の吉田拓郎だ。フォークとロックをJポップのメインストリームに引き上げた功労者だ。

吉田拓郎

高校時代からギターで作曲を始め、72年の『結婚しようよ』が爆発的なブームとなった。野外コンサート、ラジオの活用、CMソングなど様々な新しい道を開拓した。「拓郎」の名前どおりだ。

シンガー・ソングライターで、80年代後半～90年代初めにバンドブームの中心的な役割を果たした「ユニコーン」のボーカル・奥田民生もOBだ。

OGでは、ミュージシャン、ファッションモデルのMEGがいる。日本と仏英を股にかけて活動している。

高女出身では、ブルース歌手の二葉あき子がいた。戦前からの人気歌手で、NHK紅白歌合戦に51年の第1回から10年連続で出場した。11年8月に96歳で死去した。

高女出身ではさらに、女優の月丘夢路・月丘千秋姉妹もいる。2人とも宝塚歌劇団の出身で1920年代の生まれだ。

文芸では、高女卒で文化功労者に選定されている小説家の竹西寛子がいる。小説『兵隊宿』で川端康成文学賞を受賞している。

戦前に活躍した、童謡詩人の武内俊子もいた。『かもめの水兵さん』の作詞者として名を残した。

舞台美術の第一人者である堀尾幸男、脚本家の鴨義信、スポーツライターの堀治喜、「ひとり舞台」

の山田レイコらもOB、OGだ。

劇作家、演出家の村井志摩子もいた。

山田順子は、全国でも数少ない時代考証家だ。時代劇や歴史再現VTRなどで町並みや当時の暮らし方などが正しいかを精査し、指導する。制作に参加したテレビドラマ『JIN―仁―』は、江戸時代を忠実に再現した点でも人気となった。

日本画家の横田良作、漫画家の市川ヒロシ、落語家の古今亭菊志ん、TBSテレビのアナウンサー・久保田智子らも卒業生だ。

三井住友銀行の頭取・高島

経済界では、17年4月から三井住友銀行頭取に就いている高島誠がいる。京都大に進学して住友銀行に入行した生え抜きだ。

吉野家HD社長の河村泰貴がOBだ。皆実高校卒業後に吉野家の牛丼チェーンでアルバイトとして5年近く働き、93年に正社員になった。河村の前任である安部修仁（福岡県立香椎工業高校卒、49年生まれ）も、高卒でバイトからトップの座に登りつめた。

ブルボン社長の吉田康、中国新聞社社長をした今中亘もOBだ。

学者では、日本におけるCG（コンピュータグラフィックス）のパイオニアである西田友是、電磁流体力学が専門の大久保雅章らが卒業している。

見藤隆子は、東京大医学部衛生看護学科の1期生で、東京大で看護学の教授や千葉大で看護職初の国立大看護学部の学部長を務めた。日本看護協会会長にも就いた。

政治家では、参院議員（自民党）を2期12年間、務めた亀井郁夫がOBだ。19年5月に死去した。弟は衆院議員で運輸相、建設相、国民新党代表などを歴任した亀井静香（広島市・私立修道高校を中退し、東京都立大泉高校卒）だ。

大学入試では毎年度、広島大、山口大、県立広島大などの国公立大に現役、浪人合わせ約100人が合格している。難関大合格者は最近減っており、京都大合格者は1人にとどまることが多い。

衛生看護学科の専攻科（4、5年生）を終了した生徒は、04年度以降、看護師国家試験合格率100％を誇る。広島大病院など広島県内の病院に大半が就職し、医療活動に貢献している。

呉三津田高校

広島県立　呉市

広島県の南西部に位置し、瀬戸内海に面した呉市。人口は22万人で県内3番目だ。18年7月には豪雨災害に見舞われた。

明治時代に呉鎮守府・海軍工廠が置かれ、戦艦大和の建造が象徴する軍都となった。以来、戦前は帝国海軍、戦後は海上自衛隊の拠点となった。

1907（明治40）年に呉市立呉中学校として開校し、すぐに県に移管され29年に呉第一中学校と改称された。戦後の学制改革で呉第一高等女学校を前身とする呉白楊高校と統合され新制の呉三津田高校となった。三津田は周辺の地名だ。

呉市には戦前、多くの帝国海軍将校や幹部、造船技術者が居住した。近くには江田島の海軍兵学校もあった。このため、優秀な子弟たちが多数、呉一中に通っていた。

戦前から有数の進学校

呉一中の同窓会報によると、太平洋戦争開戦の直前、1940（昭和15）年卒の進学状況は、146人の卒業生のうち旧制高校には21人、旧制高等工業学校には36人、陸軍士官学校には15人、海軍兵学校には6人が進学している。

この数字は、呉一中の進学校ぶりを如実に示している。東京や大阪の旧制中学のナンバースクールに匹敵するような実績だ。

校訓は「質実剛健」だ。学校では、「果敢に挑戦して、自ら未来を起こせ」と生徒を鼓舞している。

部活動が盛んだが、放送部について特筆しておこう。2017年7月に行われた第64回NHK杯全国高校放送コンテストのラジオドキュメント部門で、「三津田の証」が、全国447作品の応募の中で優勝を勝ち取った。

19年春の大学合格実績では、卒業生数の約60％が国公立大に合格している。現役、浪人合わせ、東京大、京都大各1人、大阪大4人、九州大3人、広島大26人だ。私立大には、延べで早稲田大1人、慶応大3人が合格している。

知名度が高い卒業生を2人、紹介しよう。

シンガーソングライターの浜田省吾がいる。メディア露出は少ないが、60歳台後半になった現在でも全国公演を繰り返し、30代〜50代を中心にファンの心を着実にとらえている。「ロック＝英語」という規制概念に疑問を持ち、日本語による歌詞にこだわった。

もう一人は、早稲田大から読売ジャイアンツに入団し遊撃手として活躍、長嶋茂雄（千葉県立佐倉第一中学・現佐倉高校卒）と三遊間コンビを組んだ広岡達朗だ。

現役引退後は、ヤクルト、西武の監督になりセ・パ両リーグで日本一を達成した。広岡は入学したのは呉一中で、卒業は呉三津田高校になってからだ。

浜田省吾

日本一を達成した広岡達朗

巨人に入団し1年目に打率0・314を記録して新人王となったが、それ以降は振るわなかった。ただし、監督としては関係者からの評価は高かった。

広岡達朗

「官」で活躍したOBが目立つ。霞が関の世界で出世した人材をたくさん送り出したことでは、地方の県立高校の中で5指に入るだろう。
大蔵事務次官を務めた保田博が、3年夏まで在籍し、都立日比谷高校に転校した。
戦前、戦後の2度にわたり外務次官を務めた松本俊一、通産事務次官のあと神戸製鋼所会長を務めた小松勇五郎、科学技術事務次官のあと宇宙開発事業団理事長を務めた山野正登もOBだ。
検事総長を務めた布施健も卒業生だ。1976年に、日本の疑獄史上、最大の事件とされるロッキード事件の捜査を指揮し、田中角栄元首相を逮捕、起訴に追い込んだ。

　自衛隊制服組トップの統合幕僚会議議長の栗栖弘臣もＯＢだ。旧制呉一中─旧制一高─東大法学部卒の文官育ち。

　78年に「自衛隊法には穴がある」と有事法制の整備を促す発言をしたため、議長を解任された。

　厚生事務次官を務めた岡光序治も卒業生だ。特別養護老人ホームをめぐる汚職事件で収賄罪に問われ、03年に懲役２年の実刑判決を受けた。

　中央官庁の事務次官経験者で実刑判決が確定した初めてのケースだった。

　地元の呉市長に就いたＯＢは、佐々木有、小笠原臣也。明岳周作は江田島市長だ。呉市副市長が前職だった。

日商岩井のトップ・草道昌武

　企業のトップ経験者では、阪田正三（セーラー万年筆）、仁田一也（瀬戸内海汽船）、草道昌武（日商岩井）、清水希茂（中国電力）、池内正昭（ＪＣＢ）、村本周三（第一勧業銀行）、渡辺守之（マツダ）、徳永幸雄、村尾伝之助（広島ガス）、畑矢健治（中国放送）、佐藤秀雄（広島テレビ）、宮田正明（広島ホームテレビ）らがＯＢだ。

　碓井優は石川島播磨重工業から１９８１年に集団でスピンアウトし、ソフトウエア開発会社のコスモ・エイティとして独立した。「ベンチャービジネスの旗手」などとマスコミで報道された。これをきっかけに、「ベンチャー」なる用語が日本社会に広まった。


　明神博は呉市の老舗和菓子・蜜屋本舗の代表で、同窓会会長や呉市文化振興財団代表を務めている。

　古賀史生は成蹊大卒後に麻布獣医科大に進み獣医師免許を取得した。88年に調教師免許を取得し、厩舎を開業した。

　学者・研究者では、育種学者で「韓国近代農業の父」といわれた禹長春《ウジャンチュン》、恐竜研究の第一人者で福井県立恐竜博物館（福井県勝山市）館長を務めた東洋一が卒業生だ。

　外科医の新岡俊治は06年に米イエール大医学部で小児心臓血管外科部長に就くなど再生医療の第一人者だ。

　哲学者の井上忠と仲正昌樹、細胞工学の岡田善雄、物理学の蔵本由紀、ナノ・マイクロ材料化学の弥田智一、地震学の平原和朗、皮膚科医で東大教授を務めた石橋康正、日本美術史家の奥平英雄、世界遺産に関する研究で知られる古田陽久・真美夫妻、教育社会学の稲垣恭子らがOB、OGだ。

経営学者で元福島大教授の飯田史彦は、「生きがい論」シリーズの著作で平成年代にベストセラーを続けた。

文化人では、『ミミのこと』などで79年に直木賞をとった田中小実昌が出ている。旧制西南学院中学（福岡市・現西南学院高校）から旧制呉第一中学に編入してきた。

「麒麟がくる」の脚本

脚本家の池端俊策が、活躍中だ。20年1月から放送予定のNHK大河ドラマ「麒麟がくる」で脚本を引き受ける。

昭和時代のアララギ派の歌人・渡辺直己もOBだ。戦前に呉三津田高校の前身である高等女学校の教師を務めた。

写真家では、仏像写真で知られる湯川晃敏がいる。

藤岡亜弥は18年、写真界の芥川賞とも称される木村伊兵衛賞を受賞した。日芸（日本大学芸術学部）の写真学科に進学、文化庁派遣海外留学生としてニューヨークに滞在、その後、広島で活動してきた。

メディア関連では、NHKアナウンサーの末田正雄と福田光男、テレビの美術デザイナー・永田周太郎、声優のゆりんがいる。

音楽では前述の浜田省吾に加え、指揮者の川本統脩、シンガーソングライターの日浦孝則が卒業生だ。日浦は「夏の日の1993」が大ヒットした。シンガーソングライターの田中ルミ子もOGだ。

画家の山口牧子、ファッションデザイナーの甲賀真理子、アーティストの土佐信道、書家の福光幽石らもOG、OBだ。

坪井直は日本原水爆被害者団体協議会の代表委員で、16年5月に広島平和記念公園を訪問した米大統領のオバマ（米ハワイ州・私立プナホウ・スクール卒）と握手し、言葉を交わした。坪井はオバマに「核兵器のない世界に向けて、共に頑張ろう」と伝えたという。

19年春に甲子園で行われた選抜高校野球大会では、2年生の赤瀬智咲（全国高校放送コンテスト・朗読部門優勝）が開会式の司会を務めた。

米子東高校

鳥取県立　●米子市

江戸時代から商業都市として栄えた米子。鳥取県は人口最少の県ではあるが、山陰地方では最大の人口24万人の米子都市圏が形成されている。

この地に鳥取県第二中学校が創立されたのは１８９９（明治32）年だった。10年後に米子中学校と改称された。戦後の学制改革の過程で、県立米子実業高校、法勝寺実業高校と統合して新制米子東高校となり、男女共学を実施した。

略称は「米東《べいとう》」。鳥取西高校、倉吉東高校とともに、鳥取県の公立御三家に数えられてきた。

グラウンドが硬式野球場、軟式野球場と兼用の２００メートルの陸上トラック、サッカー・ラグビーコートと３つある。硬式、軟式庭球コートは計7面ある。

広大な敷地と施設

校舎、施設は管理・教室棟、西、北校舎に加え、芸術棟、文化ホールや体育館が２つ……など。全体で約7万３０００平方メートルと、広大な敷地だ。東京ドームの建築面積の１・５倍に相当する。

校内の敷地には標高38メートルの勝田山《かんだやま》という丘もある。頂上からは日本海、大山などを見渡せる。

こうした恵まれた環境で開校以来、「文武両道」が校風となってきた。校訓は「質実剛健」だ。

1学年は8学級で、うち1クラスは生命科学コースが設けられている。医学部、歯学部、薬学部および難関大学の理工系学部を希望している生徒を受け入れている。毎年、現役で半分強が国公立大学に進学する。

２０１９年春の大学入試では現役、浪人合わせ、東京大、京都大各1人、大阪大9人、神戸大に5人が合格した。地元の鳥取大には47人が合格した。

私立大には延べで、早稲田大4人、慶応大３人だ。

「とんがれ米東」というキャッチフレーズの公式ＨＰを、01年から開いている。「とんがれ」には「目立つ、光る、自己主張する」などの意味が込められている、という。

「とんがれ米東」を代表する卒業生を3人、紹介しよう。

まつもとゆきひろは、プログラミング言語「Ruby」の開発者だ。12年に内閣府から「世界で活躍し『日本』を発信する日本人」の一人に選ばれた。現在は、楽天技術研究所フェローなどを務めている。

東大工学系博士課程3年だった14年に東大総長大賞を受章した青木翔平もいる。途上国における人材育成と現地の製造業を振興するユニークな活動が評価された。

青木は航空宇宙工学を学ぶために東大に入学したが、途上国を貧乏旅行するうちに、異端の道に進む決意を固めた。西アフリカのガーナの工業高校で技術指導しながら、製品開発を行う起業家の育成に努めている。

「とんがれ米東」

小説家の桜庭一樹《かずき》も、とんがっている。08年に『私の男』で直木賞をとった。色白の女性作家で、極真空手の有段者だ。

「桜庭一樹」はペンネームで、男の名前の方が小説を書きやすい、という意図があるという。

桜庭一樹

文芸では、大正末期に『富士に立つ影』のベストセラーを著した大衆小説の白井喬二が旧制時代の卒業生だ。

小説家の松本薫（女性）は、著作の『梨の花は春の雪』が映画化されている。

俳人、脚本家の今井聖、放送作家の河合秀仁、小説家の靖子靖史、サイエンスライターの難波美帆、アニメーターの錦織敦史もいる。

旧制卒では著名な写真家を2人、出している。植田正治は鳥取県境港市を拠点に活動、「砂丘シリーズ」などで知られる。植田より7期後輩で、植田に師事した杵島隆は、広告写真の第一人者だった。

画家では、漫画家でもあった木山義喬が旧制米子中を中退している。洋画家の田淵巌と香田勝太、神話を題材にした作品が多い小灘一紀、彫刻家の入江博之と中橋克成、イラストレーターのいしはらいくろうもOBだ。

落語家の11代目桂小米、映画監督の台佳彦、俳優の渡部和正、タレントの上田まりえもいる。

音楽では、作詞家の岡本おさみがいた。森進一（鹿児島市立長田中学卒）の持ち歌「襟裳岬」などが代表作だ。

オペラ歌手の小鉄和広、テノール歌手の山本耕平、ジャズピアニストの松本茜も、OB、OGだ。ロック歌手のハセガワタカオとジャズピアニストの森下滋は同級生で、一緒にバンドを組んでいる。

学者・研究者では、1940年に、日本で初めて電子顕微鏡の組み立てに成功した菅田栄治、航空工学の遠藤守、環境科学の渡辺正がOBだ。

医学者では、整形外科医の戸口田淳也が京大iPS細胞研究所副所長だ。皮膚科医の板見智は、毛髪研究の第一人者だ。円形脱毛症対策などでテレビ出演も多い。

「里見清一」という名の書き手

日本赤十字社医療センター化学療法科部長で臨床腫瘍学が専門の国頭英夫がいる。「里見清一」のペンネームで週刊新潮の「医の中の蛙」のコラムを毎週、連載している。

文系では、ヘンデルの研究を続けた音楽学者、渡部恵一郎が母校米子東高校の校歌も作曲している。

教育心理学者で、京都ノートルダム女子大学長、兵庫教育大学長などを歴任した梶田叡一、英文学者、エッセイストの冨山太佳夫もいる。

国頭英夫

ドイツ文学者で旧制東京高校教授だった亀尾英四郎は戦争中、闇による食料調達をせず政府による配給のみに頼ったために、戦後の1945年10月に栄養失調で死亡した。当時の新聞で大きく報道され、話題になった。

経済界では、17年4月に野村証券社長に就いた森田敏夫がいる。

増谷麟は東宝などで技術担当役員を務め、日本映画の技術発展に貢献した。創業期のソニーに株主として出資し、監査役になった。

「ソニー育ての親」の1人だ。

佐武林蔵は大正時代に、クレヨンとパステルの特性を兼ね備えた「クレパス」を開発し、今日のサクラクレパスを創業した。

内海清温（電源開発）、樋口公啓（東京海上火災保険）、千代賢治（住友生命保険相互）、吹野博志（デルコンピュータ）、伊藤義孝（伊東屋）、中本晃（島津製作所）らも卒業生だ。

地元経済の発展に尽くした卒業生も多い。米子には、事業を多角的に営む「坂口財閥」とも呼べる地方コンツェルンがあり、坂口家出身者は米子商工会議所会頭などを歴任した。その2代目、3代目の坂口平兵衛が卒業生だ。

織田収、青砥昇は山陰放送社長を、永井準は地元の今井書店社長を務めた。

「政官」で活躍した卒業生では、自治相を務めた赤沢正道、元日本社会党員で千葉県我孫子市長、消費者庁長官を務めた福嶋浩彦がOBだ。

法曹界では、弁護士で公安審査委員会委員長を務めた堀田勝二がいた。石田哲一は64年、東京地裁で行われた日本で最初のプライバシー侵害民事裁判（「宴のあと」裁判）で裁判長を務め、プライバシー権侵害の4要件を示した。

鳥取県には、高校が32校しかない。各種のスポーツ大会では、県代表になれる確率が全都道府県で最も高い。しかも米子東高校は広大なグランドを擁し、スポーツ環境は抜群だ。このため文武両道をきわめる。

野球部は第1回からの皆勤校

このため、旧制時代からクラブ活動がすこぶる活発だ。野球部は、1915年の第1回全国中等学校優勝野球大会（現在の夏の甲子園大会に相当）の県予選からの皆勤出場校だ。

19年春の甲子園での選抜大会には、23年ぶり9回目の出場となった。監督の紙本庸由はOBで、同校の体育教諭だ。19年夏の甲子園には、28年ぶり14回目の出場を果たした。春夏連続出場は60年以来59年ぶりのことだった。

かつては、プロ野球選手も多数、輩出していた。戦中から戦後にかけ大阪タイガース、毎日オリオンズなどで捕手として活躍した土井垣武がいた。

浜田高校

島根県立 ● 浜田市

島根県の西部で、日本海に面した浜田市。人口減が激しく、この50年間で3割減の5万4000人だ。

浜田高校は、その前身である県第二尋常中学校が1893（明治26）年に開校し、その後、県立浜田中学と改称、戦後の学制改革で新制の高校となった。

「高い理想と誠実な努力」を、教育目標に掲げている。

「総合的な学習の時間」を「HIRAKU」と名づけている。1年生は「開く」、2年生は「啓く」、3年生は「拓く」というキャッチで、様々な教育活動を行っている。

大学入試では現役、浪人合わせ毎年度、国公立大に約60人が合格している。その内、京都大、九州大など難関国立大は数人だ。地元の島根大には十数人、山口大に約10人が合格している。

部活動はきわめて活発で、体育系14部、文化系13部の計27部がある。毎年多くの部活が、中国大会や全国大会に出場している。

強豪として全国に鳴り響いているのは硬式野球部だ。戦前は一度も甲子園に出場できなかったが、1951年春に初めてセンバツ大会に出場した。以来、春夏合わせ計15回も甲子園行きを果している。

梨田と和田が野球部OB

著名な卒業生は、野球評論家の梨田昌孝だ。3年時の春夏に甲子園に出場、近鉄に入団し、捕手として活躍した。引退後は、大阪近鉄、北海道日本ハム、東北楽天で監督を務めた。

現役のプロ野球選手では、福岡ソフトバンクの左腕投手・和田毅がいる。東京6大学野球で早大の52年ぶりの春夏連覇に貢献した。

2012～15年には米大リーグに移籍したものの、あまり活躍できなかった。16年に、古巣の福岡ソフトバンクに復帰した。

弟の誉司も浜田高校野球部出身で、16年春から浜田高校で野球部監督（体育科教諭）をしている。

　体操でも、五輪メダリストなど有力選手を出している。旧制卒の竹本正男は１９６０年のローマ五輪の男子団体で金メダルを取った。さらに、ヘルシンキ、メルボルン五輪で銀、銅メダルを各3個、獲得した。

　やはり旧制卒の上迫忠夫は１９５２年のヘルシンキ五輪の徒手で銀を、跳馬で銅メダルを獲得している。

　水泳では、福井誠が60年のローマ五輪の競泳男子８００メートル自由形リレーで銀メダルを、東京五輪では同種目で銅メダルを取った。

坂根正弘（武田薬品工業㈱HPより）

世界企業に育てたコマツの坂根

　経済界でも、評価の高い企業経営者が出ている。建設機械メーカーの小松製作所で社長、会長を務め、現在は武田薬品工業の取締役会議長を務めている坂根正弘だ。中国、東南アジアなどの新興国にグローバル展開を進め、小松を世界企業に育て上げた。

　通産事務次官のあと住友金属工業（現日本製鉄）の社長を務めた熊谷典文、マルハニチロＨＤ社長をした久代敏男もＯＢだ。

　大蔵官僚の冨金原俊二は、経済企画事務次官に就いた。

　文化人では、日本画の橋本明治が74年に文化勲章を授賞している。

　昭和時代のマルクス主義歴史学者の服部之総、仏教学者の朝枝善昭、幼児教育研究家の七田真、料理学者の江原絢子が卒業生だ。

　ロシアの大学で教鞭をとり日本語を教えている天野香寿美は、夫が14年にノーベル物理学賞を受賞した天野浩（静岡県立浜松西高校卒）だ。香寿美は中２の時に『カラマーゾフの兄弟』を読んでロシア（当時はソ連）に傾倒、ロシアに住むことになったという。

　文芸では、作品が直木賞候補に何度も挙がった三浦浩がいた。父親の三浦義武は旧制卒で、缶コーヒーの発明者として知られる。

　志川節子も作品が13年に直木賞候補になった。

大社高校

島根県立　●出雲市

「縁結びの神」で知られる出雲大社から、2キロほど南東の田園地帯にある。略称は「社高」。創立は1898（明治31）年。校名は何度も改称されているが、県立第三中学つまり島根県で3番目にできた公立旧制中学が前身だ。

戦後の学制改革の過程で、旧制の県立大社高等女学校と統合され、男女共学になった。普通科のほかに、島根県立の高校では唯一の体育科が設置されている。

校訓は「自主自立　敬愛互助　創造発展」。学校スローガンとして「夢　努力　感動」を掲げる。

旧制中学時代の同校は「七生報国」の楠公精神で貫かれ、新制時代になってからも多くの逸材を輩出した。

竹内まりや、里見香奈がOG

新制の卒業生に、著名な女性が3人いる。シンガーソングライター、作詞・作曲家の竹内まりやがそうだ。出雲大社門前の老舗旅館の生まれで慶応大に進学、音楽サークルに所属した。還暦を過ぎているが、40年の間で多くの曲をヒットさせている。

竹内まりや

元女優の江角マキコは体育科出身でバレーボール部員だった。卒業後は実業団のバレーボール部で活躍した。17年に芸能界を引退した。

女流棋士の里見香奈もOGだ。小5の時にアマ女王戦A級で優勝、2004年に女流2級としてプロ入りした。「出雲のイナズマ」といわれ、19年2月に女流名人通算10期を達成した。19年9月に、女流タイトル7冠中6冠を手中にした。

出雲大社権宮司の千家国麿は、国学院大を卒業後、神職の修業を積んだ。14年10月、高円宮家の次女典子（東京・私立学習院女子高等科卒）と結婚した。

出雲大社「昭和遷宮」時の宮司・千家尊祀は国麿の祖父、「平成の大遷宮」の宮司・千家尊祐は父で、3代続けて卒業生だ。

政治家では、「参院のドン」といわれ一時期、自民党を仕切っていた青木幹雄が卒業生だ。長男の青木一彦参院議員もOBだ。

産業界には、化学技術者で仏教にも造詣の深かった加藤辨三郎がいた。加藤は協和発酵工業（現協和発酵キリン）を創業、ストレプトマイシンを製造し結核死亡者数の激減に貢献した。

学者・研究者では、近代西洋史が専門で慶応大教授・野球部長のあと島根県知事を務めた恒松安夫、地質学者で島根大の初代学長をした山根新次、四つ玉そろばんの考案者で戦前・戦後の算数・数学教育をリードした塩野直道らを挙げられる。

芸術・文化では、高浜虚子（旧制愛媛県立伊予尋常中学・現松山東高校卒）の高弟で、大正、昭和期に俳壇に大きな足跡を残した原石鼎が学んでいる。

声楽家・バリトン歌手の福島明也は、歌舞伎と競演するなど新境地を開拓している。

「暁の超特急」吉岡隆徳

スポーツでは、「暁の超特急」といわれた陸上短距離選手の吉岡隆徳が旧制時代の卒業生だ。1935年には100メートル競技で10秒3（手動計時）の世界タイ記録（当時）を達成した。1932年ロス五輪、36年ベルリン五輪に出場した。

85年8月12日午後6時56分、羽田発伊丹行きの日本航空123便（ボーイング747、乗客・乗員524人）が群馬県上野村の「御巣鷹の屋根」に墜落した。520人が死亡し、単独機の事故では世界の航空史上最悪の死者数だった。

生き残った4人のうちの1人・川上慶子（当時、大社町立大社中学1年）は、大社高校に進学しのちに看護師となった。日航機には父母妹も乗っていたが、3人とも死亡した。

毎年春の大学入試では現役、浪人合わせ、国公立大合格者は約80人だ。島根大、島根県立大に各約20人が合格する。

松江南高校

●島根県立　●松江市

高度経済成長期の1961（昭和36）年に創立された。松江市内には明治以来の伝統を誇る県立松江高校があった。それを松江北高校と松江南高校とに二分割した。松江北高校が伝統を引き継ぎ、松江南高校は新設校とされた。

校訓は「質実剛健　創造進取和敬共栄」だ。普通科に加え理数科が設置されている。

2019年春の大学入試では現役、浪人合わせ、大阪大7人、神戸大4人、九州大1人が合格している。地元の島根大には毎年度約40人が合格している。東京大、京都大には、各3年に1人程度の間隔で合格者が出ている。

松江市は県庁所在地とはいえ、人口は少なく約20万人。それなのに県立高校の普通科の校区は、現在も3分割されている。これは2021年度に廃止される見通しだ。

福島敦子・弓子姉妹がOG

著名な卒業生は、福島敦子・弓子姉妹だ。敦子は津田塾大を卒業後、日本航空社員を経てアナウンサーとなった。現在もフリーでテレビ出演をし、ワインや食、環境問題などをテーマに講演活動を続けている。

福島敦子

弓子は敦子より4期下。松江南高時代はバレーボール部で、慶応大を卒業してTBSにアナウンサーとして入社した。プロ野球オリックスの選手だったイチロー（名古屋市・私立愛知工業大名電高校卒）と99年に結婚し、専業主婦となった。イチローが米大リーグに移って以降も、イチローの体調管理に日夜、努めている。

俳優では、「冬彦さん」でブームになった佐野史郎がいる。郷土愛が強く、島根県を応援するイベントにも参加している。

ギタリストでバンドBOWWOWの山本恭司と高校同級で、一緒にロックバンドを組んでいた。

シンガーソングライターの浜田真理子、指揮者で東京オペレッタ劇場音楽監督の角岳史もいる。

学者・研究者では、労働経済学者でニート（若年無業者）問題などを浮き彫りにした東京大教授の玄田有史、計量社会学者の吉川徹らが卒業生だ。

日本画家で東京芸大大学院教授の宮廻正明は、平山郁夫（旧制広島県立忠海中学・現忠海高校卒）に師事した。文化財のデジタル保存・修復技術にも詳しい。

温室効果ガス研究の第一人者である中沢高清、整形外科学が専門で鳥取大学長の豊島良太、カリスマ英語教師としてテレビ出演をしている田尻悟郎、社会学者で学歴社会を調べている吉川徹、農政学者の神門善久、「感染症」に関する一般向けの著書も多い内科医の岩田健太郎、材料工学者の柴田直哉らもOBだ。

小前亮は、中国についての歴史小説家、飛浩隆はSF作家だ。

2人目の財務事務次官？

官僚では、藤井秀人が財務事務次官を務めた。財務事務次官といえばこれまで東京大法学部卒がほとんどだが、藤井は京都大法学部卒。戦後に財務事務次官（01年までは大蔵事務次官）を務めた者では京大卒は、首相をした池田勇人（旧制広島県立忠海中学・現忠海高校卒）と藤井しかいない。

太田充は財務省主計局長で、次期事務次官の呼び声が高い。そうなれば、松江南高校卒では2人目になる。

国土交通省出身で元復興庁事務次官の原田保夫もいる。自治官僚出身で2000年から松江市長の松浦正敬は、藤井と同期の1966（昭和41）年卒だ。

経済界では仁島浩順が住友不動産社長、安田善巳が角川ゲームス社長だ。

弁護士の郷原信郎は、東京地検特捜部に在籍していたこともある元検事。組織コンプライアンス問題の第一人者と言われており、不祥事企業の第三者委員会の委員を引き受けることも多い。

東大理学部に進学、独学で司法試験に合格した。

徳山高校

山口県立　●周南市

瀬戸内海沿岸の港湾都市だった徳山市は、２００３年に新南陽市など3市町と合併し、現在は周南市となっている。

戦前に海軍の燃料廠が置かれていたことに由来して、石油精製を中心とする重化学工業のコンビナートが立地している。

徳山高校は、ＪＲ徳山駅から北に徒歩15分の、徳山市の中心部にある。徳山中学校と都濃郡立高等女学校を前身としている。徳山中学は山口県5中学の一つとして、１８８０(明治13)年に創立された。略称は「徳高《とっこう》」。校訓は「真健和」だ。創立90周年の１９７０（昭和45）年に制定された。

「伝統を継承し、相互の信頼感を深め、不断の努力によって学力の充実した心身ともにたくましい生徒の育成を目指す」ことを、教育目標として掲げている。

文科省からＳＳＨに指定されており、マレーシア海外研修など多彩な活動をしている。

運動部では、伝統的にハンドボールが強い。１９６３年に国体で男女とも全国優勝している。硬式野球部は87年に夏の甲子園に出場している。

文化部では、放送、文芸、吹奏楽、科学、棋道（囲碁・将棋）などがとりわけ活発だ。

「俳句甲子園」で優勝

第21回「俳句甲子園」が18年８月、松山市で開かれ、徳山高校は初優勝を果たした。

大学受験では現役で国公立大に合格する生徒の比率が、毎年度55％程度だ。19年春の大学入試では、現役で東京大２人、京都大５人、一橋大１人、大阪大６人、九州大18人、地元の山口大に34人が合格している。

私立大には、現役の延べ人数で早稲田大に12人、慶応大に３人が合格した。

約１４０年の校歴の中で著名な卒業生は、戦後に日本共産党の書記長、委員長、議長を約40年間務め、文芸評論家でもあった宮本顕治だ。

宮本は東京帝大に進学し、在学中に雑誌「改造」の懸賞論文に当選した。次席はのちに文芸評論家として活躍した小林秀雄（旧制東京府立第一中学・現都立日比谷高校卒）だった。

戦争をはさんで12年間も獄中にあった。妻で小説家の百合子（旧制東京女子師範附属高等女学校・現お茶の水女子大学附属中・高校卒）が、往復書簡で宮本を支えた。

宮本顕治

明治維新以来、山口県は多くの政治家を生んでいる。現首相・安倍晋三（東京・私立成蹊高校卒）を含め8人の首相を輩出している。首相輩出県として断然日本一だ。

その一方で、宮本のほかにも共産党幹部を出している。野坂参三（旧制山口県立萩中学・現萩高校中退）、市川正一（旧制山口県立山口中学・現山口高校卒）らだ。左右を問わず、政治に熱中する県民性があるようだ。

極左テロリストもいた。23（大正12）年に、当時の摂政である皇太子裕仁親王（のちの昭和天皇）を銃撃しようとした虎ノ門事件（無傷だった）を起し、死刑に処せられた難波大助が、徳山中学に在籍していた。

藻谷浩介

地元では、黒神直久と小川亮が元徳山市長、木村健一郎が前周南市長で、看護師出身の藤井律子が19年5月から就任した。

藤井は山口県議会議員だった夫が死去、その後継として03年から県議を務めていた。19年の市長選は同窓生同士の一騎打ちだった。

エコノミストの藻谷浩介

エコノミストの藻谷浩介が売れっ子になっている。『デフレの正体』、『里山資本主義』などの著作を出し、「人口減」の切り口で全国で講演しテレビ出演も多い。

現在は日本総合研究所主席研究員だ。

秀才3兄弟として知られる。兄の藻谷俊介も徳山高校卒で人気アナリストの一人だ。進化生物学者の藻谷亮介は末弟で、都立戸山高校卒。兄弟3人とも東大卒だ。

原発事故以来、存在感が一躍、高まったのは環境エネルギー政策研究者の飯田哲也だ。京大に進み原子核工学を専攻したが、「原子力ムラ」の在り方に疑問を抱き、反原発派として行動を続けている。

さらに、学者・研究者を紹介しよう。

旧制卒では、英語学者で英和辞典の編集者や東京外国語大学長をした岩崎民平がいた。

東洋史学者で京都女子大学長をした田村実造、英米文学者で帯広大谷短期大学学長をした多田稔、日本近代史の田中彰も旧制卒だ。

新制卒では、地方自治論の横道清孝、民族音楽学の藤田隆則、労働法の橋詰洋三らが卒業生だ。

理系では、燃料電池など次世代電池開発が専門の境哲男、免疫学の国沢純、地盤工学の岩崎好規、手術ロボット開発の原田香奈子、航空宇宙工学の河野通方、溶接工学の藤井英俊、気象学の原田朗、海洋学の柳哲雄、情報通信工学の森広芳照らがOB、OGだ。

医師では、葉山ハートセンター（神奈川県）の磯村正が日本で指折りの心臓手術の名医として知られる。

小児科医で東大特任講師の熊谷晋一郎（1977年生まれ）は、新生児の時に脳性麻痺になり車椅子生活だ。体験に基づき発達障害などの研究をしている。

創薬ベンチャーの久能祐子

生命科学の学者で創薬ベンチャーの経営者としても成功しているスーパーウーマンがいる。73年卒の久能祐子だ。点眼液や過敏性腸症候群などを治療する新薬を開発し、夫とともにスキャンポ・ファーマシューテイカルズのCEO（最高経営責任者）を務め、米国ナスダック市場に株式上場させた。

久能は京大工学部工業化学科で学び、大学院で博士号を取った。ドイツのミュンヘン工科大学に留学し、創薬の研究に没頭した。

企業経営者では元職もまじるが、国広幸彦（西京銀行）、赤尾嘉文

（山口放送）、礒部英之（森ビル・インベストメントマネジメント）、元久存（武富士）、田中耕三（山口銀行）らがOBだ。

村上清貴は広島市佐伯区で村上農園を経営している。カイワレ市場のシェアは約3割を占め、従業員約300人、年商約50億円の大型農園だ。

人事コンサルタントで日本型成果主義の矛盾点を指摘した城繁幸、最高裁判事の戸倉三郎がいる。

北海道大に進学した山中正実は知床博物館館長で、知床の世界自然遺産の登録に尽力した。

文芸では旧制卒の作家・手塚英孝、詩人・小説家の平田俊子、フリーライターの中本千晶らがいる。

漫画家では森園みるくと貞本義行、すでに引退しているが本村三四子らが卒業している。映画・演劇ポスターのデザイナー・桧垣紀六もいる。

メディア関連では、10年度のNHK大河ドラマ「龍馬伝」や、18年度下半期の朝ドラ「まんぷく」の脚本を手がけるなど多くのテレビ、映画の脚本を書いている福田靖がいる。

NHKのジャーナリストで「ニュースウオッチ9」のキャスター・有馬嘉男がいる。

NHKアナウンサーの伊東敏恵、日本テレビアナの佐藤良子らもいる。

芸能方面では、シャンソン歌手の松永祐子、落語家のいなせ家半七、女優・声優の津田真澄、声優の今井麻美が卒業生だ。テレビアニメでの活躍が目立つ。

105歳でも現役スイマー

1914年7月生まれで旧制徳山高女卒の長岡三重子は、100歳を超えてもマスターズ水泳大会に出場し、驚異的な記録を出し続けている。女子100〜104歳の部で世界で初めて1500メートル自由形を完泳するなど、国際水泳連盟公認の世界記録を約20個、持っている。

今西良雄は立教大—日本石油で野球選手として活躍、日石野球部監督もした。

重広恒夫は77年に、カラコルム山脈の世界で2番目の高峰・K2（8611メートル）南東稜に日本山岳協会隊の一員として日本人初、世界で2番目に登頂するなど数々の踏破記録を持っている。

岩国高校

山口県立　岩国市

名勝錦帯橋や国の天然記念物「シロヘビ」の生息地として知られる岩国市。山口県の最東部に位置する。岩国高校は錦帯橋の南2キロメートルの地にある。

戦後の学制改革で、県立岩国中学校と県立岩国高等女学校とが統合され、現在の男女共学の岩国高校となった。男女はほぼ半々で、略称は「岩高《いわこう》」だ。

江戸時代に岩国は、吉川氏6万石が治める岩国領の城下町だった。第12代吉川経幹は幕末に、藩学養老館を設立した。旧制岩国中学の創立は1890（明治13）年だが、そのルーツは養老館までさかのぼるという。

校風は、岩国中・岩国高女の伝統である「文武両道、質実剛健、高雅な気品」だ。

「高雅な気品」も校風の一つ

この校風を基礎として、「時代が要求する全人格を培い、明朗堅実・自主性・積極性に富む活気ある学園の形成に努める」を教育方針としている。

1学年は、普通科6クラスと理数科1クラス。興味、進路希望などに応じて主体的に科目を選択できる「単位制」を取っている。英語では、外国語指導助手とのチーム・ティーチングを実施している。

19年春の大学入試実績は現役、浪人合わせ、京都大、東京工業大、大阪大に各1人、神戸大2人だ。山口大には毎年度、約20人が合格する。

部活動が盛んだ。野球部は甲子園の全国大会に春7回、夏5回、出場している強豪だ。

最近は、ハンドボール男子、ソフトテニス女子、弓道女子なども全国大会に出場している。

文化部には、音楽関連が合唱、プレクトラムアンサンブル（ギター、マンドリンなど）、吹奏楽、琴と4つある。報道、放送、ユネスコ・ボランティアなどの部もある。

卒業生には、五輪史上に残るレジェンドがいる。１９３６年のベルリン五輪の三段跳びで、16メートル00の世界新記録（当時）で金メダルを獲得した田島直人だ。

三段跳びでは、28年のアムステルダム五輪で織田幹雄（旧制広島県立広島中学・現広島国泰寺高校卒）が、32年のロサンゼルス五輪で南部忠平（旧制北海道私立北海中学・現北海高校卒）が金メダルを取っており、日本人選手による3大会連続の金メダルとなった。

三段跳びの田島直人

田島はサラリーマンの傍ら日本五輪委員会常任委員や、64年の東京五輪で日本陸上チームのコーチを務めるなど、日本陸上界の発展に尽した。ベルリン五輪優勝者に贈られたオリンピックオークが岩国高校にも植樹され、成長を続けている。

元プロサッカー選手の岩政大樹がいる。鹿島アントラーズに所属していた２００９年には、Ｊリーグ史上最速のリーグ戦クラブ通算１０００得点目を決めている。10年にＦＩＦＡワールドカップ南アフリカ大会の日本代表メンバーに選ばれた。

岩政は成績優秀で、東京学芸大に一般受験で合格し、中学、高校の数学の教員免許を取得している。

田島直人

大学蹴球部では、1年時に関東大学リーグ一部の新人王になった。

林卓史は、慶応大—日本生命の野球部で活躍し、さらに慶応大野球部助監督を務めた。

岩国高女で学んだ女性小説家２人が、文壇史に名を残している。96年に98歳で没した宇野千代と、07年に死去した芥川賞作家の大庭みな子だ。

宇野は、小説家の尾崎士郎（旧制愛知県第二中学・現岡崎高校卒）、画家の東郷青児（東京・旧制私立青山学院中等部・現青山学院中高等部卒）ら著名な文化人との恋愛、同棲、結婚、離婚経験を糧に、『色ざんげ』『生きて行く私』など多くの小説やエッセーを著した。

多才で知られ、着物デザイナー、

編集者、実業家の顔も持った。90年には文化功労者に選定されている。岩国高校から500メートルの地に生家が残っている。

宇野千代

宇野千代と大庭みな子

大庭は、旧制広島県立賀茂高等女学校（現賀茂高校）から岩国高女に転校してきた。旧制新潟県立新潟高等女学校(現新潟中央高校)を経て津田塾大を卒業した。米国での生活が長く、『三匹の蟹』で68年に芥川賞をとった。

映画プロデューサーで日本映画大学理事長の佐々木史朗、劇作家の真柴あずき、小説家の周防柳、写真家の井津建郎、プロレスライターのターザン山本、漫画家の村岡ユウもOB、OGだ。

音楽では、作曲家の吉田矢健治、指揮者の江上孝則が卒業生だ。

学者・研究者も、たくさん輩出している。

昭和時代の民法学者で立命館大総長を長く務め、総長公選制、立命館民主主義を確立させた末川博がいた。

立命館大総長の末川博

立命館大教授を務めた日本史学者で、一般向きの歴史書を多数、著した奈良本辰也もいた。京都市、京都府から文化賞を授与されている。

日本文化史が専門で京都市美術館館長を務めた村井康彦、教育学者で「読解表現力」の概念を広めた有元秀文、社会学者で青少年犯罪を考察している土井隆義、平安時代の物語文学を研究している田村隆がOBだ。

理系では、数学者で京大数理解析研究所所長を務めた藤重悟、認知科学の大森隆司がいる。

教育学者、精神医学者の昇地三郎は54年に、私財を投じて日本初の知的障害児通園施設しいのみ学園（福岡市）を設立、運営した。13年11月に107歳で死去した。その長寿ぶりが、何度もメディアで取り上げられた。

広島共立病院院長を務めた丸屋博は、被爆者治療に尽力する一方、「御庄博実《みしょうひろみ》」の筆名で詩作を続け、核兵器の非人道性を告発する作品を発表し続けた。

丸屋は東京・代々木病院に勤めていた60年には、国会前での機動隊員と学生デモの衝突で死亡した東大生の樺美智子（兵庫県立神戸高校卒）の死因究明に関わった。

広島大医学部教授だった片岡勝子は、85年にノーベル平和賞を受賞している核戦争防止国際医師会議の日本支部事務総長を務める社会運動家だ。

建築家では光井純が活躍中だ。日本橋三井タワー、東京国際空港国際線地区ターミナルなどを設計している。東大・建築学科卒で米イェール大に留学、ＡＩＡ学生賞などを受賞した
昭和時代には、錦帯橋の再建工事に協力し、日本建築学会会長を務めた佐藤武夫がいた。

経済界では、島津製作所社長の上田輝久がいる。日立製作所副社長で情報・通信システムグループを率いた斉藤裕は、18年4月からファナック副社長に転じた。野坂文雄はもみじ銀行（本店・広島市）の会長だ。

相場師の加藤暠《あきら》が岩国高校から早稲田大に進学している。１９８０年代から株式投機集団（仕手筋）の「誠備グループ」を率いて「兜町の風雲児」といわれた。

バブル経済崩壊後に死亡説も流れたが、95年に「新しい風の会」を結成、証券界に復帰した。所得税法違反や相場操縦の疑いで何度も検察の強制捜査を受けているが、投資家からの人気は高かった。

味村興成は、山梨県甲州市のシャトーメルシャンの醸造責任者で、日本を代表するワイン醸造家の一人だ。

三上真司はゲームデザイナーで、人気ホラーゲーム「バイオハザード」の生みの親だ。

「有薫酒蔵」の女将

松永洋子は、東京・新橋の「有薫酒蔵」の女将だ。全国の高校別の寄せ書きノートが３０００校以上、置かれていることで話題だ。

政官界では、大蔵官僚出身の平岡秀夫が法相を務めた。

民主党の参院議員を務めた藤谷光信は、浄土真宗本願寺派の僧侶である一方、岩国演劇集団「劇団のんた」を創立し、代表者になった。

岩国市長の福田良彦と前市長の井原勝介は、ＯＢだ。

宇部高校

山口県立　宇部市

山口県南西部の瀬戸内海に面した宇部市。明治後半に炭鉱が始まり、宇部興産に代表される工業都市として栄えてきた。

この地に1919（大正8）年、宇部村立宇部中学校が設立された。宇部興産の創始者で宇部市発展の基礎を築いた渡辺祐策が、中学設立に奔走した。

宇部市立、山口県立と変わり、戦後の学制改革で旧高等女学校を前身とする高校と統合され、男女共学の宇部高校となった。

「文武両道の学びの中で、『知・徳・体』を磨き、自信と誇りをもって社会に貢献できる人材の育成を図る」を教育目標に掲げる。

教育方針は、①豊かな人間性の育成と個性の伸長　②基礎学力の充実と自学意欲の涵養　③健康な心身と旺盛な実践力の育成―の三つだ。

1学年は普通科5クラスと理数科1クラスだったが、2017年度からは理数科を募集停止し、探究科2クラスを新たに設置し、普通科は4クラスとなった。

「探究」とは、自ら課題を見出して設定し、科学的、論理的に究明することだ。

SSHとSGHの両方

文科省からSSHと、SGHに指定されている。SSHとSGHの両方の指定を受けている高校は、全国でも二十数校しかない。

宇部市には、山口大の工学部と医学部がある。このため、山口大の協力を得て、高大連携事業を行っている。1年生の「基礎探究」では、山口大工学部で講義を受ける。

また、宇部市に立地している企業などから助言者を招き、「グローバル探究」の講座を開いている。米国人の教員による「プロダクティブ・イングリッシュ」（発信のための英語）の授業もある。SSHとSGHを背景とした多彩なプログラムを組んでいるのだ。

校章は多年草のカタバミをデザインしたものだ。江戸時代に宇部は、長州藩で代々、家老を継ぐ名門である福原家が領していた。カタバミは福原家の家紋の一つだった。同窓会も「かたばみ会」と名乗っている。

部活動では、テニス、サッカー、陸上競技、文芸放送などが全国大会に出場している。2001年には、全国高校クイズ選手権大会で優勝している。

19年春の大学入試では現役、浪人合わせ、東京大2人、京都大1人、大阪大7人、九州大に13人、地元の山口大に53人（うち医学部医学科に8人）が合格した。

かつては卒業生の半分が浪人をしていたが、最近は7割が現役で大学に進学している。国公立大学に現役で合格した比率は、19年では61%だ。

本庶佑が26人目のノーベル賞

ノーベル賞の医学生理学賞を、2018年に受賞した卒業生がいる。京都大高等研究院特別教授の本庶佑《ほんじょたすく》だ。免疫の攻撃力を抑えるたんぱく質を発見したことが、評価された。本庶のノーベル賞受賞は、日本人として26人目だった。

本庶は宇部高校から京大医学部に進学し、免疫遺伝学の研究を続けてきた。免疫力を高めることによって悪性腫瘍を攻撃する新しいタイプの抗がん剤「ニボルマブ」（商品名「オプジーボ」）の開発に道筋をつけ、実用化した。13年には文化勲章を授賞している。

本庶佑

がん免疫治療薬「オプジーボ」の特許使用料の配分を巡って、本庶はメーカーの小野薬品工業との間で協議していたが、配分額の引き上げを求め小野薬品を提訴する方針だ。

蔵重久弥は神戸大教授で、同大の素粒子実験グループのまとめ役だ。ヒッグス粒子を見つける欧州合同原子核研究所の実験チームに参加し、検出装置の製作やデータの解析などを行った。英国人らのノーベル物理学賞受賞を支援した。

機械工学者の室木巧は、東洋工業（現マツダ）でロータリーエンジン研究開発のリーダーを務めた。

植物学者の伊藤芳夫はサボテン研究の第一人者だ。

遺伝子治療研究が専門でベルツ賞などを受賞している浅野茂隆、天文学の福江純、環境放射線計測学の小田啓二がOBだ。

防災工学、情報システム工学が専門で、山口大副学長の三浦房紀は、「応用衛星リモートセンシング（人工衛星を用いて宇宙から地球の表面の情報を収集・解析する技術）研究センター長を務めている。

文系では、教育者で宇部短期大（現宇部フロンティア大短期大学部）初代学長の新造節三、日本史学者で岩見銀山の研究をした道重哲男、デザインマネジメントの佐藤典司、日本興業銀行、ソニーなどでの実務経験を持つ会計学者の宗岡徹が卒業生だ。

「ユニクロ」の柳井正

経済界では、カジュアル衣料品ブランドの「ユニクロ」などを展開するファーストリテイリングの創業者で、会長兼社長の柳井正が卒業生だ。

柳井は早稲田大に進学、家業の衣料問屋を「ユニークなCLOTHES（衣料）」という意味の「ユニクロ」に業容転換し、世界のアパレル企業の中で3位の大企業に育て上げた。

米経済誌『フォーブス』が毎年、発表する世界長者番付で柳井は常に100位以内に入る。19年版「日本長者番付」では、1位だった。

倉重光雄はプルデンシャル生命保険会長だ。

宇部市は宇部興産の企業城下町だ。他都市の大学に進学したのちUターンして宇部興産に就職する卒業生も多い。

清水保夫は旧制浜松高等工業学校（現静岡大工学部）を卒業して宇部興産に入社し、6代目社長を務めた。

旧制第1期卒の中安信丸と、新制卒の千葉泰久は、宇部興産副社長のあと宇部商工会議所会頭を、それぞれ務めた。2人とも東大卒だ。

前述の渡辺祐策の孫である渡辺浩策は、宇部興産中央病院長を、弟の渡辺忠淳は宇部興産の専務を務めた。2人とも京大卒だ。

文化人では、映画監督の山田洋次がOBだ。『男はつらいよ』シリーズ、『たそがれ清兵衛』などユーモアとペーソスにあふれた作品で、多くのファンを獲得している。12年には文化勲章を受章した。

映画監督の山田洋次

山田は旧制東京府立第八中学（現都立小山台高校）に1年生の1ヵ月間、在籍していた。父親が満鉄（南満州鉄道会社）勤務だったため大連一中に転校し、終戦で引き揚げ、親戚を頼った先で旧制宇部中に入った、旧制山口高校(現山口大学）を経て東大に進学、松竹に入社した。

山田洋次

山田より29年あとには、アニメ映画監督の庵野秀明が卒業している。『新世紀エヴァンゲリオン』シリーズで知られ、『シン・ゴジラ』では映像表現の新たな可能性を切り開いた。庵野は漫画家の安野モヨコ（東京・私立関東高校・現聖徳学園高校卒）と02年に結婚、「Wアンノ」と話題になった。

美術では、『周防灘』シリーズなどで知られた洋画家の松田正平が卒業している。

音楽プロデューサー、作曲家の国吉良一が光っている。アニメ、映画音楽の分野で数多くの作品を手がけている。映画『鉄道員《ぽっぽや》』で、日本アカデミー賞優秀音楽賞を受賞している。

バリトン歌手の河野克典、シンガーソングライターの陣内大蔵もいる。

政治家では、民主党政権で2人目の首相となった菅直人が高2の夏まで宇部高校に在籍していた。父の転勤にともない、都立小山台高校に転校し、東京工業大を卒業した。前述の山田洋次と逆のケースだ。

総務省の官僚だった村岡嗣政は、18年2月の山口県知事選で再選された。

二木秀夫、中村勝人、藤田忠夫の3人は、1977年から09年の32年余の間、宇部市長ポストを占めていた。

弁護士の紀藤正樹は、松本サリン事件被害者弁護団事務局長や、消費者問題関連の係争に関わっている。

下関西高校

●山口県立 ●下関市

「天下第一関」という壮大な校是がある。万里の長城の最東端にある「山海関」という城郭都市に掲げられている扁額に記されている銘が、由来だ。

「天下第一の関中《せきちゅう》たれ」という願いと共に、「中等教育は人生第一の難関、これを克服せよ」との意味を込めて、前身の旧制下関中学がこの言葉を掲げた。以来、下関西高校となった今も精神的バックボーンとして連綿として引き継がれている。

その下関中学は1920（大正9）年に下関市立としてスタートした。すぐに県立に移管された。戦後の学制改革で他校との統合が行われる過程で男女共学になった。

下関市は三方を海に開かれ、本州と九州の結節点として、古くから栄えていた。源平の合戦や幕末維新の挙兵、日清講和会議など歴史の節々で登場する街だ。中国や朝鮮半島などとの交流も盛んだった。

こうした開明の気風を背景に、下関西高校からは有為な人材が多数、巣立っていった。

19年春の大学入試では現役、浪人合わせ、東京大1人、京都大2人、九州大20人、大阪大5人、地元の山口大に27人の合格者を出している。

私立大には早稲田大5人、慶応大7人だ。卒業生の半分が浪人をしていたが、最近は7割が現役で大学に進学している。

「自主・自律」が校風だ。教育目標は、「『天下第一関』の校是のもと、真に次代を担うにふさわしい人材の育成を目指す」としている。

総理を狙う林芳正

期待されている卒業生は、農相、文相などを歴任した林芳正だ。山口県は初代首相の伊藤博文（松下村塾出身）以来、岸信介（旧制山口県立山口中学・現山口高卒）、佐藤栄作（同）それに現在の安倍晋三（東京・私立成蹊高校卒）な

林芳正

ど歴代総理大臣を計8人も輩出し、日本で最もたくさん首相を生みだした県だ。林も10年前から「総理を目指す」と公言している。

下関西高校─東大法─ハーバード大学ケネディスクールという学歴で、英語も堪能だ。芳正の父・義郎（旧制豊浦中学・現山口県立豊浦高校卒）は元蔵相で、祖父、高祖父とも衆院議員だったという4世議員だ。

素質や毛並みは申し分ないが、政治家の間でよく言われる「雑巾がけ」をしていないことと、参院議員であることがひっかかる。

「官」の道を歩んだ卒業生では、町田顕が第15代の最高裁判所長官を務め、裁判員制度の導入に尽力した。東京高裁判事をした村岡二郎もいた。

厚生省の官僚だった山崎史郎は「ミスター介護保険」と呼ばれている。2000年にスタートした介護保険制度の成立から、実施とその後の改正まで一貫してかかわってきた介護保険の生みの親だ。

菅直人（都立小山台高校卒）内閣で厚労省初の首相秘書官になり、現在は駐リトアニア大使だ。

前田晋太郎は17年3月に下関市長に就いた。首相・安倍晋三の秘書だった。

企業のトップを経験するなど経済界で活躍した卒業生は、南幸治（大成建設）、金田義夫（三菱製鋼）、吉田正樹（三菱油化）、中部文治郎（林兼造船）、西本正（国際電信電話）、倉重英樹（日本テレコム）、勝原一明（山口銀行）、吉川順一（ジャパンコンピュータサービス）、児玉啓一（山口宇部空港ビル）、河田正也（日清紡ホールディングス）、藤本万太郎（新日本理化）、木村宏（日本たばこ産業）、来島達夫（西日本旅客鉄道）、泉原雅人（宇部興産）らだ。

個性的な学者をたくさん送り出している。とりわけ医学者として優れた業績を挙げた卒業生がいる。

優れた医学者を輩出

久留米大学長をした木村登は、日本の循環器学の開拓者の一人で心電図の利用について世界をリードした。

心臓外科の須磨幸蔵は1963年に、日本で初めて心臓ペースメーカーを開発した。木下毅は、日本慢性期医療協会会長を務め、回復期リハビリテーションなどを専門とした病院を経営している。

原子力発電に関する研究者としては、核燃料技術者の大井昇がIAEA（国際原子力機関）にも勤務した。小林啓祐は原子炉の専門家だ。

宇宙・天文を研究フィールドとしている学者・研究者としては、理論天文学の岡本功が太陽黒点の、岡村定矩が銀河天文学の専門家だ。

JAXA（宇宙航空研究開発機構）に属し、宇宙輸送システムなどの開発・研究に携わった同窓生としては、佐々木誠、河内山治朗、三井田澄男がいる。

類人猿学者の島泰三は東大時代、学生運動の闘士で、69年の東大安田講堂事件にも加わった。05年に学生側の視点からの『安田講堂1968-1969』を著した。

岡崎恒夫は、ポーランドのワルシャワ大日本語科教授をしている。ポーランドの学生たちに日本語、日本文化を教えて40数年になる。NHKのラジオ深夜便のリポーターも務め、時折、肉声が聞ける。

縄田鉄男は、中近東の研究者でペルシャ語、クルド語などの辞典を著した。熊本大や東京外国大で教授を務めた。

観光学者の岡本伸之は1990年代に、立教大学で日本の4年制大学としては初の観光学部の設立に尽力した。

船戸与一

経済学者で東亜大学長などをした安部一成、仏教学の田中教照、国文学者で平家物語などの研究をした永積安明、文化人類学の山下晋司、行政法の勢一智子、金融工学の大庭昭彦、金融システム論の三隅隆司らも卒業している。

直木賞受賞の船戸与一

小説家では、2000年に『虹の谷の五月』で直木賞を受賞した船戸与一がいた。

芥川賞候補に4度もなった長谷

川修や、豊田行二もOBだ。

下関ゆかりの作家として直木賞の古川薫（18年5月死去）と、2012年に芥川賞を受賞して活躍中の田中慎弥がいるが、2人とも山口県内の工業高校の出身だ。

文化人では、シナリオライターの林直行、4コマ漫画家の小坂俊史、アニメーターの青池良輔らが卒業生だ。

画家では、洋画の堀研とモダンアートの堀晃《ひかる》兄弟がそろってOBだ。

下関名産のフグの正面顔を丸くかたどった「ふく凧」は戦後に民芸品になっているが、その考案者の安本実は旧制下関中を卒業している。

水野吉孝は、安徳天皇を祀る赤間神宮（下関市）の権祢宜だ。

音楽では、57年卒の長井則文と宮永康生が、そろって声楽で国立音楽大教授になり合唱団の指揮をとった。内田陽一郎も声楽家、大石学はジャズピアニスト、小幡英之は作詞・作曲家だ。

舞台・映画女優としてデビューしたのちに東京大修士課程を修了した三坂知絵子もOGだ。

メディア関連では、気象予報士の寺川奈津美がいる。下関西高校から慶応大応用化学科に進み、理系美人コンテストで優勝した。

外務省機密漏洩事件

毎日新聞社の政治記者だった西山太吉は1972（昭和47）年の外務省機密漏洩事件で、有罪判決が確定した。しかし西山がスクープした沖縄返還時の日米間の密約について、密約を裏付ける米国の公文書が見つかったため、国家賠償法に基づく賠償請求訴訟を2005年に提起した。14年に最高裁は、密約文書を不開示とした政府の決定は妥当だとする判断を下した。

民放テレビ局のトップを務めた卒業生では、吉田建勲雄（テレビ山口）、山田昭元（読売テレビ）、青木敬（名古屋テレビ）、安東義博（中国放送）らがいる。

スポーツでは、アマチュアゴルファーの名手として伝説的な話題を残した中部銀次郎がいた。

大洋漁業（現マルハニチロ）の創業者一族の生まれで、日本アマチュアゴルフ選手権に計6回も優勝するなど、「プロより強いアマチュア」といわれた。

防府高校

山口県立　防府市

「ほうふ」高校という。山口県の中南部で、瀬戸内海に面した防府市にある。奈良、平安時代に国の役所が置かれていたことから、つけられた地名だ。

地元の有志により、1877（明治10）年に私立周陽学舎として創設されたのがルーツだ。地方都市の学校設立としては、全国的に見てもかなり早い。開明的な風土を物語るものだ。

県に移管され、1923年には県立防府中学校と改称された。戦後の学制改革で、県立防府高等女学校などを統合し、男女共学の新制防府高校となった。

文武両道の校風のもと、「智育　徳育　体育」を校訓としている。

1学年は普通科6クラスのほか、県内の公立高校では唯一の衛生看護科（3年制）と衛生看護専攻科（2年制）が各1クラスある。

衛生看護科を持つ

看護師国家試験の合格率は毎年度、ほぼ100％だ。就職先の病院は、県内と県外が半々だ。

また住所は山口市になるが、佐波分校1クラスもある。

防府市は米ミシガン州のモンロー市と姉妹都市になっている。高校生どうしが交流する事業が組まれており、防府高校も毎年夏に、参加している。

「単位制」を導入しており、一人ひとりの進路希望に対応できるように、多様な教育科目を準備してある。

2020年から大学入試は大きく変わる。対策の一環として「新聞要約コメント」や「添削個人指導」を行うなど、きめ細かな進路指導をしている。

国公立大学に現役で合格することが、目標だ。19年春の大学受験では、現役で国公立大に91人が合格した。普通科の生徒の約40％にあたる。

19年度の実績は現役、浪人合わせ、東京大1人、神戸大、九州大各2人、地元の山口大に45人が合格した。私立大では、福岡、関西の大学に多くが進学している。

種田山頭火といえば、五七五の定型や季語にしばられない「自由律俳句」で戦前に活躍した人物だ。酒で身を持ち崩した「漂泊の俳人」だったが、現在もファンが多い。

その種田は、3年制だった周陽学舎を1899年に卒業し、山口県立山口尋常中学（現山口高校）の4年に編入した。

周陽学舎と山口中学に在籍中は、地元の句会などによく顔を出していた。30歳を超えたころから「自由律」に傾斜したという。生まれ故郷の防府市に「山頭火ふるさと館」ができている。

時代をさかのぼれば平安時代中期に、「枕草子」を著した清少納言も防府で幼少期を過ごしたといわれる。父親が周防守という役職に就いていたためだ。

昭和、平成になってからは、芥川賞、直木賞の受賞者も出している。「防府には昔から文芸の血が脈々と流れていたのではないか」と、解説する卒業生もいる。

文芸の血が流れる防府

芥川賞を受賞しているのは、高樹のぶ子だ。『光抱く友よ』で1984年に受賞した。その後、芥川賞の選考委員をしていたが、19年で退任した。女流文学賞など数々の文学賞も受賞、18年には文化功労者に選定されている。

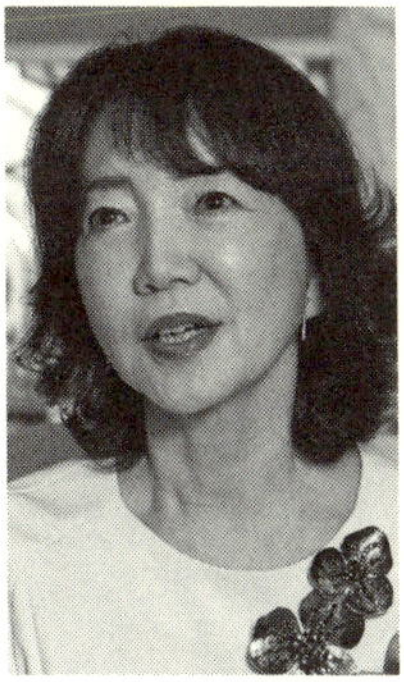
高樹のぶ子

直木賞は、92年に「受け月」で受賞した伊集院静だ。防府高校から立教大に進学、CMディレクターになり、作詞家としても活躍した。「ギンギラギンにさりげなく」などのヒット曲がある。
女優・夏目雅子（東京・私立女学館高校卒）との結婚と死別、さらに女優・篠ひろ子（仙台市・私立聖ウルスラ学院高校・現聖ウルスラ学院英智高校卒）との結婚、ギャンブルざんまいの生活……と何かと話題をまいてきた。防府市を舞台とした自伝性の強い「海峡」三部作もある。
政治コラムニスト、ジャーナリストとして健筆をふるったのは、岩見隆夫だ。毎日新聞の政治記者出身だ。

小説家では、群像新人文学賞を受賞した華城文子もOGだ。

原田節雄はソニー勤務ののち文筆家になった。

卒業生には注目企業の経営者もいる。検索、オークション、ショッピング……など日本最大のビッグデータ会社であるヤフーの社長を、12年から務めた宮坂学だ。19年6月には会長を退いた。

ヤフーの社長、会長

宮坂は同志社大に進学、PR雑誌の制作に携わった。97年に設立2年目のヤフーに転職、草創期のヤフーニュースなどの立ち上げに関わった。入社15年、44歳でトップの座に就いた。

宮坂学

宮坂は19年9月20日付けで東京都副知事に就任した。

企業トップ経験者では、松野浩二（日立金属）、荻原益三（ビデオリサーチ）、山本一元（旭化成工業）、和田紀夫（日本電信電話）らもOBだ。

北海道銀行の頭取を務めた藤田恒郎もOBだ。大蔵官僚の出身で、証券局長在任中にはインサイダー取引規制などを柱とした改正証券取引法を成立させた。

防府市の老舗企業では、白石民彦が1765年創業の白石呉服店の第10代当主だ。

光浦健太郎は1865年創業の光浦醸造工業の代表だ。

テレビ界では、山根基世がNHK初の女性アナウンス室長に就いた。

「ナレーションの山根」といわれた。話術の訓練ができてないタレントまがいの「女子アナ」とは対極的な、正統的な女性アナウンサーだ。現在もフリーアナウンサーとして活躍している。

有吉伸人は、NHKの情報・ドキュメンタリー番組『プロフェッショナル 仕事の流儀』のチーフ・プロデューサーだ。

学者では、山口大学長の岡正朗がいる。同大医学部に進学し、消化器・腫瘍外科学教授となり、医学部付属病院病院長を務めた。

宇多村元昭は、日立製作所でガスタービンの設計・開発に従事したのち、東京工業大特任教授となり、熱力学の研究をしている。

周陽学舎で学んだジャーナリストの羽仁吉一は、妻の羽仁もと子（旧制東京府立第一高等女学校・現都立白鷗高校卒）と共に大正時代に「自由学園」を創立した。

昭和時代の歴史学者であった羽仁五郎（旧制東京府立第四中学・現都立戸山高校卒）は、娘婿だ。

作曲家、音楽プロデューサーの鈴木淳が卒業生だ。『小指の想い出』（伊東ゆかり）、『なみだ恋』（八代亜紀）など多くのヒット曲を作曲し、歌手に提供した。日本作曲家協会理事長も務めた。

ピアニストの原田英代は、東京芸術大に進学、大学院まで進み、渡欧した。モスクワ音楽院などで研鑽し、ジュネーブ、ドイツ、ウィーンなどのピアノコンクールで最高位の入賞を果たした。

美術では、洋画家の田中稔之と河村正之、絵本作家の降矢加代子が卒業生だ。

ゲームクリエーターで「メタルマックス」シリーズの生みの親である宮岡寛と、『最終教師』などの漫画家・山本貴嗣は、同期生だ。

「鳩子の海」の藤田三保子

芸能では、女優、シャンソン歌手の藤田三保子がOGだ。74年度のNHK朝ドラ「鳩子の海」で主役に起用され、本格デビューした。当時の芸名は藤田「美保子」で、平均視聴率は47％の高さだった。

藤田は、母校の先輩である種田山頭火に因んで、「山頭女」という雅号で俳句を創っている。

俳優の前田吟は、防府高校を1年で中退した。劇団俳優座養成所に入るために、通信制の高校に入学して高卒の資格を取った。映画「男はつらいよ」シリーズの全作品に出演している。

落語家では、春風亭正朝と鈴々《れいれい》舎《しゃ》馬《ま》るこがいる。

地元の防府市長には１９８０年以来、原田孝三、吉井惇一、松浦正人、それに現職の池田豊と、4代続けて卒業生が就いている。

ニューギニア戦線などで指揮を執った陸軍中将の豊嶋房太郎は、旧制防府中学を卒業し陸軍士官学校に進んだ。当時の軍人のエリート街道を歩んだ。第22代統合幕僚会議議長の夏川和也もOBだ。

5章

四国の伝統高校　9校

丸亀高校

香川県立 丸亀市

高さ日本一の石垣に鎮座して、北に瀬戸内海を見はるかす丸亀城。幕末まで京極氏6万石の丸亀藩が居城としていた。その、すぐ南にあるのが丸亀高校だ。

旧制の丸亀中学と丸亀高等女学校とが戦後に統合され、男女共学の新制丸亀高校となった。丸亀中学は香川県尋常中学校丸亀分校として1893（明治26）年に設置されている。尋常中学校は現在の高松高校だが、丸亀分校とは同時のスタートだ。

旧丸亀分校本館は学校開設と共に建設され、現在も丸亀高校記念館として保存されている。モダンな北欧式建築で、国の有形文化財として登録されている。

丸亀高校は10年以上前から、いち早くインターネットのホームページを開いていた。英語版も作成していることが自慢だ。

なでしこジャパンのルーツ？

「なでしこジャパンのルーツは丸亀高校か」というエピソードを紹介しておこう。前身の丸亀高女で1906（明治39）年に「フットボール」と説明書きがあった写真が見つかった、というのが一つ。

もう一つは、丸亀高校と丸亀市立図書館で見つかった絵葉書。高女の創立20周年を記念して発行された絵葉書セットの一部だ。

袴の裾をしぼった女子生徒約20人が校庭で楽しそうにボールを追いかけている絵柄が2葉、発見された。21（大正10）～22年ころの撮影とみられる。

日本サッカー協会の公式記録では、女子サッカーは67（昭和42）年に神戸市で試合があったというのが最初という。校内試合なら公式記録とは別の話だが、協会理事が11年に丸亀高校を訪問し、調査した。「明治時代から香川になでしこがいたとは……」と驚いたという。

校訓は「終始一誠意」。事に当たっては、初めから終わりまで真心を持って対し、持するところの節を変えない、という意味だ。

教育課程としては、1年次には全員が芸術（音楽、美術、書道）を、さらに男子は武道（柔道、剣道）を選択させ、それを2年次まで続けさせるというのが、この高校ならではの特色だ。

19年度の大学入試では現役、浪人合わせ、東京大1人、京都大11人、大阪大12人、神戸大9人、岡山大26人、地元の香川大に26人(うち医学部医学科7人）が合格した。

私立大では、同志社大、立命館大など京都の大学に進学する生徒が多い。延べで早稲田大には20人、慶応大には5人が合格した。

部活をフルに続けながら難関大学に現役合格する、というのが丸亀高校のモットーでもあるという。

都会的な画風・猪熊弦一郎

卒業生に画家の猪熊弦一郎がいた。百貨店三越の白地に赤のデザインの包装紙「華ひらく」が知られている。旧制丸亀中学から東京美術学校（現東京芸術大）西洋画科に進み、フランスに留学してマティスに師事した。

新制作派協会を発足させ、自由で大胆な表現、都会的な画風によって近代絵画の新しい側面を開いた。JR丸亀駅前に「丸亀市猪熊弦一郎現代美術館」がある。丸亀高校にも猪熊コーナーがあり、「妙義山」などが収蔵、展示されている。筆者は遠縁に当たる。

猪熊弦一郎

白川一郎も、猪熊と同時代の画家で丸亀中卒だ。新制丸亀高校卒の画家では、東京芸大教授を務めた大藪雅孝がいる。

文芸では、小説家で歌人の中河与一が名高い。代表作の『天の夕顔』は、英仏中など6カ国で翻訳された。アルベール・カミュが激賞した。丸亀高校の校歌の作詞者でもある。

明治から大正にかけての歌人では、香川不抱が卒業している。石川啄木（旧制岩手県立盛岡中学・現盛岡第一高校中退）と並び称された明星派の歌い手だが、28歳の若さで病没した。丸亀高校の校庭に歌碑がある。

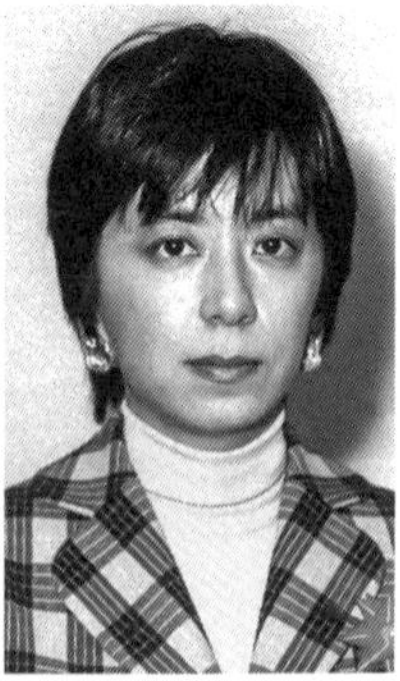
広谷鏡子

心理学者で思想家の岸田秀は新制丸亀高校卒だが、一般にはエッセイストとして知られている。『ものぐさ精神分析』などの著書が多数ある。

小説家の広谷鏡子は、97年に発表した『げつようびのこども』が芥川賞候補になった。

音楽ではバイオリン奏者の森末由文、尺八奏者の坂田梁山ら、漫画家では入江亜季がOB、OGだ。入江の作品には、母校でのマラソン風景などが描かれている。

学者や医師になった卒業生では、宇宙物理学者の佐藤勝彦が仁科記念賞を受賞、文化功労者にもなっている。誕生時に非常に小さかった宇宙が急激に膨張したとする「インフレーション理論」を打ち出した。

昭和時代に活躍した三木成夫は東大医学部卒の解剖学者だ。発生学、進化論などについても考察、自然哲学者の趣きもあった。

さらに国語学の斎賀秀夫、美術学の潮江宏三、放射線科学の小野公二、MOT（技術経営）の田辺孝二、核融合・超伝導の高橋良和、消化管外科が専門の医師・清水利夫らがいる。

消火器外科が専門で香川大医学部付属病院手術部部長の臼杵尚志は、日本登山医学会・山岳診療委員長も務めている。

東大教授の松尾豊は、ディープラーニング（深層学習）を中心とした人工知能に関する最先端の研究者だ。19年6月にはソフトバンクグループの社外取締役に就いた。

「政官」の分野では、戦前・戦後に蔵相や日銀副総裁を務めた津島寿一が明治時代の卒業生だ。校内対抗試合が「津島杯」として毎年、行われている。

香川県政を牛耳る

丸亀中の卒業生が、香川県知事として36年間も県政を牛耳っていたことがある。金子正則が50（昭和25）年から6期24年間、次いで前川忠夫が74（昭和49）年から3期12年間、知事を続けた。

現高松市長の大西秀人もOBだ。総務省（旧自治省）の官僚出身で、

19年4月の選挙でも無投票で4選された。県庁所在地の市長選としては、きわめて異例のことだ。

大西の父・大西末広も卒業生で、香川県議会議長をしていた。

卒業生には、農林水産省の幹部として対外経済交渉や国内農家対策で活躍した人物がいる。52（昭和27）年卒で農水省経済局長などをした塩飽二郎と、その3期後輩で事務次官をした鶴岡俊彦だ。

2人は、80年代後半から90年代にかけて、ウルグアイ・ラウンド農業交渉やその国内対策に力を注いだ。瀬戸内海に浮かぶ本島は丸亀市に属するが、戦国時代から続く「塩飽水軍の本拠地」と言われてきた。塩飽二郎の姓は、それに由来する。

瀬戸大橋は88（昭和63）年に完成したが、杉田秀夫は本州四国連絡橋公団の幹部として、工事現場で陣頭指揮に当たった。

国土交通省の事務次官をした峰久幸義は、民主党政権下の12年2月に復興庁の初代事務次官になり、自民党政権下の13年2月からは福島復興再生総局事務局長を務めた。

田中健次は環境庁の事務次官をした。

アルプス電気の創業者

経済界ではアルプス電気創業者の片岡勝太郎、四国電力のトップを務めた大西淳、日本ビクターの社長をした坊上卓郎、持ち株会社日本アジアグループのトップをしている山下哲生、ジェット証券社長の釜野真宏らが卒業している。

京大薬学部卒の日裏深雪は、塩野義製薬の執行役員に就いている。

地元では、伏見製薬所社長の伏見豊、さぬきうどん用の小麦粉を製造販売している吉原食糧社長の吉原良一、しょうゆ豆などを製造販売している大西食品社長の細谷誠らが卒業生だ。

メディア関連では、ニュースキャスターをした有馬真喜子が、朝日新聞記者の出身だ。

スポーツでは、元サッカー選手でなでしこジャパンのコーチにもなった前田信弘がOBだ。「なでしこジャパンのルーツは丸亀高校か」というエピソードを前述しているが、奇しき縁と言えよう。

丸亀高校は、13年夏の全国高校野球大会に香川県代表として出場した。夏の甲子園出場は4回目で、春には1回、出場している。

観音寺第一高校

●香川県立　●観音寺市

瀬戸内海に面し、香川県の最西端にある観音寺市。市の名前は四国霊場第69番の札所・観音寺に由来する。

1900（明治33）年に県立丸亀中学（現丸亀高校）の三豊分校として開校した。すぐに三豊中学として独立した。観音寺市と隣の三豊市のエリアは、明治時代から三豊郡と呼ばれていたからだ。

明治時代、三豊高等女学校の前身も設立された。戦後の学制改革で、三豊中学と三豊高女とが統合され男女共学の観音寺第一高校となった。略称は「観一《かんいち》」だ。

校訓は「我らに燃ゆる希望《のぞみ》あり　我らに高き矜恃《ほこり》あり　我らに重き使命あり」だ。校歌を引用して制定された。

校内には、大きなクスノキが76本もある。前身の三豊中時代から卒業生が寄付を続け、今や観一のシンボルとなっている。

英語の授業では特に、会話に力を注いでいる。

2年と3年は、理数科と普通科に分かれ、普通科に文系特色コースを置いている。進路指導はきめ細かく、学期ごとに進路説明会や保護者懇談会を行っている。

毎年度の大学入試では現役、浪人合わせ、東京大、京都大に各1人程度、大阪大、神戸大に各数人、岡山大に約10人、香川大に十数人が合格している。関西の私立大に進む者が多い。

元首相の大平正芳がOB

観一を代表する卒業生は、昭和期に首相を務めた大平正芳だ。旧制三豊中から高松高等商業学校（現香川大経済学部）、東京商科大（現一橋大）を経て、大蔵省に入省した。

のちに首相となる池田勇人蔵相（旧制広島県立忠海中学・現忠海高校卒）の秘書官に起用されたことをきっかけに、自由党（自民党の前身の一つ）の衆院議員になった。外相として日中国交回復に貢献し、「宏池会」の領袖となり、78年12月に第68代首相に就任した。

一般消費税の導入を訴えたが、80年6月の衆参同日選で街頭演説後に体調を崩し、心不全で急死した。

演説などで「あー」「うー」と前置きするので鈍重な印象を与えたが、政界指折りの知性派だった。

大平が首相になる前の蔵相時代、筆者は大蔵省担当記者として大平と日夜、接した。「中学の時は病弱で本の虫だった。将来は学者になれたら、と思っていた」と述懐していた。

大平正芳

観一の校内には、大平の胸像が建っている。その彼を尊敬する43期後輩の浜田恵造はやはり大蔵官僚出身で、2010年9月から香川県知事だ。

大平の秘書を務め参院議員になった真鍋賢二は、環境庁長官に就いた。

地元の観音寺市長になったOBは、西原理一と現職の白川晴司だ。現三豊市長の横山忠始も大平の秘書だった。昭和時代に高松市長に就いた三宅徳三郎もいた。

法曹界では、検察官だった塩田末平が札幌地検時代に白鳥事件を、津地検時代に名張毒ぶどう酒事件を手がけた。

裁判官から弁護士に転じた岡崎耕三は、74年の三菱石油重油流出事件の会社側の弁護団の一人になり、89年に無罪を勝ち取った。

高松高裁長官などを務めた白井美則は学究タイプで、四天王寺大学長をした。

産業界では、オリンパス光学工業（当時）常務だった米谷美久がいた。技術陣の先頭に立ち、日本初のハーフサイズカメラであるオリンパス・ペンを大ヒットさせた。

阪神タイガースのオーナー

阪神電気鉄道社長、会長の田中隆造は、阪神タイガースのオーナーも務めた。吉田義男（京都府立山城高校卒）を再び阪神監督に招聘し、翌85年に初の日本一を実現させた。

大企業の社長、会長経験者はほかに、加藤藤太郎（神崎製紙）、松田伊三雄（三越）、伊瀬芳吉（ダイハツ工業）、田中利治（三菱自動車工業）、三野重和（クボタ）、阿部貞市（大気社）、矢野恒夫（電気化学工業）、青山秀彦（王子製紙）らが卒業生だ。

観音寺市には1891年創業の川鶴酒造がある。その4代目社長の川人一治郎、5代目の洋造、現在の6代目裕一郎の3人とも卒業生だ。裕一郎の妹の千明もOGで、成蹊大に進学し在学中にミス・ユニバース日本代表となった。

ノーベル賞候補の玉尾皓平

学者・研究者では、有機化学者で京大教授、理化学研究所基幹研究所所長などを歴任した玉尾皓平がいる。11年には文化功労者に選定され、ノーベル化学賞候補としても名前が挙がった。

金属工学の藤田広志、地震防災学の岡田恒男、計数工学の藤村貞夫、数学の井川満らも卒業生だ。

医学では、循環医で神経疾患の「スモン」について最初に問題提起した前川孫二郎、精神病理学の林拓二がOBだ。

経済学の藤田敬三は大阪経済大学長を、中国近代史の倉田貞美は香川大学長を、近代日本文学が専門で作家太宰治（旧制青森県立青森中学・現青森高校卒）の研究で知られる山内祥史は神戸女学院大学長を務めた。

文系ではさらに、行政法の磯崎辰五郎、ドイツ文学の秋山六郎兵衛と福田宏年、東洋史の佐伯富、英文学の長谷川年光、文化人類学の小山修三、経営学の近藤文男、社会心理学の田尾雅夫らが卒業している。

原剛は自衛隊出身の軍事史研究者で、映画などの軍事検証を手がけている。NHKの特別ドラマ「坂の上の雲」（09～11年）でも、ロシアと戦った日本陸軍の軍事考証を引き受けた。

教育者もいた。灘高校（神戸市）の梶和三郎と、洛南高校（京都市）の森諦圓の2人は私立高校の校長として、それぞれ東大、京大など難関大学に多数を合格させる進学校に育てた。

観音寺市の自宅裏山に観測所を持つ藤川繁久はアマチュア天文家で、今までに9個の彗星を発見している。アマチュア天文家にとって最高のエドガー・ウィルソン賞を、03年に受賞している。

文芸では、『青春デンデケデケデケ』で、90年に文芸賞、91年に直木賞をとった芦原すなおがいる。原作の舞台は母校で、92年に映画化された時も、観一でロケが行われた。

小説家の島比呂志もいた。東京農林専門学校（現東京農工大）で獣医学の助教授時代にハンセン病を発症、入所した国立療養所星塚敬愛園（鹿児島県）からハンセン病訴訟・告訴宣言を98年に発表した。らい予防法など国の過ちを断罪する裁判のきっかけを作った。

芦原すなお

洋画家の田中岑《たかし》、日本画の岩倉寿《ひさし》、漫画家の高瀬直子も卒業生だ。岩倉は18年10月に死去した。

音楽では、サックス奏者の筒井洋一、音楽プロデューサーのIkoman（イコマン）、和太鼓の住吉佑太がいる。落語では3代目桂圓枝がいた。

部活動では、陸上部の棒高跳びと新体操部がきわだっている。横山学は、棒高跳びで高校新記録をマークし、00年のシドニー五輪に出場した。後輩の荻田大樹も、棒高跳びで16年のリオデジャネイロ五輪に出場した。

女子では、ハードル選手でもあった中野真実が3年時に棒高跳びで日本記録を更新し続けた。観一教諭を経て観音寺中央高校教諭だ。

直木賞・芦原すなおの母

新体操部は70年前後に、高校総体などで7回、全国優勝している。その指導者で観一教諭だった蔦原栗子は三豊高女卒で、前述の芦原すなおの母だ。

プロ野球選手では、中日、西鉄で投手として活躍した大矢根博臣がOBだ。

ダイエー・ソフトバンク、中日で投手だった三瀬幸司が異色の存在だ。ダイエーにドラフト会議7巡目指名で入団し、04年に28歳でパ・リーグ新人王に選出された。

メディア界では、BSフジ社長をした白川文造、NHKの国際報道記者で「ニュースウオッチ9」のキャスターを務めた河野憲治がいる。

高松第一高校

●高松市立　●高松市

国の特別名勝「栗林公園」から東に600メートル、東方に屋島を望む自然の景観に恵まれた場所にある。

1928（昭和3）年に高松市立第一中学校として設立され、戦後の学制改革の過程で高松市立高等女学校と統合し、新制の高松第一高校となった。

普通科に加え音楽科が併設されている。

文部科学省からSSHの指定を受けている。従来からの英語に加え、理数教育に一段と力を入れている。国際理解教育にも熱心に取り組んでいる。欧米、アジア、ニュージーランドなどの高校生を迎えて国際交流を重ねるほか、研修旅行としてオーストラリアや英国を訪問している。

大学入試では現役、浪人合わせ毎年度、京都大、北海道大、大阪大などの国立大に各数人が合格する。岡山大、広島大にも各20人ほど。地元の香川大には約40人だ。国公立大には合計して約220人が合格している。

音楽科の卒業生は毎年度、東京芸術大、京都市立芸術大などに各1～2人、合格している。

高い次元での文武両道を目指している。全国大会には陸上、バスケットボール、水泳部などが、文化部では吹奏楽、合唱、書道部などが出場している。

野球部は全国大会出場が春1回、夏3回だ。野球史に残る名選手を出している。

スラッガーの中西太がいた

オールド・ファンには懐かしいスラッガー・中西太が卒業生だ。52年から69年にかけ西鉄ライオンズの三塁手として活躍し、西鉄、日本ハム、阪神で監督を務めた。99年に野球殿堂入りしている。

中西は高校時代に本塁打を量産し、「怪童」といわれた。西鉄時代にはリーグ本塁打王に5回（4

年連続）もなっている。

中西より4年あとには近藤昭仁が、卒業している。早稲田大に進学し東京六大学野球や大洋で内野手として活躍した。横浜、ロッテの監督を務めた。19年3月に死去した。

文化人では、教育評論家、法政大特任教授の尾木直樹が、知られている。テレビのコメンテーターとして頻繁に登場、女性のような物腰や柔らかい口調から「尾木ママ」という愛称で親しまれている。

学者では天文学の槙野文命、医

尾木直樹

学者で神経科学が専門の三木崇範がいる。
ハードボイルド作家で、「野獣死すべし」が代表作の大藪春彦が卒業生だ。

音楽科卒の川井郁子

音楽では、バイオリニスト、作曲家の川井郁子が活躍中だ。高松一高の音楽科を卒業し、東京芸大に進んだ。

歌手、声優の松原美香、トロンボーン奏者の吉川武典と広瀬貴雄、クラリネット奏者の大浦綾子、林裕子らもOG、OBだ。

舞台俳優で劇団四季所属の内海雅智、同じく舞台俳優で元四季所属の石井雅登は、それぞれ東京芸大・声楽科に進んだ。民芸所属の松田史朗もいる。


漆芸家で重要無形文化財保持者（人間国宝）の磯井正美、彫刻家の池川直、書家の小森秀雲、写真家の宅間国博らも卒業生だ。

芸能では、お笑いコンビ「ウッチャンナンチャン」の南原清隆がOBだ。放送作家の小西マサテルもいる。

政治家では、大蔵官僚出身で防衛庁長官を務めた大野功統、前科学技術担当相の平井卓也がOBだ。

社長など企業のトップ経験者では、多田野栄（タダノ）、木村操（名古屋鉄道）、真鍋康彦（高松琴平電気鉄道）、竹内弘幸（高圧ガス工業）、本田典孝（香川銀行）、穴吹忠嗣（穴吹興産）、松原哲裕（東洋テックス）、中村卓朗（西日本放送）らが卒業している。地元経済界の発展にも、寄与している。

宇和島東高校

●愛媛県立　●宇和島市

　四国の南西部で愛媛県の南部（南予地方）にある宇和島市。宇和海に面し、黒潮の影響で気候は温暖だ。

　東京や大阪から見れば辺境の地で、かつて評論家の大宅壮一（旧制大阪府立茨木中学・現茨木高校卒）は宇和島を「四国の終着駅」と評した。

　江戸時代には伊達家10万石が領し、幕末には開明君主といわれた八代藩主伊達宗城が治めた。1876（明治9）年、変則中学南予学校が開校した。これが、宇和島東高校のそもそものルーツだ。江戸時代から学問が盛んで、学校設立は全国でも指折りの早さだった。

　変則中学を継承する形で1896（明治29）年に、愛媛県尋常中学校南予分校が創立された。すぐに宇和島中学校として独立した。

1876年に開校

　戦後の学制改革で男女共学の新制宇和島第一高校となったが、1年半後には宇和島商業高校を統合して現在の宇和島東高校となった。略称は「宇東《うとう》」あるいは「東高」だ。

　国公立大学に毎年度、現役、浪人合わせ100人以上が合格している。19年春の大学入試合格実績は東京大、北海道大、大阪大に各1人だ。地元の愛媛大には16人。東京大、京都大には、数年に1人程度の合格者を出している。

片山恭一

　最も名前が知れわたっている卒業生は、小説家の片山恭一だ。2001年に出版された青春恋愛小説『世界の中心で、愛をさけぶ』（小学館）が一大ベストセラーになったからだ。

　発行部数は国内単行本としては最高記録の三百数十万部に達している。英独仏伊、オランダ、韓国、台湾などでも翻訳出版された。

漫画、映画、テレビ・ラジオドラマ、あるいは舞台化もされた。「セカチュー」という一種の社会現象になった。

文芸で名を刻んだ卒業生では、明治期の漢詩人・中野逍遥、大正、昭和時代の俳人である富澤赤黄男《かきお》と芝不器男がいた。

俳人の夏井いつきは、テレビのバラエティー番組で芸能人の俳句を容赦なく添削する「毒舌先生」として知られる。松山市をベースに、俳句集団を作り、児童生徒を対象とした俳句教室を開いている。

夏井いつき

小説家、劇作家で、戦後すぐに日本共産党公認の衆院議員をした高倉輝、ノンフィクション作家の木下博民がいた。

文芸評論家の古谷綱武は、旧制宇和島中から旧制青山学院中等部に転校した。

高野連会長を務めた奥島

学者・研究者では、法学者で早稲田大の14代総長をした奥島孝康がいる。15年までの7年間、日本高校野球連盟の6代会長を務めた。ボーイスカウト日本連盟理事長もした。現在は白鴎大学長だ。

旧制卒では西洋哲学者の藤岡蔵六、西洋古典学・ラテン語学者の田中秀央、仏文学者の中平解、経済史の穂積文雄、明治文学研究者の川崎宏がいた。

新制になってからは、国際政治学者で防衛大学校校長を務めた松本三郎、国文学者で源氏物語を研究した伊井春樹、社会システム工学が専門の大谷英雄、魚類生態学の河野博、国際経済学の岡村誠、海洋工学者で浮体式洋上風力発電の第一人者・宇都宮智昭らが卒業している。

河野龍太郎は民間エコノミストだ。経済財政諮問会議など政府の各種審議会の委員を務めている。

岩村昇はネパールで、伝染病予防や栄養改善の医療活動を18年間も続けた。「日本のシュバイツァー」と呼ばれ、マグサイサイ賞を受賞した。

宮川真一は岩村の影響を受けバングラディシュで医療活動をした。

細川一は新日本窒素肥料（のちのチッソ）の水俣工場附属病院長を務め、水俣病の症状を初めて公式に確認した。ただし、会社から説得され、これを公表しなかった。

市立宇和島病院長を務めた近藤俊文も旧制時代に学んでいる。幕末から明治にかけての近世日本史・医学史の研究者、エッセイストでもある。田中九信は生涯を僻地医療に尽くした。

睡眠時無呼吸症の研究者である宮崎総一郎、老年精神医学の堀口淳、耳鼻咽喉科の医師で耳と脳の連繋研究の第一人者である中川雅文らもいる。

脳神経外科医で東京・大泉学園複合施設施設長の酒向正春は、ミスター・長嶋茂雄（千葉県立佐倉第一高校・現佐倉高校卒）のリハビリ担当医だ。

スポーツがすこぶる活発な高校だ。毎年7月に行われる校内ボートレースは名物行事だ。19年度で107回を数えた。

校内ボートレースが名物行事

110余年の歴史を誇る男子ボート部は、25年の全国中等学校競漕大会で優勝して以来、新制以降も何度も全国優勝している。男子だけでなく女子も66年以来、優勝を重ねている。

ボート部応援歌『思へば過ぎし』と『佐田の岬』は全校生徒が口ずさむ。

全国優勝といえば、相撲部も59年に団体で果たしている。55年には、谷本英喜が全国高校総体相撲競技大会の個人戦で優勝し、「高校横綱」になった。

五輪史に残る「山下跳び」の語源となった山下治広が卒業生だ。64年の東京五輪の体操競技で、山下は跳馬と団体総合で金メダルを獲得した。

56年のメルボリン五輪では、体操男子団体で河野昭が、また競泳200メートル平泳ぎで吉村昌弘がそれぞれ銀メダルを取っている。

野球部は1901年に創部された。88年にセンバツ大会で初出場初優勝を遂げた。2019年夏には、甲子園の全国大会に出場した。9年ぶり9回目だった。

宇和島東高校と済美高校（私立・松山市）で野球部監督を務めた上甲正典が、卒業生だ。両方の高校で、春の甲子園センバツ大会の初出場初優勝という偉業を達成した。

宇和島東高校時代に上甲の指導を受けたのが、ヤクルトや米大リーグで活躍した岩村明憲と、オリックスの投手だった平井正史だ。

サッカーでは、愛媛県立南宇和高校のサッカー部監督として89年の全国高校サッカー選手権大会で全国制覇を成し遂げた石橋智之がOBだ。

女子柔道でも、有力選手を輩出している。宇高菜絵が14年に世界選手権大会体重別で優勝したのをはじめ、風戸晴子、宮本樹里、佐野明日香らが国際試合で活躍している。

空手家の石井和義は立ち技格闘技イベント「K-1」を立ち上げ、格闘技ブームを巻き起こした。

政治家では、総理府総務長官の今松治郎、防衛庁長官の増原恵吉がいた。宇和島市長の石橋寛久と前述の石橋智之は兄弟で、そろってOBだ。

坂本龍馬の名跡継承者

戦前に満鉄欧州事務所長などを務め、戦後には自由党結党を後押しした坂本直道は、幕末の志士・坂本龍馬の名跡継承者だ。旧制北海道庁立上川中学(現北海道立北海道旭川東高校)から、宇和島中学に転校してきた。旧制六高(岡山)から東大法学部に進んだ。

経済界では、戦前に山下汽船(現商船三井)を創業し、山下財閥をつくった山下亀三郎が南予中学校を中退している。

松根宗一は日本原子力産業会議副会長に就くなど、戦後の日本の原子力政策のほとんどに関与したフィクサーだ。俳人の松根東洋城(愛媛県尋常中学・現県立松山東高校卒)は兄だ。

山口恒則は四国電力社長を、末光千代太郎は伊予銀行頭取を務めた。

画家では洋画の三輪田俊助、「道後温泉」の文字を本館に残したことで知られる村田英鳳、日本画の浜田泰介らが卒業生だ。

音楽では、作曲家で校歌を作った山田昌弘、声楽科の松平敬、シンガーソングライターの大石昌良、83年生まれの気鋭の尺八演奏家・中村仁樹らがOBだ。

NHK出身のアナウンサー・宮川俊二、劇作家・演出家の稲田真理、女優・歌手の土居裕子、映画監督だった青野暉、アニメ映画監督の楠葉宏らもOB、OGだ。

西条高校

愛媛県立　西条市

「東予」と呼ばれる愛媛県東部に位置する西条市。瀬戸内海に面し西日本最高峰の石鎚山（標高1982メートル）のふもとにある。

石鎚山系に降った雨が地中にしみこんで広がった名水「うちぬき」（自噴水＝地下水）が街のあちこちからあふれている。

江戸時代には西条藩3万石が領していた。堀に囲まれた藩陣屋跡に西条高校がある。1896（明治29）年に、愛媛県尋常中学校東予分校として開校した。3年後には西条中学校として独立した。

戦後の学制改革の過程で、旧制西条高等女学校を前身とする高校などと統合、男女共学となった。西条第一高校―西条北高校という名称を経て、1955（昭和30）年に現在の西条高校となった。

西条藩の陣屋跡にある

普通科のほかに理数科、商業科が設置されている。かつては衛生看護科もあった。このため共学化されたあとは女子の方が多く、現在でも男子4・女子6の比率だ。

ただし、校歌には「学びてたゆまぬ健児は我等」などという男子向きの一節が残る。旧制西条中時代に制定された校歌を、今でも使っているからだ。

校訓は「質実剛健　文武両道　気品と清楚」だ。こちらには、女子向きの言葉が入っている。前の2つは旧制中学からのもの、「気品と清楚」は旧制高女から受け継がれた。

校章も東予分校として開校した時に創案されたものが、今も使われている。デザインが優れ、旧制中学時代に全国校章コンクールで1位になったという逸話が残っている。

作画したのは、愛媛県尋常中学（現県立松山東高校）から転任してきた図画教師の高瀬半哉（京都府画学校・現京都市立銅駝美術工芸高校卒）だ。高瀬は尋常中学で小説家の夏目漱石（東京府第一中学正則科、のちの府立一中・現都立日比谷高校中退）と同僚で、『坊っちゃん』に登場する「野だいこ」のモデルになった人物だ。『坊っちゃん』といえば、そのモデルとされる弘中又一（京都市・旧制同志社中学、現同志社中・高校卒）も高瀬とともに、東予分校に赴任してきている。

大学入試では現役、浪人合わせ、大阪大、岡山大、香川大など国公立大に例年、計約１００人が合格する。地元の愛媛大への合格者は約30人だ。専門学校に進む卒業生も20％ほどいる。

西条高校が最も誇りにしている卒業生は、「新幹線の父」といわれる十河信二だ。西条中学の第２期卒で、戦前の鉄道院官僚になった。西条市長を経て、55年に71歳で第４代国鉄総裁に就いた。

国鉄総裁の十河信二

前年に青函連絡船・洞爺丸事件があり、火中のクリを拾った総裁就任時の「鉄路を枕に討死する覚悟で……」という挨拶が、当時のマスコミで有名になった。

２期８年の在任中、東海道新幹線の建設にまい進した。新幹線は十河が国鉄を去った後、東京五輪が開会する直前の64年10月１日に開業した。

十河信二

西条中学として独立した際、十河がリーダーとなって大手門の屋根の上に地球儀を作って飾った。「この門をくぐる者は将来、世界を背負って立つべきである」と、十河は演説したという。現代風に言えば「グローバル人材のすすめ」であり、この精神は今も西条高校に受け継がれている。

「グローバル人材」といえば、日商岩井・現双日の前身企業の一つである商社の日商を創業した高畑誠一も、西条中学５期卒だ。

高畑は、明治末から大正にかけ日本で最大級の総合商社だった鈴木商店に入社し、鈴木商店が経営破たんした後、鈴木商店の貿易部門を引き継いで日商を設立、社長、会長を長く務めた。

新制卒では、三菱ケミカルＨＤの社長・越智仁がいる。西条高校から京都大工学部に進学、同社の前身の一つである三菱化成工業に入社した。

三菱ケミカルHDは年商約4兆円で、日本最大の化学会社だ。前任社長で現会長の小林喜光（山梨県立甲府第一高校卒）が経済同友会代表幹事に就任したことに伴い、越智が後継社長になった。

住友軽金属工業（現UACJ）社長をした山内重徳、旭化成の社長、副会長を務めた藤原健嗣も卒業生だ。

首都圏の駅の近くで立ち食いそば、うどんチェーンを130店展開している「富士そば」の創業者・丹道夫が、学んでいる。会社名はダイタングループで、丹は現会長だ。西条高校の前身の一つである西条南高校を中退した。

79年卒の同期である山名正英と首藤信生は、半導体関連部品のアドバンテックの共同代表だ。

西条高校は、部活動も活発だ。体育部では陸上競技、男女ソフトテニス部、女子ソフトボール、弓道部などが全国大会の常連だ。文化部では、合唱部、美術部などが全国大会によく出場している。

野球部は59年夏の第41回全国高校野球選手権大会で、優勝している。甲子園出場2回目にして全国制覇を成し遂げた。

これを含め、甲子園には春6回、夏6回、出場している。このため大学野球やプロ野球で活躍した選手を、たくさん送り出している。

元巨人監督の藤田元司

最も知名度が高いのは、読売ジャイアンツ（巨人）で投手や監督をした藤田元司だ。藤田は、旧制愛媛県立新居浜中学（現新居浜東高校）から西条北高校に転入してきた。慶應義塾大―日本石油で、スター投手として活躍した。

巨人のエースとして2度の日本一、5度のリーグ優勝に貢献した。

長嶋茂雄（千葉県立佐倉第一高校・現佐倉高校卒）のあとを受け81年に巨人監督に就任、次の監督・王貞治（東京・私立早稲田実業学校高等部卒）のあとに再び巨人監督に就いた。通算して、2度の日本一、4度のリーグ優勝を成し遂げた。

NHKの高校野球中継で解説をした池西増夫は、西条北高校時代に藤田とバッテリーを組んでいた。社会人野球の電電近畿で65年、都市対抗野球の優勝監督になった。

夏の甲子園で優勝した時の監督・矢野祐弘はその後に亜細亜大野球部総監督を務めた。

一般入試で早稲田大に入った高橋広は、15～18年末まで早稲田大野球部監督に就いた。

藤田と同級生だった三迫仁志は、ボクシングジムを創設し、多くの世界チャンピオンを育てた。

西条高校から明治大学附属明治高校に転校した。明大在学中に日本フライ級王座になった。19年8月に死去した。

学者・研究者では、整形外科学の青木虎吉、宇宙物理学の永井泰樹、都市計画の川上洋司、南極観測越冬隊にも加わった農業気象学の真木太一、農業環境学の山路英司、植物分類学の武丸恒雄、臨床心理学の末松弘行、宇宙工学の十亀昭人、人工酵素化学の久枝良雄、経営学の三浦和夫、商法の浅木慎一らが卒業生だ。

文化人では旧制卒に児童文学作家の古田足日がいた。

華道家の野口青楓、洋画家の日浅和美、劇画家の村上和彦、学習塾を経営しながら自己啓発書などを出版している喜多川泰、スポーツジャーナリストの石川保昌、元『サンデー毎日』編集長でコラムニストの近藤勝重らがOB、OGだ。

「トワ・エ・モワ」の芥川澄夫

音楽では、歌手、ギタリスト、音楽プロデューサーの芥川澄夫がいる。札幌五輪のテーマソング『虹と雪のバラード』でお馴染みのデュオコンビ「トワ・エ・モワ」の一員として知られている。

声楽家の妻鳥純子と徳永祐一、ジャズボーカリストの桑原恵子、ピアニストでトイピアノ（おもちゃのピアノ）奏者の畑奉枝、パリ在住のピアニスト・伊藤美織、新進気鋭のテノール歌手・後田翔平らも卒業生だ。

「ブログの女王」と呼ばれるマルチタレントの真鍋かをりもいる。横浜国立大教育人間科学部1年次から芸能活動を始めた。知的タレントと評判になった。

真鍋かをり

今治西高校

●愛媛県立　●今治市

造船とタオルで知られる今治市。愛媛県北東部に位置し、瀬戸内しまなみ海道によって広島県尾道市と結ばれている。人口は約16万人で、県下2番目だ。

1901（明治34）年に県立西条中学校今治分校として設立された。4年後に独立して今治中学校になった。20年にJR今治駅南徒歩20分の現校地に移転した。

戦後の学制改革の過程で女子にも門戸を開いた。1年半だけ今治第一高校と名乗ったが、すぐに現在の今治西高校に改められ男女共学となった。

校訓はない。「蛍雪精神」というシンプルな校風があるのみだ。各教室には必ず「蛍雪」の2文字が、掲げてある。

校歌には「蛍雪行手を　照らすかな」の一節がある。校章は真ん中に蛍を、周囲には雪の結晶を配置したデザインになっている。

2017年度には県教委から「英語教育推進校」に指定され、1年生全員がオンライン・スピーキングに取り組んだ。

2020年から大学入試は大きく変わり、英語外部試験が導入される。いち早くその対応を始めたわけだ。

大学入試では、国公立大合格者について卒業生の70％以上を目指している。毎年春の入試では、現役、浪人合わせ京都大、大阪大、神戸大、九州大に各数人が合格する。地元の愛媛大には例年、約50人だ。

丹下健三

建築家の丹下健三がOB

最も著名な卒業生は、建築家の丹下健三だ。文化勲章や「建築界のノーベル賞」といわれるプリツカー賞を日本人で初めて受賞、早くから国外でも活躍し、「世界のタンゲ」といわれた。

　今治中学は「四修」、つまり五年生をすることなく飛び級で卒業して旧制広島高校（現広島大）に進学した。

　ただし東京帝国大・建築科の受験には2度失敗している。東大卒後に建築科の助教授、都市工学科の教授になり、多くの後進を育てた。

　東京都庁舎、広島平和記念公園、すでに解体された国立代々木競技場などが代表作だ。今治市内にも、市庁舎、市公会堂など丹下の手による建築物が多数ある。

　活躍中の気鋭の建築家・白川在は、丹下より六十数年後に今治西高校を卒業している。やはりプリツカー賞を受賞している建築家・伊東豊雄（東京都立日比谷高校卒）の弟子の一人だ。

智内と近藤は同級

　芸術家では、洋画家の智内兄助がいる。幻想的な画風が特徴で日本画と間違えられることがある。東京芸術大に進学し、在学中から賞を受賞した。

　昭和期の洋画家である野間仁根がOBだ。書家の松本芳翠も旧制時代に学んだ。新制卒では女性画家、イラストレーターのMAYA MAXX、漫画家の安永圭がいる。

　智内と中学、高校で同級だったのが、日本を代表するトランペット奏者で、音楽プロデューサーでもある近藤等則だ。京都大英米文学科卒だ。

　近藤はニューヨークにレーベル（音楽会社）を設立し、海外の一流アーティストと組んで演奏を続けている。

　さらに音楽では、クラリネット奏者の柳瀬洋、作曲家・編曲家の永井誠一郎、ゴスペルシンガーの白鞘慧海らがいる。

　友近８９０《やっくん》は「書道シンガー」を名乗る。オリジナルソングを歌ったあと、「夢」という字を特殊なマット上に書く――こんな歌と書を同時に行うパフォーマンスを、全国の老人ホームや保育園などを廻って披露している。

　芸能界では、落語家の瀧川鯉太がいる。元女子アナの長野翼は、夫が福岡ソフトバンクホークス選手の内川聖一（大分県立大分工業高校卒）だ。

　映像ジャーリストだった長井健

司は07年に、ミャンマーの反政府デモを取材中に軍兵士に銃撃され死亡した。

学者・研究者では、応用分子生物学の原島俊、海洋浮体工学の柏木正、生態人類学の木村大治、生命科学の渡辺正夫らがいる。

国際経済学の阿部顕三と刑法学の佐伯仁志は、76年に卒業した同期だ。

品部義博は農業経済学者、大成経凡は郷土史研究家、波頭亮は経営コンサルタントだ。

経済界に移ろう。76年に新日本製鉄（現日本製鉄）の社長に就いた田坂輝敬がいたが、わずか6ヵ月で死去した。田坂は東京帝大卒後、約10年たってから旧日本製鉄に入社した。企業分割で富士製鉄に振り分けられた。田坂の急死により、後継社長には八幡製鉄出身の斎藤英四郎（旧制新潟県立新潟中学・現新潟高校卒）が就いた。

政井貴子は16年6月から、日銀審議委員を務める。外資系銀行や新生銀行で金融実務の研鑽を続けてきた。実践女子大文学部卒だ。

ソフトウェア開発会社のサイボウズの創業社長である青野慶久がOBだ。松下電工を脱サラしてITベンチャーを立ち上げ、東証1部上場企業に育てた。

率先して育児休暇を取り、戸籍名を妻の姓「西端」にしていることでも話題を呼んだ。

青野慶久

青野は、夫婦別姓を選択できる法制度がないのは憲法違反だとして提訴したが、東京地裁は19年3月、現行制度は合憲とし請求を棄却した。青野は、控訴した。

今治には造船やタオルなどの地場産業があるため、Uターンして家業を継ぐなど経営者として力を発揮している卒業生もいる。

今治造船社長の檜垣幸人

今治造船のオーナー家の生まれで現社長の檜垣幸人を、まず挙げられる。慶応大を卒業後に今治造船に入社し、05年に43歳で社長に就いた。今治造船グループの建造量は国内シェア30％強で日本一、世界でも1位か2位だ。

第一印刷（本社・今治、拠点・

東京銀座）の会長西原透と社長西原孝太郎の父子は共にＯＢで、ゆるキャラ「バリィさん」のキャラクター・ビジネスを展開している。「バリィさん」は、今治市の「バリ」をもじって命名された。タオル、船、来島海峡大橋、焼き鳥などをモチーフに取り込んだゆるキャラだ。12年の「ゆるキャラグランプリ」で第1位になった。

2010年のＦＩＦＡワールドカップ南アフリカ大会で日本代表監督を務め、現日本サッカー協会副会長の岡田武史（大阪府立天王寺高校卒）は14年秋から四国サッカーリーグのＦＣ今治の運営会社の代表になっている。前述の今治造船などはスポンサーになり、岡田を応援している。

タオル関連では、井上修（井上タオル）、鍋島博志（ナベシマ）らがいる。

さらに、森田浩治（伊予銀行）、村上明弘（四国溶材商事）、羽倉一正（今治舗道）、冠範之（今治ヤンマー）、小田道人司、小田雅人（渦潮電機）、越智寛三（石鎚酒造）、山路義則（キスケ）、桜井千鶴（コア桜井、本社・大阪市）、柳田恒明（エフ・アール・ピー・サービス、本社・大阪市）らのトップ経営者がＯＢ、ＯＧだ。

政治家では、参院議員（自民党）の山本順三が19年9月まで国家公安委員長を務めた。

甲子園には27回出場

野球部は1905年に創部され、強豪で鳴らしている。甲子園へは春夏合わせ計27回も出場している。国民体育大会では7回出場し2度優勝、明治神宮大会には3回出場している。

監督の大野康哉はＯＢで、05年から母校の体育教諭を務め、13年間で計11回も甲子園出場を果している。

卒業生でプロ野球選手になったのは、これまで十数人を数える。このうち、阪急ブレーブスで16年間、内野手として活躍した高井保弘は、通算代打本塁打27本の日本記録を持っている。

ボート、陸上競技、弓道、テニス部なども、全国大会の常連校だ。サッカーも13年度には全国高校総体に初出場している。

文化部も、囲碁・将棋、放送、物理、化学、生物、吟詠剣詩舞、コーラス、写真などが活躍している。

城東高校

徳島県立　徳島市

ＪＲ徳島駅の東に、徳島城址がある。江戸時代に徳島藩蜂須賀家25万７０００石が、居城としていた。

城東高校は、その名の通り城址のすぐ東にある。徳島駅から歩いていける一等地で、徳島市内の公立高校で近年、最も人気が高い。

前身は、１９０２（明治35）年創立の県立高等女学校だ。徳島県内で初めてできた公立女学校だった。戦後の学制改革で男子を受け入れ、共学となった。

総合的な学習の時間を「ＱＵＥＳＴ（クエスト）」と名づけ、キャリア教育を行っている。クエストとは、探求、追求という意味であり、自分の人生を追い求めることを目指している。

具体的には、企業研修、職業ガイダンス、高大連携、課題研究などに取り組んでいる。

将来の進路を見据え、１年次から人文社会、文理、数理の３つのコースに分かれている。大学進学実績は最近、右肩上がりだ。難関大学合格者は、旧制徳島中学を前身とする城南高校を上回る勢いだ。

国公立大学への現役での合格率は19年春、卒業生の66％だった。

瀬戸内寂聴

そのうち東京大に1人、京都大に２人が合格している。大阪大には11人、神戸大には４人だった。地元の徳島大には70人が合格（浪人を含めると75人）している。

瀬戸内寂聴がＯＧ

最も著名な卒業生は、小説家で天台宗の尼僧でもある瀬戸内寂聴だ。谷崎潤一郎賞など多くの文学賞に加え、06年には文化勲章を受章している。現代語訳「源氏物語」は３５０万部のヒットとなった。

旧制高女から東京女子大に進学、

奔放な男性関係を糧に恋愛小説、伝記小説で人気作家となった。1922年生まれながら、なお旺盛に作家活動を続けている。

母校愛が強く、城東高校在学生を対象とした「瀬戸内寂聴奨学金」を開設している。

新制卒では、漫画家の竹宮惠子がいる。城東高校3年の時にデビューし、少女漫画界を代表する人気作家として活躍している。00年に京都精華大マンガ学部の教授に就任、漫画家として初めて学長にも就いた。

脚本家の鎌田敏夫は、83年にTBS系列で放送されたドラマ『金曜日の妻たちへ』が代表作だ。

「ダイヤモンド富士」など富士山の写真で知られる森住祥宏、女性俳人の大高翔、昭和期の詩人・生田花生、日本画の市原義之、手袋作家の福島令子が卒業生だ。

学者では、応用生命科学の佐々木隆造、気象学の大滝英治、育種学の古田喜彦、超電導の仁田旦三、分析化学の本仲純子、文系では国文学の谷知子が卒業している。

「チームラボ」の猪子寿之

猪子寿之は気鋭の経営者(77年生まれ)で「チームラボ」の代表だ。プログラマー、ロボットエンジニア、数学者、Webデザイナーなど情報化社会の様々な専門家を束ねるシステムインテグレート企業だ。

猪子は東大に進学、東大発のベンチャー企業を立ち上げた。デジタル技術を駆使して芸術作品を生み出す「新時代の旗手」として注目されている。

医師では、南極越冬隊員、捕鯨母船の船医などを務めた木内夏生、法医学医、監察医としてのキャリアが長い武市早苗がいる。

この2人より21年後輩の同級生である橋本絵莉子と福岡晃子はロックバンド「チャットモンチー」3人組の一員だ。

ビオラ奏者の沖西慶子、ピアニストの沖野聡子と森野かおり、作曲家・作詞家のRYOJI.Mも卒業生だ。

芸能では、宝塚歌劇団出身の舞台俳優である瀬戸内美八がいる。

部活動では、ラグビー部の活躍が目立っている。19年正月の全国大会(花園)には2年連続12度目、3月の選抜大会(熊谷)には3大会連続3回目の出場を果たした。

高知追手前高校

高知県立　高知市

高知「おおてまえ」高校という。江戸時代に高知は土佐藩20万200石が領する雄藩だった。その高知城のすぐ東側の追手筋に面して校地がある。

1878（明治11）年に県立高知中学として創立された。尋常中学、第一中学、高知城東中学などと改称され、戦後の学制改革で男女共学の新制高知追手前高校となった。全国各地の県庁所在地に設置された「一中」伝統校の高知県版だ。

旧制時代の1931年に建てられた校舎を、現在でも使っている。格調ある建物であるが、南海地震に備えて耐震工事が進められている。

時計台は武田五一が設計

正面入り口にある時計台がシンボルになっている。高知県尋常中学時代の卒業生で、明治から戦前にかけて建築家として多くの作品を手がけた元京都帝大教授の武田五一が設計した。

校訓は「質実剛健」と「文武両道」。スクール・アイデンティティとして「将来を見据え、次代をリードする人材の育成」を掲げている。

追手前高校を象徴する人物は、昭和初期の第27代首相浜口雄幸だ。軍備拡張が当たり前の空気の中で「軍拡より軍縮」という信念を貫いたものの、不慮の凶弾に倒れた。

その風貌と謹厳実直な人柄から「ライオン宰相」と呼ばれ大衆に親しまれた。浜口にちなんで「レオスピリット」なる標語も、同校には伝わっている。

高知県は「まんが王国」と言われる。高知県ゆかりの漫画家は約50人も数えられる。92年から毎年8月に高知市で、「まんが甲子園」（全国高等学校漫画選手権大会）が開かれている。

高知追手前高校の卒業生にも、漫画家がいる。2013年10月に94歳で死去したやなせたかしが代表的だ。

子どもたちに絶大な人気となった『アンパンマン』の生みの親だ。『手のひらを太陽に』の作詞も手がけるなど、イラストレーター、作詞家、コピーライター、舞台芸術家などの顔も持っていた。

やなせは、母校のイメージキャラクターもデザインしている。校名にちなんだ『追手前OO《おお》くん』と、校樹のイチョウにちなんだ『ギンコちゃん』だ。

横山隆一も著名な漫画家だった。代表作は、早稲田大のマスコットとしても有名な『フクちゃん』だ。

やなせたかし

毎日新聞に長く連載され、映像化もされた。94年には、漫画家としては初の文化功労者になっている。

現在活躍中の漫画家では、くさか里樹（女性）がいる。代表作は『ヘルプマン！』『ケイリン野郎』だ。

詩人、翻訳家としては、県立一中時代の卒業生片山敏彦がいた。ロマン・ロランに心酔し、多数の翻訳をした。ゲーテなどの翻訳もあり、仏文学と独文学の研究者だった。

直木賞作家の田岡典夫は、高知城東中学を卒業する前年に教師殴打事件を起して退校し、東京府立第一中学（現都立日比谷高校）に転じた。土佐人を題材にした歴史小説を多く著した。高知に根を張った詩人としては、島﨑曙海がいた。

寺田寅彦

歴史に残る大学者も輩出している。

「天災は……」の寺田寅彦

戦前の物理学者で、随筆家でもあった寺田寅彦が高名だ。「天災は忘れた頃にやってくる」は、著作中には出てこないが寺田の言葉として広く人口に膾炙《かいしゃ》している。

諸説あるが、寅彦の弟子の物理学者、中谷宇吉郎（旧制石川県立小松中学・現小松高校卒）が寅彦死去後に「先生の言葉」として紹介したのが一般に流布した、という説が有力だ。

寺田は、夏目漱石（東京府立一中・現都立日比谷高校中退）の弟子でもあり、対等の友人でもあった。『三四郎』の野々宮先生のモデルと言われている。

昭和時代には統計学、経済学の有沢広巳もいた。「ダグラス・有沢の法則」が、世界の経済学者の間で知られる。

法政大総長、学士院院長を務め、文化功労者にもなっている。原子力発電の推進者だった。

明治から昭和にかけての教育者である川田正澂は、宮城県立仙台第一中学（現仙台第一高校）、東京府立第一中学（現都立日比谷高校）などの校長を務めた。

学者・研究者ではこのほか、「西のフロイト、東の森田」と称された精神科医の森田正馬、魚類学の田中茂穂、電気工学者で日本のテレビジョンの生みの親である山本忠興、動脈硬化の研究をした医学者の島本多喜雄、天文学者の北村正利、地震火山学者で前気象庁長官の橋田俊彦らが卒業生だ。

文系では、憲法学の市村光恵、中国哲学の小島祐馬、英文学者の深瀬基寛、近代政治学者で母校の先輩である浜口雄幸を研究している川田稔らが卒業している。

美学者、中世哲学研究者の今道友信は、旧制山形県立鶴岡中学（現鶴岡南高校）から高知城東中学に編入してきた。

SARS研究の松田善衛

生物物理研究者の松田善衛は東京大医科学研究所・アジア感染症研究拠点の特任教授で、SARS（重症急性呼吸器症候群）研究の第一人者だ。

看護学の南裕子は、1995年の阪神・淡路大震災で被災した体験に基づき日本看護協会会長として災害支援体制整備の礎となる看護ボランティアの派遣体制を整備した。高知県立大学長も務めた。

看護師の西村かおるは、NPO（特定非営利活動法人）日本コンチネンス協会を立ち上げ、排泄障害の予防やケアについての支援活動をしている。

経済界で活躍した卒業生では、小笠原日出男（東海銀行）、宇田耕一（淀川製鋼所）、浜田正信（同）、前野直定（四国銀行）、吉村真一（同）、入交太二郎（入交産業グループ）らを挙げられる。

松村厚久は、「1店舗1コンセプトの個店主義」で出店を続ける外食産業「ダイヤモンドダイニング」の創業経営者だ。

高知商工会議所会頭を務めた西山利平は、副会頭時代の54年に「よさこい祭り」を創設した。徳島の「阿波踊り」と並んで夏の名物行事になった。

太平洋戦争開戦時の司法相岩村通世、日本共産党院議員を10期務めた山原健二郎、高知県知事を16年務めた中内力ら、政治家になった卒業生はたくさんいる。

医師で高知市長を11年間務めた坂本昭もいた。

官僚では、戦後すぐに文部事務次官を務め日本棋院理事長をした有光次郎、警視総監、宮内庁長官を務めた鎌倉節らがOBだ。

弁護士の浅岡美恵は、元京都弁護士会会長で環境問題の論客だ。NPO法人「気候ネットワーク」の理事長を務めている。98年の設立時から、地球温暖化防止のため、国際交渉への参加、政策提言などに努めている。

画家では、洋画の山脇信徳と橋田庫次、俳人では「ホトトギス」同人の川田十雨や若尾瀾水が卒業している。

現役として活躍する原知佐子

原知佐子は56年にデビューした女優だ。すでに80歳を超えているが、認知症の老女役を演ずるなど、なお現役として活躍している。

スポーツでは、野球部が1902年創部の伝統を誇る。前田祐吉は城東中学時代のエースとして、46年の全国中等学校優勝野球大会と翌春の選抜大会に出場した。選抜では4強入りを果した。前田は慶応大に進み、卒業後は2度にわたり慶大野球部監督をした。

高知追手前高校はその後、甲子園から遠ざかった。18年春のセンバツでは「21世紀枠」の候補校になったものの、決定には至らなかった。

サッカー指導者で高知女子大学長をした成田十次郎、元競輪選手の松村信定もOBだ。

大学入試ではここ10年、国公立大への現役合格者が50%を超えている。現役、浪人合わせ平均して毎年度、京都大、一橋大には各1人ほど、大阪大、神戸大には数人が合格している。地元の高知大には、約60人が合格する。

中村高校

●高知県立 ●四万十市

中村は高知県南西部で、清流で知られる四万十川が流れる街だ。「土佐の小京都」といわれる。旧中村市と旧西土佐村とが合併し、その名も2005年には四万十市と改められた。

ルーツとなった旧制高知県立第二中学校分校は1900（明治33）年に、また女学校（私立幡多郡実業女学校）はその8年後に開校している。戦後の学制改革の過程で両校が統合され、男女共学の新制中村高校となった。

略称は「中高《なかこう》」。02年には中学校が併設され、中高一貫教育校になっている。

校是は「不動不休」。ゆるぎなき不動の信念と、不断の努力の大切さを表している。「不休」には四万十川の流れは止まらない、という意味合いもある。

高知県は全国のペースを上回って、少子高齢化が進んでいる。中村高校の周辺も、年率1%ほど人口減が続いている。1学年の学級数は平成時代の初めの頃の7クラスから5クラスに減ってしまった。

地域の将来を「熱く」語る

このため学校では、地域の将来を「熱く語れる」生徒を切望している、という。

地理的な制約から卒業後には、ほとんどの生徒が保護者の元を離れる。浪人を含め毎年度約35人が高知大や高知工科大など国公立大に進学しているが、関西の私大に進む生徒が多い。専門学校への進学や就職する生徒も、4分の1ほどいる。

明治時代の歴史を学ぶとき、必ず登場する人物がいる。ジャーナリスト、思想家の幸徳秋水だ。1910（明治43）年の「大逆事件」で死刑に処せられた男だ。

明治天皇暗殺計画を企てたとして、当局から「事件」をフレーム・アップされ、その首謀者とされた幸徳。秋水が学んだのは、前身の旧制中村中学以前に一度、開設されすぐに閉校となった中学校だ。

「全国犯罪被害者の会」を設立し、犯罪被害者等基本法の成立や裁判における被害者参加制度の道を開いた岡村勲が卒業生だ。

岡村は、第一東京弁護士会会長などを歴任した弁護士。97年に山一証券問題に際して逆恨みした男によって妻が殺害された。

これを契機に岡村は、犯罪被害者の権利向上活動にまい進した。被害者の会は、一定の目的を果たせた、として18年6月に解散した。

学者では、日本政治論が専門で東京女子大学長を務めた京極純一がいた。01年には文化功労者に選定されている。

人間医工学が専門で東京電機大学長を務めた小谷誠もいる。

経済界では、宮川竹馬（四国電力）、篠田哲志（東洋証券）、佐竹章夫（日本ポール製造）らのトップ経験者が出ている。

文芸では、旧制卒の歌人に橋田東聲と北見志保子がいた。

小説家では、中脇初枝が中村高校3年の秋に『魚のように』で第2回坊っちゃん文学賞を受賞して頭角を現し、『きみはいい子』が15年に映画化された。

短編が多かった上林暁、児童文学作家の横山充男や、笹山久三もいる。脚本家の中島丈博は、テレビドラマや映画で多くのシナリオ作りに携わった。

漫画家では、安倍夜郎とゲームクリエーターでもある井上淳哉がOBだ。

音楽で才能を開花した卒業生では、レコーディング楽曲が2万5000曲を超えるプロデューサーの橋田正人と、サクソフォーン奏者で作曲家の本田雅人がいる。

17年春の89回選抜高校野球大会では、21世紀枠で中村高校が選ばれた。40年ぶりの甲子園だった。

岡村勲

「二十四の瞳」

中村高校は、春夏通じて初めて甲子園に出場した77年春のセンバツ大会で、部員が12人ながら準優勝を果した。「二十四の瞳」と話題になった。17年のセンバツは部員16人で、「三十二の瞳」だった。

6章

九州・沖縄の伝統高校 24校

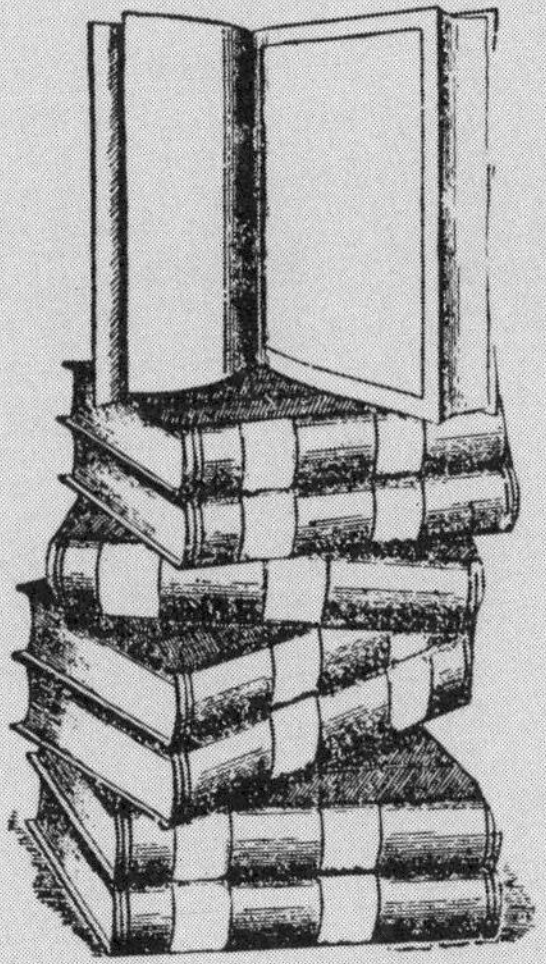

明善高校

●福岡県立　●久留米市

1879（明治12）年に県立久留米中学としてスタートした。

その淵源は、久留米藩21万石・有馬家の藩校である学問所・明善堂まで遡ることができる。戦後の学制改革で県立久留米高等女学校と合併し、男女共学の明善高校となった。

明善高校だけではない。福岡県には江戸時代の藩校をルーツとした県立高校が他にもある。小倉藩↓育徳館高校、福岡藩↓修猷館高校、柳河藩↓伝習館高校だ。

校訓は「克己・藎力《じんりょく》・楽天」だ。

1学年は、普通科5クラス、普通科総合文化コースと理数科が各1クラスある。文科省からSSHに指定されている。

「昼寝タイム」を導入していることが、話題になっている。05年以来、昼休みのうち午後1時15分から15分間だけ、明善高校の全校生徒が教室で顔を机に伏せて午睡をする。BGMとしてモーツァルトの曲を流す。生徒に対するアンケート調査では、8割近くが「効果を実感」「必要だと思った」と回答している。

大学入試では現役、浪人合わせ毎年度、東京大、京都大に各数人、九州大に50〜70人程度、熊本大に約30人が合格している。

私立大には、早稲田大、慶応大に各数人が、西南学院大には100人を超える合格者を出している。

文化人として名が響いている同窓生が、たくさんいる。

青木繁

美術史に残る青木繁

青木繁といえば、近代日本美術史の上でもっとも著名で、教科書にも出てくる洋画家だ。青木は久留米中学を中退して、東京の麻布中学（現私立麻布高校）に行くが、ここも中退して東京美術学校（現東京芸術大）の西洋画科選科に入学して修行した。

久留米市の石橋美術館に残る『海の幸』（重要文化財）などを描いたが、28歳で早世した。

尺八奏者で作曲家の福田蘭堂（旧制栃木県立真岡中学・現真岡高校中退）は息子であり、その息子でハナ肇とクレージーキャッツのメンバーだったピアニストの石橋エータロー（東京私立暁星中学・現暁星高校卒）は、青木の孫ということになる。

旧制卒の菊竹清訓は、戦後を代表する建築家の一人だった。大阪万博のエキスポタワーや江戸東京博物館など、大胆な造形とメタボリズム（新陳代謝）理論に基づく設計で知られた。

旧制時代に卒業した画家の高島野十郎は、1975（昭和50）年に没したが、死後に価値が見直され脚光を浴びた。

美術評論家で、京都国立近代美術館館長、京都造形芸術大学長などを歴任した河北倫明も、OBだ。

美術のこの流れは後輩に脈々と受け継がれ、画家の古賀春江（中退）、鋳金家の豊田勝秋、母校中庭に少女胸像が残る彫刻家の鶴田清二や田代甚一郎らを輩出している。

文芸でも、名をはせた卒業生が出ている。

直木賞2人、芥川賞も

直木賞作家が2人出ている。旧制明善中を中退しているが、江崎誠致がフィリピンでの戦争体験を題材にした『ルソンの谷間』で、1957年に受賞している。

その55年後の2012年に葉室麟が『蜩ノ記』で直木賞を受賞した。映画化される話題作を次々と出したが、17年12月に66歳で急死した。

葉室は西南学院大を卒業し、地方紙記者などを経て54歳で文壇デビューをした。久留米市を拠点に敗者や弱者の視点に立った時代小説を生み出した。

芥川賞を受賞しているのは昭和時代の小説家・斯波四郎だ。サンデー毎日記者出身で、1959年に『山塔』で受賞した。

女性では牛島春子が旧制久留米高女卒で、芥川賞候補になったことがある。満州での生活が長く、引き揚げ体験を描いた作品が多い。

精神科医でもある帚木蓬生《ははきぎほうせい》は現在、活躍中だ。東大仏文科と九州大医学部卒の体験を生かした独自の作風で、ファンが多い。源氏物語五十四帖の巻名から、「帚木蓬生」のペンネームを創造した。

詩人の丸山豊、脚本家の阿部桂一もＯＢだ。

音楽では、『上を向いて歩こう』『こんにちは赤ちゃん』など多くのヒット曲を作曲した中村八大がいた。3年次に早稲田大学高等学院（東京・私立）に編入した。

ギタリストで作曲家の鮎川誠、ソプラノ歌手の秋永佳世らも卒業している。

地下足袋作りの家業を自動車タイヤメーカー・ブリヂストンに変身させた創業者・石橋正二郎（久留米商業学校・現市立久留米商業高校卒）の長男、石橋幹一郎は、旧制明善中から旧制福岡高校―東京帝大へと進んだ。父の後を継いで2代目のブリヂストンの社長になった。米国のファイアストンを買収するなど同社を世界一のタイヤメーカーに育てた。

「華麗なる一族」の石橋家

石橋家は「華麗なる一族」を形成している。石橋幹一郎の妹、安子（東京府立第二高女・現都立竹早高校卒）は、元首相鳩山一郎（高等師範学校付属中学・現筑波大学付属高校卒）の長男で大蔵事務次官などをした鳩山威一郎（東京・旧制府立高校卒）の妻となった。

威一郎・安子夫妻の息子が、民主党政権で初めて首相となった鳩山由紀夫（都立小石川高校卒）と、総務相などをした鳩山邦夫（東京教育大学付属高校・現筑波大学付属高校卒）だ。

安子は、父・石橋正二郎から莫大な遺産を相続しており、息子兄弟が１９９６年に民主党を結党した際には、数10億円の資金を用立てたといわれる。

石川島播磨重工業（現ＩＨＩ）社長やＮＴＴの初代社長をした真藤恒、ソニーが１９８２年に世界初のＣＤプレーヤーを発売した際の開発責任者・中島平太郎も旧制明善中学の卒業生だ。

中島はアイワの社長を務め、「ＣＤの父」と呼ばれた。

企業トップ経験者では白水宏典（ダイハツ工業）、柿原彬人（テクモ）、権藤満（九州朝日放送）、寺崎一雄（テレビ西日本）、中冨博隆（久光製薬）らが出ている。

学者では、財政学者だった永田清が戦後に、日新製糖社長、NHK会長などを務めた。

経済学者の林正義、理論物理学者で広島大、福山大学長を歴任した牟田泰三、教育学者の寺崎昌男、比較社会学者の園田英弘らがOBだ。

医師では、整形外科医の永田見生が久留米大学長だ。大坪修は人工臓器、腎移植の研究で知られる。

「リケジョ」の北川智子

『ハーバード白熱日本史教室』という本（新潮新書）が数年前、話題になった。米ハーバード大東アジア学部の教壇に立った1980年生まれの日本人女性・北川智子の「レディ・サムライ」と銘打った日本史の講義が250人もの受講生を集める人気ぶりとなった。

その斬新な講義スタイルと、地方の県立高校の卒業生がハーバードで先生になるまでの経験をまとめたエッセーだ。

高校時代の北川は典型的な理系女子で明善高校理数科だった。カナダのブリティッシュ・コロンビア大学に入学し数学と生命科学を専攻したが、大学院では一転、アジア研究の修士課程を修了した。さらに米プリンストン大学で日本中世史で博士号をとり、ハーバード大学の「カレッジ・フェロー」という講師のポストを射止めた。

北川智子

官僚では、昭和時代に法制局長官、人事院総裁を歴任した佐藤達夫、参院議員で国家公安委員会委員長などを務めた泉信也、戦後に福岡県知事、久留米市長を歴任した杉本勝次が、卒業生だ。

スポーツでは、プロ野球中日ドラゴンズのエースとして活躍した小川健太郎がOBだ。69年に読売ジャイアンツの王貞治（東京・私立早稲田実業学校高等部卒）に対し、腕を背中から繰り出す「背面投げ」という奇妙な投球法を披露して話題になった。

1967年には29勝12敗で最多勝利のタイトルを獲得した。しかし70年に八百長事件で逮捕され、プロ野球界から追放された。

伝習館高校

●福岡県立　●柳川市

福岡県南部にある柳川市は、市内を掘割が縦横に流れることから「水の都」と呼ばれている。江戸時代には、柳河藩立花家10万9000石が領する城下町だった。

柳河藩は九代鑑賢《あきかた》の代の1824（文政7）年、藩校伝習館を創立した。

これを精神的なルーツとして1894（明治27）年、県尋常中学伝習館が設立され、戦後の学制改革で柳河高等女学校と合併、男女共学の新制伝習館高校となった。

論語の一節「習わざるを伝えしか」が、伝習館の名前の由来だ。

校訓は「明朗　誠実　剛健」だ。

2019年春の大学入試では現役、浪人合わせ、京都大1人、九州大10人、熊本大16人、九州工業大に5人が合格した。

北原白秋が象徴

明治から昭和にかけての詩人、歌人、童謡作家の北原白秋が、この学校を象徴する人物だ。「星座よ輝け　我がこの柳河」で始まる校歌は、白秋が作詞し、山田耕筰（兵庫県・私立関西学院中学部・現中高等部中退）が作曲した。

北原白秋

白秋は、詩歌に熱中し旧制伝習館を中退、早稲田大に進み多くの文人と交流する中で、詩才を磨いていった。「待ちぼうけ」「ペチカ」など、懐かしい童謡を作詞した。「国民詩人」と呼ばれた。

旧制伝習館で白秋と同期だったのがフランス文学者、翻訳家の内藤濯だ。

フランスの小説家で、本職は飛行士だったサン・テグジュペリの小説『星の王子さま』（1943年に米国で出版）は世界的なベストセラーだが、日本では内藤が53年に翻訳出版した。内藤は上京し、卒業したのは東京・私立開成中学校（現開成中・高校）だ。

物理学者で名城大学（名古屋市）創設者の田中寿一、国文学者で井原西鶴研究の第一人者である藤村作、哲学者の広松渉らが卒業生だ。

医学者では、新谷弘実が「病気にならない生き方」というベストセラーを著している。

陸軍の外科医で日本で初めて輸血を行った後藤七郎、免疫学者で日本アロマセラピー学会の初代会長をした横山三男らもいた。

経済界では、三菱重工業のトップを務めた古賀繁一がいた。同社発祥の長崎造船所で、戦艦「武蔵」の建造部長をした経歴を持つ。

日本郵船社長をした白仁武、三菱電機のトップを務めた宮崎駒吉、松坂屋、東海銀行のトップを歴任した佐々部晩穂らも卒業生だ。

江戸時代に藩主立花家の別邸だった「御花」は、観光スポットになっている。「御花」を経営する立花寛茂は立花家の末裔で、伝習館高校同窓会長だ。

スポーツでは、開田幸一が60年のローマ五輪競泳400メートルメドレーリレーで銅メダリストになった。

初めての五輪メダル

テニス選手の熊谷一弥は1920年のアントワープ（ベルギー）五輪で、単複とも銀メダルを取った。日本スポーツ界で初めての五輪メダル獲得だった。

熊谷は、旧制伝習館から2年次に旧制宮崎県立宮崎中学（現宮崎大宮高校）に転校している。

これに先立つ1918年の全米選手権で熊谷は、日本人テニス選手として初めてのグランドスラム・ベスト4に進出した。

錦織圭（青森県・私立青森山田高校卒）が2014年に全米選手権で準優勝し、熊谷の記録に96年ぶりに追いついた
18年5月には、久留米藩・柳川藩の藩校同士ということで、明善高校との野球による定期戦「第1回明伝戦」が行われた。両校の全校生応援を含め約2500人が、会場の久留米市野球場に来場した。

懐かしい歌手、作曲家もいた。ムード歌謡グループの「内山田洋とクール・ファイブ」のリーダーだった内山田洋だ。『長崎は今日も雨だった』などがヒットしたが、内山田は06年に死去した。

東筑高校

●福岡県立　●北九州市八幡西区

1898（明治31）年に福岡県東筑尋常中学校として開校したのが、東筑高校の前身だ。

校歴は、同じ北九州市内の進学校である県立小倉高校より10年古い。校是は文武両道、質実剛健だ。

2019年春の大学入試では現役、浪人合わせ東京大1人、京都大9人、東京工業大1人、九州大54人、熊本大23人、九州工業大に17人が合格している。

俳優の高倉健が東筑高校を卒業し、明治大商学部に進学している。『幸福の黄色いハンカチ』『鉄道員《ぽっぽや》』など205本の映画に出演した。

「健さん」がOB

「不器用ですから」という台詞と共に武骨で無口なイメージが定着していたが、実生活では多弁だったという。13年に文化勲章を受章、14年11月に83歳で死去した。

平野啓一郎は1999年に、『日蝕』により京都大在学中の23歳で芥川賞を受賞した。

朝日新聞記者出身でニュースキャスターを務めた入江徳郎も、卒業生だ。

森功は、気鋭のノンフィクション作家だ。

高倉健

さらに文化人では、歌人・詩人の千々和久幸、翻訳家の草間平作、漫画家の国友やすゆき、映画監督の雑賀俊郎、建築家の松畑強らがOBだ。

学者では、整形外科医で九州大学長をした杉岡洋一、行政法学者の原田大樹、昆虫学者の矢野宗幹、英文学者の荒牧鉄雄、精神科医で離島医療を長く体験した藤田博史が卒業生だ。

「政官」では、文相、防衛庁長官などを歴任した三原朝雄、運輸事務次官を務めた山崎小五郎、名古屋高検検事長のあと国連アジア極東犯罪防止研修所理事長を務めた敷田稔がいた。

大正、昭和時代の経営者では、三井合名常務理事をした金子堅次郎、逓信官僚出身で電電公社経営委員長をした大和田悌二、東レ社長をした田代茂樹、出光興産のトップをした出光計助らがOBだ。

平成時代の経営者では元職、現職がまじるが、浜中昭一郎(日本通運、東京地下鉄)、トヨタ自動車出身の北村憲雄(郵便事業)、谷正明(福岡銀行)、幡掛大輔(クボタ)、喜多村円(TOTO)、柏原孝(内田洋行)らがOBだ。

三洋電機の社長をした桑野幸徳は、集積型アモルファスシリコン太陽電池を世界で初めて工業化させた。コカ・コーラウエストのトップを務めた末吉紀雄は、福岡商工会議所会頭をした。

野球部が強い。1900年に創部され、甲子園大会の出場は春3回、夏6回を数える。特に夏の甲子園では、6回出場のうち4回も、エース投手の名字が「石田」という偶然が重なった。「石田伝説」とも呼ばれている。

女子が初のベンチ入り

96年に野球部は、夏の甲子園大会に5回目の出場をした。2回戦で敗れたが、史上初めて女子マネージャーが公式記録員としてベンチ入りした。三井由佳子というおさげ髪の清楚な生徒で、テレビ・新聞で報道され話題を呼んだ。高校卒業後は理学療法士となった。

「もし高校野球の女子マネージャーがドラッカーの『マネジメント』を読んだら」という小説(岩崎夏海著=茨城県・私立茗溪学園高校卒)がミリオンセラーになったが、その本の発刊は2009年だった。

プロ野球選手にも、10数人がなっている。西鉄の選手や監督、近鉄やオリックスの監督などを務めた仰木彬が著名だ。

ラグビー部は、全国高校ラグビーフットボール大会(花園)に3回、選抜大会(熊谷)に1回出場している。

中竹竜二は東筑高校時代にラグビー部主将をし、早稲田大でも主将を務めた。のちに早大ラグビー蹴球部の監督や、20歳以下(U20)日本代表監督を務めた。

福岡中央高校

●福岡県立　●福岡市中央区

福岡市の住宅街のど真ん中にある。校名は立地そのものを表している。

1898（明治31）年に福岡市立福岡高等女学校として開校した。10年後に福岡県に移管され、戦後の学制改革で男女共学の新制福岡中央高校となった。

高女時代の名残か、現在でも女子55・男子45の比率だ。1学年は約400人だ。

「誠意　仁愛　努力」の校訓のもとに「文化の香り高い校風」と、「品格に富む生徒の育成」を校是としてきた。

校門の出入りの際には、生徒は校舎に向かって一礼する慣行が続いている。

女子ソフトボール部は全国大会にたびたび出場している。放送、茶道、百人一首、箏曲などのクラブもある。漬物道場同好会というユニークなものもある。

大学入試では毎年度、現役、浪人を合わせ、国公立大に約180人が合格している。九州大、九州工業大に各約十数人が合格する。

私立大には延べ人数で、西南学院大に百数十人、福岡大に約300人が合格する。

長谷川町子

「サザエさん」と芥川賞2人

文芸で名を成した女性が何人も巣立っているのが、この高校の特色だ。

『サザエさん』『いじわるばあさん』などの漫画家・長谷川町子が、旧制福岡高女で2年まで学んでいる。父の死去に伴い上京、東京・私立山脇高等女学校（現山脇学園高校）に転校し、卒業した。

「サザエさん」は1946年から夕刊フクニチに連載され、51年から74年まで朝日新聞朝刊に連載された。ラジオ、映画、舞台、テレビにもメディア化され、特にテレビアニメは69年から現在までフジテレビ系列の看板長寿番組になっている。

長谷川は日本初の女性プロ漫画家と言える。92年5月に死去、没後の7月に国民栄誉賞を授与された。同賞の受賞は10人目で、漫画家としてはこれまでただ一人だ。

女性の芥川賞受賞者を2人、輩出していることも自慢だ。80年に『モッキングバードのいる街』で森禮子が、2003年に『しょっぱいドライブ』で大道珠貴が受賞した。

芥川賞受賞者を複数出している高校はいくつもあるが「女性2人」というのは全国の高校でここしかない。森は、14年3月に死去した。

さらに、ノンフィクション作家の角田房子、ミステリー作家の大貫進（女性）、放送作家のたむらようこらもOGだ。

奥村心雪は、サンリオ所属のキャラクターデザイナーで、02年に制作した「シナモロール」はサンリオキャラクターの中で「ハローキティ」に次ぐ人気となった。

料理研究家の桧山タミ、洋画家の菊畑茂久馬、彫刻家の柴田善二らも卒業生だ。音楽では、昭和前期に多くのフランス歌曲を紹介した声楽家の荻野綾子がOGだ。

芸能では、多くのテレビドラマに出演した俳優の米倉斉加年がいた。昭和時代の女優・万代峰子、歌手、タレントの森口博子らも学んだ。

学者・教育者では、食育学の桐淵寿子、小児栄養学の中川ノブ、福岡文化学園長をした柳原豊子らがOGだ。

「ピエトロ」を創業

創業経営者が3人、出ている。ソフトウエア開発会社・「シーイーシー」を創業し、現会長の岩崎宏達がOBだ。藤井徳夫は液卵の「イフジ産業」を創業し、現会長だ。

村田邦彦は、イタリアンレストランなどを全国に展開する「ピエトロ」を創業した。

本田正寛（西日本シティ銀行）、田中優次（西部ガス）らも、OBだ。

日本航空の客室乗務員だった岩田亮子は、55歳で単身カンボジアに渡り、エイズで親を亡くしたり人身売買から保護された孤児を支援している。

嘉穂高校

●福岡県立　●飯塚市

福岡県の中央部にあり、かつて筑豊炭田で栄えた飯塚市。1902（明治35）年に嘉穂《かほ》郡立嘉穂中学として設立され、ほどなく県立に移管された。戦後の学制改革で男女共学の新制高校となった。2015年度から中学校が併設され、中高一貫教育校になっている。

校訓は「質実剛健　自主創造」。校是は旧制時代からの「文武両道」だったが、2001年の創立100周年を期して「否汝《いなんなじ》ためらふなかれ気高さを求むるを」という、すこぶる詩的な新校是が加わった。

炭坑の町という気風を映して、校風はバンカラだ。例えば応援団は、弊衣破帽、下駄といったいでたち。団員に女子はいない。

柔道、剣道が強く

部活動が盛んだ。とりわけ柔道、剣道、水泳、放送、吹奏楽部などが全国大会で好成績を収めている。

柔道部は73、74年にインターハイ（全国高等学校総合体育大会）で2連覇を成し遂げた。74年には剣道部も優勝した。インターハイで柔道と剣道で同時優勝した高校は、他にない。

9割弱の生徒が現役で大学に進学する。毎年度の国公立大合格者は現役、浪人合わせ約130人だ。京都大、大阪大、九州大に各数人が合格する。

ファミリーレストランという新業態を、日本で初めてビジネスにした江頭匡一が旧制卒だ。1959（昭和34）年に福岡市で「ロイヤル」（現ロイヤルHD）を出店、他社に先駆けてセントラルキッチン方式を導入した。

花村仁八郎は昭和時代に旧経団連の副会長・事務総長を務め、「財界の政治部長」と言われた。

東レのトップを長く務めた前田勝之助は、嘉穂中から熊本県立熊本中（現熊本高校）に移り、卒業した。

企業のトップ経験者は他に、久芳徹夫（京セラ）、下元紳志（日本ヒルティ)、野見山篤(アビスパ福岡)、花村邦昭(日本総合研究所)、藤井総明(住友軽金属工業)、田中達也(富士通)らだ。

また旧制卒では大屋麗之助(西日本鉄道)、斎藤武幸(住友建設)、長谷川謙二(関東天然ガス開発)らがいた。

「官」では、06年から飯塚市長を務めた斉藤守史がOBだ。斉藤は市長として勤務時間中に賭け麻雀を行ったことが発覚し、17年1月に市長を辞任した。

14年に93歳にして文化勲章を受章した洋画家の野見山暁治が、旧制時代の卒業生だ。軽妙なエッセーも著している。

児童文学者の鳥越信、文芸と野球評論の大井広介、小説家の岩井護らもOBだ。

「おしん」はじめNHKのドラマによく登場した今福将雄、演出家・女優の菜月チョビ、若手俳優では瀬戸康史らが卒業している。

音楽ではフォークシンガーで、元かぐや姫のメンバー・山田パンダがいる。山田は久留米大学附設高校から嘉穂高校に転校してきた。

学者では、考古学者で邪馬台国九州説を唱える高島忠平がいる。

教育者の古賀米吉は、市川学園(千葉県市川市)を創立した。

漫画研究者で、京都国際マンガミュージアム研究センター長の吉村和真がOBだ。

野見山暁治

山下に勝った吉岡剛

柔道のインターハイ2連覇に貢献した吉岡剛は、嘉穂高校2年の時に私立九州学院高校(熊本市)の山下泰裕に判定勝ちした。

山下は私立東海大附属相模高校(神奈川県相模原市)に転校し、東海大に進学した。一方、吉岡は中央大に進学、77(昭和52)年の全日本学生選手権で東海大の山下と戦い再度、判定勝ちした。

山下はその後、五輪金メダリストになるなど無敵の活躍をして203連勝で引退した。山下が最後に負けた相手は吉岡、ということになった。

山下は19年7月に日本オリンピック委員会の会長に就いた。

筑紫丘高校

●福岡県立　●福岡市南区

地方都市が軒並み人口減に直面しているのとは逆に、福岡市およびその周辺地域は当分、人口増が続く。だから1学年で11学級（普通科10、理数科1）という県下一のマンモス高校である筑紫丘高校の規模は、変わらないだろう。

福岡市内では、修猷館高校、福岡高校と並んで進学校の県立「御三家」に数えられる。

国公立大学に毎年度、大量の合格者を出している。19年度入試では、現役で192人、既卒者（浪人）で107人、計299人にのぼった。この数はおそらく全国の国公立高校でトップの規模だろう。

1学年が約440人もいることが、もちろんある。だが、現・浪合わせた国公立大学合格者比率は毎年度、4人中3人近い。すこぶる高い比率だ。

19年度には現役、浪人合わせ、地元の九州大に110人が合格し、修猷館高校に次いで2番目だった。東京大5人、京都大18人、大阪大10人、一橋大には2人だった。

理系7・文系3の比率だ。ただ例年、卒業生の浪人比率は40％前後と多い。

1927（昭和2）年に、県筑紫中学としてスタートした。戦後の学制改革で男女共学になり1年4ヵ月だけ筑紫高校を名乗った。49年には、現在の筑紫丘高校の校名になった。

タモリ

タモリが卒業

もっとも著名な卒業生は、司会者、タレント、俳優のタモリ（本名・森田一義）だ。30歳で芸能界入りし、独自の話芸によってテレビの世界で押しも押されぬ存在になった。

森田の名を冠したバラエティー

番組『笑っていいとも』は、82年から14年3月まで続き、ギネス世界記録認定の長寿番組だった。

俳優では他に、伝統芸能をアレンジした「ひとり芝居」を得意としている中西和久、舞台俳優の池田成志、女優の野田和佳子、声優でもある隈本吉成がいる。

文芸では、弁護士で推理作家の法坂一広、同じく推理作家の岡崎琢磨、『クッキングパパ』などの漫画家・うえやまとちがOBだ。

歌人では、毎日新聞記者出身の松村由利子や田中濯、音楽では作曲家の吉田峰明らがいる。

栗原隆司は鉄道写真家、望月菊磨は彫刻家だ。

みずほ銀行頭取の藤原

経済界では、17年4月にみずほ銀行頭取に就いた藤原弘治がいる。早稲田大商学部卒で旧第一勧業銀行入行の経歴だ。

福岡相互銀行（のちの福岡シティ銀行、西日本銀行と合併して現西日本シティ銀行）トップを34年間も務めた四島司が、福岡商業学校（現・福岡市立福翔高校）から旧制筑紫中学に転校してきた。

森山富也は、福岡の焼き肉店・大東園を創業、青柳竜門は福岡市などで初乗り300円のパンダタクシーを経営している。

学者・研究者では、九州大医学部長をした外科医の杉町圭蔵が、1999年に国内で2例目となる「生体からのドミノ肝移植」をしたことで知られる。

労働政策の三好正巳、分子進化学の五條堀孝、考古学の高倉洋彰、鉱床学の松枝大治、法社会学の福井康太がOBだ。

建築家では、北京や上海での作品が多い迫慶一郎がいる。

僧侶の井本勝幸は、ソマリアやタイ・カンボジア国境の難民支援を長年続けた。11年からは単独で反政府ミャンマー少数民族の中に入り、政府との和平対話にまでこぎつける媒介役を果たした。

海上自衛隊員の瀧川寛子は、自衛隊員として初の女性パイロットだ。

スポーツでは、吉田博希と、25期後輩の郷田正が九州電力ラグビー部の監督を務めた。角正武は剣道家だ。

牛島竜介は69年に、史上3人目となるヨットでの太平洋単独横断に成功した。

唐津東高校

佐賀県立　唐津市

佐賀県の北西に位置し、玄界灘に面する唐津市。幕末には唐津藩小笠原家6万石が領する城下町だった。唐津湾にそそぐ松浦川の河口に唐津城址がある。天守閣が復元されていて、街を見下ろしている。

1896（明治29）年に佐賀県尋常中学校唐津分校が開校、99年に分離独立し県立第三中学校が設立された。99年を唐津東高校の創立年としている。

2年後に唐津中学校と改称され、戦後の学制改革で唐津第一高校となり、1年後に男女共学の唐津高校となった。

1956年には、唐津東高校と唐津西高校とに分離された。唐津東高校には2006年、中学校が併設された。校地は明治以来、唐津城二の丸御殿跡地にあったが、07年に城下から2・5キロメートル東の現在地に移転された。

東経130度00分00

その敷地の北東側を、東経130度00分00・000秒の子午線が通過している。この事実を76年卒の野口智弘が発見し、13年3月には校内に金属の「子午線標点」をはめ込んだモニュメントが据えられた。この地点における経度の1秒の長さは約25メートル。秒の少数以下3桁の精度はプラスマイナス3センチメートル以内だという。

15年12月9日には、地球観測衛星「だいち2号」の実験に参加した。だいち2号が学校上空周辺を通過する際に、反射鏡を使って衛星から放射された電波を反射して、自分たちでアルミ蒸着フィルムで手作りし、校庭に描いた文字「KH」を衛星のデータに映りこませ、後で写真データを受領するという実験を成功させた。

旧制唐津中時代には、名物校長がいた。第2代校長の三根円次郎（長崎県立大村中学・現大村高校卒）は弱冠28歳で校長になり、その後、徳島、山形、新潟などの旧制中学で校長を務め、最後は高知市・私立土佐中学（現土佐高校）の校長になった。各中学で「慈父」と慕われた。

歌手のディック・ミネの父親だ。

第6代校長には『次郎物語』の著者として知られる下村湖人（佐賀県立佐賀中学・現佐賀西高校卒）がいた。下村が作詞を、作曲を諸井三郎（東京高等師範学校附属中学校・現筑波大学附属中高校卒）が手がけた校歌『天日かがやき』が、今も唄われている。

下村作詞の中から抽出した「光力望《のぞみ》」が、唐津東高校の校訓となっている。

学校の「起源」は旧制中学になる前の明治初めまでをさかのぼれる。唐津藩が1870（明治3）年に設立した英学校「耐恒寮《たいこうりょう》」だ。

わずか1年半の短い間に過ぎなかったが、ここで学んだ者の中から、のちに各界で活躍する多くの俊英が輩出した。

「耐恒寮」の指導者には、米国帰りの高橋是清が就いた。のちに日銀総裁、蔵相、首相になった人物だ。

建築家の辰野と曽禰

高橋の薫陶を受け、明治日本の近代建築の草分けとなった辰野金吾と曽禰《そね》達蔵《たつぞう》（妻は高橋の実妹）の2人が巣立った。

辰野金吾

辰野は、日本銀行本店や東京駅の設計者として、曽禰は東京・丸の内の三菱煉瓦街で知られる。

大正から昭和にかけての建築家で文化勲章を受章している村野藤吾は、福岡県小倉工業学校（現県立小倉工業高校）卒だが、唐津の代々、船問屋を営む家に生まれ、12歳まで唐津で育った。

辰野、曽禰、村野という建築界の大御所が唐津出身であることを、唐津市民は誇っている。

「耐恒寮」からはさらに、経済学者で早稲田大学長を務めた天野為之、炭鉱家の吉原政道、鉱山技師の麻生政包、唐津銀行の創設者・大島小太郎らが巣立っている。

唐津東高校の唐津鶴城同窓会は、「耐恒寮は我らがルーツ」とし、これらの人物も「同窓生」と考えている。

官界で活躍した人物としては、終戦直後に大蔵次官を務めた山田義見、通産省官房長を務め、直木賞作家・城山三郎（旧制名古屋市立名古屋商業学校・現名古屋商業高校卒）の『官僚たちの夏』のモデルの一人となった川原英之らがいた。

唐津市の西隣にある玄海町には、九州電力玄海原子力発電所がある。九電はその3、4号機を18年春から再稼働させた。玄海町の前町長・岸本英雄がOBだ。福島での過酷事故以降、原発立地自治体の長としてその動向が注目されていた人物の一人だったが、岸本は再稼働を推進した。18年8月に退任し、後任の市長にはやはり唐津東OBの脇山伸太郎が就いた。

1966年に発生し、最高裁で死刑判決が確定したものの、14年3月に再審開始と死刑、拘置の執行停止が決定し、「冤罪」が濃厚になった袴田事件。

熊本典道

袴田事件の裁判官

元裁判官だった熊本典道は、68年に一審の静岡地裁でこの事件を担当した。「無罪の心証を持っていたが、先輩裁判官2人の反対で死刑判決を書かざるをえなかった」と、07年に異例の告白をした。熊本は、唐津東高校から九州大学に進んだ。

経済界では、南満州鉄道総裁をした山崎元幹、播磨造船所社長に就いた横尾龍、監査法人トーマツの創設者の一人である青木大吉、親和銀行頭取を務めた青木重保らが卒業している。

唐津市に本社を置く宮島醤油は1882年創業の老舗だ。その現社長・宮島清一と、父親で元社長の宮島伝兵衛、さらにその弟で元社長の宮島伝二郎が、そろって卒業生だ。

学者では、日本における歴史地理学の草分けである内田寛一、物理学者の佐治晴夫、小児科、感染免疫学の南里清一郎、西洋中世哲学史の川添信介、比較教育学者で唐津市教育長を務めた稲葉継雄らがOBだ。

教育者では、体育学者の山口久

太が八千代松陰学園中・高校（千葉県八千代市）を創立した。「耐恒寮」の後身である唐津伝習所で学んだ漢学者の田辺新之助は、逗子開成中学校（神奈川県逗子市）、鎌倉女学校（同鎌倉市）を創立した。

文化人では、陶芸の唐津焼・中里家を継いだ13代中里太郎右衛門、洋画家の森通、浮世絵研究者の楢崎宗重らが卒業している。

中島淳一は、演劇と絵画で幅広く芸術活動を展開している。

篠笛の佐藤和哉

音楽では、佐藤和哉が篠笛奏者、作曲家として近年、注目を浴びている。13年度下半期のNHK連続テレビ小説『ごちそうさん』の主題歌『雨のち晴レルヤ』（ゆず）では、モチーフとして自身作曲の『さくら色のワルツ』が採用された。

部活動が活発だ。横田栞はボート部3年だった15年、中国・武漢で開かれたアジアジュニアボート選手権に日本代表として出場し、ダブルスカルで銀メダルを獲得した。

またヨット部女子の活躍も目立つ。重由美子は96年の米アトランタ五輪で、ヨット女子470級に出場し銀メダルを取った。00年の豪シドニー五輪にも出場した。

木塚忠助は、昭和期にプロ野球の南海、近鉄で遊撃手としてプレーし、守備範囲の広さと俊足で鳴らした。

海軍少将（戦死による特進で中将）で45年3月、硫黄島で戦死したと推定される市丸利之助が、旧制唐津中学卒だ。

市丸は、遺書として米国大統領のフランクリン・ルーズベルト宛の「ルーズベルトニ与フル書」を残した。太平洋戦争の責任の一端は米国にある、とする内容だ。45年7月に米国の新聞に掲載された。歌人としても知られていた。

唐津中高校は中学で3学級、高校で3学級を募集し計6学級になる。男女はほぼ半々だ。

19年春の大学入試では、浪人も合わせ東京大1人、京都大1人、九州大21人、佐賀大に50人が合格した。国公立大には現役で卒業生の半分強が合格した。

私立大には西南学院大に51人、早稲田大、慶応大に各1人だった。6年制一貫教育の効果が表れて、大学合格実績は、年を追って上向いている。

大村高校

●長崎県立　●大村市

長崎県の中央に位置し、西に大村湾を望む大村市。長崎空港があることから県の玄関口だ。戦国時代にはキリシタン大名の先駆け、大村純忠がいた。

1884（明治17）年に私立大村中学校として創立され、のちに県に移管された。

戦後の学制改革で県立大村高等女学校などと統合され、男女共学の新制大村高校となった

旧制大村中学のルーツは、大村藩2万7千石の藩校・五教館《ごこうかん》までさかのぼる。

幼少期にこの藩校で学んだ人物としては、物理学者で多くの後進を育てた長岡半太郎、西洋医学の草分け・長与専斎、三菱財閥のトップ経営者・荘清次郎らがいた。

土佐藩出身で三菱財閥の創始者である岩崎弥太郎も、少年時代に五教館に留学していた。

ルーツは藩校・五教館

略称は「大高」。校訓はないが、校是がある。「両道不岐」。文武は分かれるものではなく一つの道につながっている、という意味だ。

大村湾という地の利を生かした漕艇（ボート）部は、大村中学時代からの伝統がある。明治期、長崎に寄港した英国海軍の軍人から、生徒たちはボートの楽しさを教え込まれた。当時の艇庫は「御船蔵《おふなぐら》」跡と呼ばれ、今もほぼ当時のまま残っている。

剣道部、弓道部なども大村藩の伝統を引き継いでいる。山岳、コーラス、吹奏楽部などが全国大会に出場している。

数理探究科1、普通科6、家政科1の計8クラスと、定時制がある。家政科も共学だが、男子はゼロだ。このため全体では女6・男4の生徒比率になっている。

「歴史を創る学校・攻める学校」を標榜している。世界でも地域でも活躍できる「グローカル人材」を育成する文理融合型カリキュラムの研究開発に取り組んでいる。

数理探究科では、長崎大学、県立大学シーボルト校などと、高大連携事業を行い、研究者と直接触れ合うことにより生徒の進路意識の高揚をはかっている。

毎年度の大学入試では、現役、浪人合わせて九州大、佐賀大に各約10人、地元の長崎大、長崎県立大に各約30人が合格する。

経済界で活躍した卒業生が多い。日本精工トップの今里広記は、経済同友会代表幹事を務めた。幅広い交友や人脈を生かし財界におけるまとめ役を果たし、「財界官房長官」の異名をとった。

服部正也

『ルワンダ中央銀行総裁日記』

日銀プロパーの服部正也は、日本人初の世界銀行副総裁となった。日銀時代の1965年から6年間、国際通貨基金の依頼を受けてアフリカ内陸部のルワンダで中央銀行総裁を務めた。

この時の体験をつづった『ルワンダ中央銀行総裁日記』（中公新書）は、開発途上国の実状を伝えただけではなくノンフィクションとしても好評で、現在でも読み継がれている。

池内比呂子

大企業のトップ経験者は、浜田彪（三菱造船）、河野俊二（東京海上火災保険）、杉田亮毅（日本経済新聞社）、西川達明（三菱モンサント化成）らがいる。

企業の創業者では田崎俊作が田崎真珠を、黒板伝作が月島機械を創業した。

地元の経済界では、嶋崎真英（長崎自動車）、内田正二郎（Jリーグのv・ファーレン長崎）らがOBだ。

貞松隆弥は、東京・表参道ヒルズなど全国で店舗を展開する宝飾店・サダマツの社長だ。18年3月からは持ち株会社フェスタリアHDの傘下になっている。

池内比呂子は女性起業家だ。主婦だったが、「やりがいのあるものを見つけたい」と弁当給食事業に乗り出し、90年代からは家事、育児の人材派遣業や保育所事業など「テノ．ＨＤ」（福岡市）の代表だ。

野口弘子はホテル・コンサルタントとして鳴らし、18年夏からはハイアットリージェンシー渡良垣アイランド沖縄（沖縄県恩納村）総支配人を務めている。

「官」では、志摩篤が第21代陸上幕僚長を務めた。初の防衛大学校卒業の陸上幕僚長だった。

弁護士の竹下重人は、名古屋弁護士会副会長に就き税務訴訟専門の庶民派として知られた。女優の竹下景子（名古屋市・私立南山高校女子部卒）の父だ。

藩校以来の伝統を誇ることから、学者・研究者として活躍した卒業生が多い。

西洋哲学の朝永三十郎

「京都学派」の一員で、京都大教授を務めた西洋哲学の朝永三十郎がいた。１９６５年に日本人として2人目のノーベル賞を受賞した物理学者の朝永振一郎（旧制京都府立京都第一中学・現洛北高校卒）の父だ。

日本古代史の黒板勝美は、日本での古文書学を確立、また「世界共通語」を目指しエスペラント語の研究でも知られる。前述の黒板伝作の兄だ。

私立大村中2期生の内科医学者・楠本長三郎は、大阪帝国大（現大阪大）の事実上の創立者だ。初代学長には前述の長岡半太郎が就任、楠本は2代目の学長になった。

国文学者の川副国基、中国古典文学の蒲池歓一、熱流体工学の田中和博、機能物質化学の宮崎裕司、内科医で感染制御が専門の朝野和典、言語学の坂本勉らもＯＢだ。

教育者では、長崎県立唐津中学（現唐津東高校）、私立土佐中学（高知市、現私立土佐高校）など各地の旧制中学で校長を務めた三根円次郎がいた。

三根は、昭和時代の歌手であるディック・ミネの父親だ。

国学院大学の学長をした松尾三郎は、柔道、剣道の振興に努めた。松尾三郎杯争奪全国選抜高校柔道大会という松尾の名前を冠した団体戦が毎年、国学院大柔道部の主催で開かれている。

安井一臣は棚田研究の第一人者で、棚田の保全や後継者問題などについてリポートをまとめ、啓発活動をしている。

文芸では、日本浪漫派を代表する詩人の伊東静雄がいた。14年には未発表の詩が生まれ故郷の長崎県諫早市で見つかった。

旧制大阪府立住吉中学（現住吉高校）教諭を長く務めた。住吉中での教え子に、08年にノーベル化学賞を受賞した下村脩、芥川賞作家の庄野潤三らがいる。

明治から昭和にかけての劇作家、演出家で東京日日新聞社（現毎日新聞社）の編集局長をした水谷竹紫、児童文学の福田清人らもＯＢだ。福田は日本近代文学館の設立に尽力した。

『はなちゃんのみそ汁』

『はなちゃんのみそ汁』が12年に出版（文芸春秋）された。乳がんを患い肺への転移で33歳で死去した主婦の生前のブログや夫の手記でつづった感動作だ。その主婦・安武千恵（１９７５年生まれ）が、大高のＯＧだ。

亡き母から受け継いだレシピで味噌汁を作り続ける娘・はなの作文も、小学2年生向けの道徳教材に載った。一連の経過はテレビドラマ化され、15年には映画として公開された。

芸術では日本画の荒木十畝がいた。中学在学中から「琴湖」の雅号で絵を描いていた。

長岡和弘は音楽プロデューサー、江口貴勅は作曲家、サウンドプロデューサー、カツルミはシンガーソングライター、渡司陵太は気象キャスターとして活躍中だ。

村嶋寿深子は東京芸術大を卒業後、渡米してミュージカル女優として活躍した。帰国後は、一般財団法人シーハットおおむらの館長を務め、ＯＭＵＲＡ室内合奏団を立ちあげた。

スポーツでは、女子ボート選手の晦日《みそか》尚子《なおこ》がいる。大高漕艇部から早稲田大に進学し漕艇部で活躍、09年の東アジア競技大会・女子軽量級ダブルスカルで銀メダルを取った。

原口聖羅も早大漕艇部で活躍し、現在は母校・大高のスポーツ指導員としてボート部を監督している。

神戸市在住の藤原八重子は市民運動家だ。児童相談所の人員や予算増を実現させた。医療過誤や薬害エイズの株主代表訴訟の原告にもなっている。

諫早高校

長崎県立　諫早市

南西を長崎半島、南東を島原半島に接する諫早市。長崎県内の交通の要衝であり、人口は県内3番目だ。

戦後の学制改革で旧制諫早中学と旧制諫早高等女学校などが統合され、新制諫早高校となった。諫早高女の前身が開校したのは1911（明治44）年で、この年をもって諫早高校の創立年としている。

創立100周年の2011年度から附属中学校が併設され、中高一貫の6年制教育が行われている。地域住民からの人気が上昇し、進学実績も年々、上向いている。

1学年は7学級。4学級160人を高校で募集、中学から3学級120人が持ち上がる。男女はほぼ半々だ。

略称は「諫高《かんこう》」。校訓は「自立創造」、校是は「文武両道」、教育スローガンは『諫高道』を究める」だ。

『諫高道』を究める

長崎県は島が多い。対馬など離島から入学してくる生徒も毎年度、数人いる。

キャンパス南側には、御書院と呼ばれる回遊式の日本庭園がある。中央に心字池を配した庭園は、生徒の憩いの場になっている。100年ほど前に、諫早の元領主から県に寄贈されたものだ。

将来の生き方につなげる人間力向上を目指した独自のキャリア教育プログラムを実施している。

教科の枠を超えて「考える力」と「表現する力」をトレーニングし、総合学習の時間や進路指導と関連させ学習している。その一環として小論文テストや小論文模試を行っている。

学力向上対策として、早朝、夏季、冬季、春季、土曜日に特別学習を行っている。1年と3年の夏休みには、5〜7日間の学習合宿もある。大学受験対策が入念に行われているのだ。

その結果は顕著だ。毎年度、6

割の生徒が現役で国公立大に進学している。19年春の大学入試では、東京大1人、京都大4人、大阪大9人、九州大19人、地元の長崎大47人などだ。

「生徒は素直かつ純心で、将来の伸びしろは大きい」と、学校では卒業生に対し、期待を込めた評価をしている。

諫高の正門横に、下村脩（1928年生まれ）の銅像が立っている。生物学者で、「緑色蛍光たんぱく質の発見」が評価され08年にノーベル化学賞を受賞した人物だ。背広姿で研究用の小瓶を右手に持っている立像だ。10年4月に、OBで諫早市立中学美術科教諭の馬場正邦が制作した。

旧制中学時代、戦争中の疎開などで、下村は転居を繰り返した。長崎県立佐世保中学（現佐世保南高校）―大阪府立住吉中学（現住吉高校）―諫早中学と転校、4年修了で諫早中を卒業した。

ただし、勤労動員のため「1日も（諫早中の）授業に出ず、卒業式も卒業証書もなしである」（10年7月5日、日経新聞朝刊「私の履歴書」）という。下村は18年10月に死去した。

下村は卒業証書なし

理系の学者・研究者としては、船舶工学の梶谷尚、北海道大教授を務め流氷研究の第一人者だった青田昌秋、国産ロケットの開発について研究を続けフランスの国際宇宙大学でも教えた伊藤哲一らがOBだ。

医学者では、脳神経外科医の米倉正大、予防医学の中路重之、腎臓内科が専門で昭和天皇の侍医を務めた内田俊也らがいる。

木原正博と雅子は、諫早高校を72年に卒業した同期生で、のちに結婚し二人三脚で研究人生を歩んできた。

正博は京大医学部に進学、社会疫学を提唱している。雅子は長崎大医学部に進学、肺がんの遺伝素因の研究で博士号を取得した。

2人はエイズ研究にも取り組んでおり、現在は、正博が京大医学部社会疫学研究室の教授、雅子が

木原雅子

准教授で国連合同エイズ計画共同センターのセンター長だ。

文系では、歴史地理学の木下良、日本近代史の毛利敏彦、中世日本宗教史の松尾剛次、会計学の高橋賢らがOBだ。

石橋研究家だった山口祐造がOBだ。諫早市役所土木課に勤務し57年の諫早水害で壊れた眼鏡橋の移築復元に尽力した。これがきっかけとなって全国の石橋を調査し保存活動に貢献した。

文芸では、74年に『草のつるぎ』で芥川賞を受賞した野呂邦暢がいた。

自衛隊員などの職を転々としながら地方在住の作家として身を立て、昭和時代に諫早市を舞台にした小説を数多く残した。80年に42歳で急死した。

芥川賞の野呂邦暢

『草のつるぎ』の直筆原稿は没後に古書店を転々としていたが、14年に県立長崎図書館が購入し所蔵している。

脚本家、劇作家の市川森一もいた。1983年に第1回向田邦子賞を受賞、11年12月に死去したが、13年には市川森一脚本賞が設立された。

推理作家の垣根涼介は活躍中だ。2作で2回、直木賞候補になっている。小説家の後藤みな子も2作で2回、芥川賞候補になった。

旧制卒の歌人・草野源一郎、詩人の坂井信夫、吉田詣子、木下和郎が卒業生だ。書家では立野松雲、渋谷尚琴、山口逸風らがいる。漫画家の御厨さと美と津山ちなみもOB、OGだ。

映画プロデューサーの村岡克彦は、映画「ペコロスの母に会いに行く」で13年に、キネマ旬報ベスト・テンの日本映画部門で1位を獲得した。

美術では、グラフィックデザイナー、芸術プロモーターの古賀賢治がいる。切手のコラージュ、LEDウッド・オブジェ、デジタルサイネージ作品など既存のアート概念を打ち破る作品を創作し、日米をまたにかけて活躍している。

洋画家の西本親雄、荒木幸史、田崎英昭、小川巧、小ヶ倉明、吉永裕ら、陶芸では西川武則が卒業している。

音楽では、男性4人のボーカルグループであるデューク・エイセス（17年で解散）で、トップテナーを担当していた谷口安正がいた。

経済界では、かつらなどヘアーファッション商品の店舗を全国の百貨店などで展開するハイネット社長を務めた今泉弘人がOBだ。同社は16年にアデランスの傘下に入った。

地元ではおこし、カステラの老舗・「菓秀苑森長」会長の森長之、諫早商工会議所会頭でクロダ会長の黒田隆雄らがいる。

政治家では、昭和時代に兵庫県知事を務めた坂井時忠が旧制卒だ。

諫早市長をした卒業生は、吉次邦夫と現職の宮本明雄がいる。

陸上の駅伝では、長崎県で圧倒的な実力を誇っている。毎年12月に京都・都大路で行われる全国高校駅伝競走大会では、諫早高校陸上部が県代表になることが多く、とりわけ女子は17年大会までに連続出場23回を記録した。女子は01年と04年大会で全国優勝している。

こうしたことから、アスリートが何人も巣立っている。

マラソンの藤原、競歩の森岡

マラソン選手の藤原新（81年生まれ）がいる。12年の東京マラソンで2時間7分48秒（日本歴代8位）の日本人トップでフィニッシュした。これにより12年8月のロンドン五輪に出場したが、日本人最下位の45位に終わった。

藤原新

藤原は、拓殖大卒後にJR東日本に所属していたが、自身のマネジメント会社を設立しフリーになった。19年春で第一線から引退し、指導者の道を歩んでいる。

競歩の森岡紘一朗(85年生まれ)は、08年北京、12年ロンドン、16年リオ五輪に日本代表として3回連続して出場している。順天堂大を経て富士通に所属している。

藤永佳子（81年生まれ）は、長距離、マラソン、クロスカントリーの有力選手だった。諫早高校―筑波大―資生堂を通じて活躍した。

甲子園の全国大会に野球部は、春夏とも各2回出場している。小島啓民は、早稲田大―三菱重工業などで活躍し、アジア大会で日本代表監督を務めた。現在は北海道ガス硬式野球部監督だ。

長崎東高校

長崎県立　長崎市

長崎は坂の街だ。長崎東高校は、長崎市街と長崎港を眼下に眺望できる金比羅山の中腹にある。

長崎市には戦前から、旧制の県立長崎中学（略称・長中）、県立瓊浦中学、県立長崎高等女学校、長崎市立高等女学校があった。

戦後の学制改革では、ＧＨＱ（連合国軍総司令部）の勧告に従いこの4校をいったん統合したうえで、男女共学の新制県立長崎東高校と長崎西高校を発足させた。

２００４年には長崎東中学が開校し、長崎東高校は併設型中高一貫校となった。地元では「東高《ひがしこう》」と呼ばれている。15年には普通科に加え国際科を設置する一方、文部科学省からＳＧＨに指定された。

校訓はなく、「偕《とも》によき世を創《つく》る」という言葉を大切にしている。

大学進学は、国公立大への現役での進学が毎年度、60％強と高いのが特徴だ。

浪人も合わせた19年春の合格実績は、京都大、大阪大、東北大各2人、九州大18人、地元の長崎大65人、長崎県立大に24人だった。

前身校の一つである長中は、１８５８年に幕府が開いた英語伝習所を起源とし、１６４７年設立の長崎聖堂も継承している。

東高だけが長中の後継校ではないが、長中の卒業生を含め、活躍した人物を探ってみよう。

まず、ノーベル賞関連の話題を二つ。

カズオ・イシグロの父親

17年に日系イギリス人小説家であるカズオ・イシグロ（漢字表記・石黒一雄、１９５４年11月生まれ）が、文学賞を受賞した。

カズオは長崎市内の幼稚園に通っていたが、海洋学者である父の渡英に伴い5歳で長崎を離れた。その父・石黒鎮雄は、長中出身だ。

英文学者の平井杏子は東高ＯＧで、カズオ・イシグロの研究者だ。

17年12月にはＩＣＡＮ（核兵器廃絶国際キャンペーン）に、ノーベル平和賞が授与された。授賞式には、被爆者の代表の一人として日本原水爆被害者団体協議会代表委員の田中熙巳《てるみ》が出席した。田中は旧制長崎中学1年時に被爆した。

旧制4校・東高校出身で原水爆禁止や平和運動に努めた人物は、たくさんいる。

病理学者で長崎大学長を務めた土山秀夫は、世界平和アピール七人委員会委員で、市民による平和運動を推進した。17年9月に死去した。

林京子

09年に国と和解した原爆症認定集団訴訟原告団の団長・山本英典、原水爆禁止日本国民会議議長の川野浩一らもＯＢだ。

長崎高女出身の林京子

１９７５年に芥川賞を受賞した林京子も、受賞作『祭りの場』で学徒動員中に被爆した体験を記した。林は県立長崎高女出身で、17年2月に死去した。

長中出身で文化勲章の受章者が2人いる。文芸評論家の山本健吉と、彫刻家の富永直樹だ。

学者では、小児外科学が専門で九州大病院長を務めた水田祥代、産婦人科医で宮崎大学長を務めている池ノ上克、原子力工学者の二ノ方寿、イスラム美術史の桝屋友子らがＯＧ、ＯＢだ。

漫画家で『ペコロスの母に会いに行く』がテレビドラマ化、映画化された岡野雄一がいる。

政治家では文相、参院議長を歴任した西岡武夫、外相などを務めた倉成正がＯＢだ。

企業のトップ経験者では井村健輔（不二越）、金子源吉（テレビ長崎）、大和屋隆喜（新日鉄化学）、今村純二（北海道日本ハムファイターズ）、宮脇雅俊（十八銀行）、野上義博（ダイワボウＨＤ）、相川哲郎（三菱自動車工業）、中川安英（文明堂総本店）らがＯＢだ。

昭和時代の後半に剣道部が強かった。１９８５年の世界選手権で個人優勝の香田郡秀《くにひで》は現在、筑波大教授で筑波大剣道部部長だ。

慶応大剣道部では町吉幸以降、計6人の東高ＯＢが監督に就いている。

佐世保北高校

●長崎県立　●佐世保市

九州の北西端に位置し、長崎県内で2番目の人口の佐世保市。明治以来、軍港として知られ、現在も米軍や自衛隊の基地がある。

1949（昭和24）年、旧制の県立佐世保中学、県立佐世保高等女学校、市立成徳高等女学校など佐世保市内の公立5校は、いったん統合されたうえ男女共学の佐世保北高校と佐世保南高校とに分かれて新制高校となった。

戦後の学制改革では、GHQ（連合国軍総司令部）が「民主化」を指導、都道府県ごとに濃淡の違いはあったものの、相当に関与した。

長崎県の場合は、指導方針に忠実に従い、長崎市と佐世保市の新制高校は、旧制時代の伝統を雲散させたのだった。

公立5校をシャッフル

佐世保北高校は、市立成徳高女の跡地にある。ピークの平成初めには生徒定員が1410人の大規模校だった。

2004年には県立佐世保中学が併設され、中高一貫教育校になった。中学で男女別に各60人をとり、高校から120人が加わる。高校では、男女ほぼ半々だ。

校訓は「自律　積極　友愛」だ。スローガンとして「輝け　北辰のごとく」を掲げている。北辰（北極星）のように燦然と輝く人となること、また、社会の様々な分野で希望を託されるリーダーとなることを目指す——といった意味だ。

高2から文系、理系に分かれ、きめ細かなカリキュラムが組まれている。1年と3年の夏には雲仙で学習合宿を行う。土曜学習会、休日の学校開放、フォローアップ講座などもある。

毎年度、卒業生の約60％が現役で国公立大学に合格する。

19年春の大学入試では現役、浪人合わせ、東京大1人、京都大2人、東京工業大、一橋大各1人、九州大17人、地元の長崎大に21人（うち医学部医学科に6人）が合格した。

私立大には延べで、早稲田大11人、福岡大22人、西南学院大13人だった。

卒業生には、ノーベル賞の医学生理学賞の有力候補がいる。ウイルス学者で熊本大医学部教授の満屋裕明だ。

満屋は1980年代に渡米し、85年に米国立衛生研究所で世界初のエイズ治療薬「AZT（アジドチミジン）」を発見、「死の病」を、コントロールできる病に変えた。現在26種類ある治療薬のうち、4種類の開発に関与した。

ノーベル賞候補の満屋裕明

佐世保北高時代、満屋はぐれていて、暴走族グループのリーダーをしていた。一念発起して足を洗い、熊本大医学部に進学し学究生活を続けてきたという変わり種だ。

岩永勝は遺伝育種の専門家で、国際熱帯農業研究センター（コロンビア）や国際トウモロコシ・コムギ改良センター（メキシコ）などの国際機関で研究に励んできた。国際農業開発の実践家でもある。

宇野公子は、国際経済開発論が専門だ。国際労働機関、経済協力開発機構などの国際機関に勤務したのち、大学教授になった。

外科医の吉原博幸は、電子カルテを地域、国レベルで相互接続するシステムを研究してきた。

医学者では、健康開発科学の池田正春、予防医学の古野純典、臨床検査医学が専門の浜崎直孝、耳鼻咽喉学の小宗静男が卒業生だ。建築構造学の石橋一彦もOBだ。

文系では、国際政治学の児玉昌己、日本中世史が専門の瀬野精一郎、社会人類学の野口武徳、経営学の高尾厚らが卒業している。

文献学者の山口謡司は、欧州の図書館に所蔵されている日本、中国の古典籍を捜索し、目録を作成している。この分野での第一人者だ。

佐世保北高校は文芸でも、鳴らしている。芥川賞、直木賞受賞作家が計3人、出ている。

芥川賞は、76年に『限りなく透明に近いブルー』で受賞した村上龍だ。武蔵野美術大在学中に麻薬とセックスに溺れる自堕落な若者たちの生態を描いた作品だ。映画監督もしている。

「W村上」として、しばしば批評の対象になる。村上春樹（兵庫県

村上龍

立神戸高校卒）と同世代の作家（春樹の方が3歳上）で、2人ともヒッピー文化の影響を強く受け、人気作家になったのも同じころだからだ。

直木賞は、87年に『海狼伝』で受賞した白石一郎だ。海洋時代小説を得意としてきた。

一郎は04年に死去しているが、長男の白石一文（福岡県立福岡高校卒）は10年に、『ほかならぬ人へ』で直木賞を受賞している。

親子2代での直木賞受賞は初めてだ。なお、親子とも早稲田大政治経済学部を卒業している。

佐藤正午に直木賞

佐世保北高校出身で直木賞を受賞した小説家が、もう一人いる。17年に『月の満ち欠け』で受賞した佐藤正午だ。映像化された作品も多く、熱心なファンを持つベテラン作家だ。55年生まれで、村上龍の4期後輩だ。

佐藤は、北海道大中退後に佐世保に戻り、佐世保に在住しながら小説を書き続けた。佐世保を舞台にした『永遠の2分の1』という小説も著している。

17年8月に都内で行われた贈賞式は欠席した。「本人欠席」というのは異例だった。

朝日新聞記者ＯＢで中東ジャーナリストの川上泰徳がいる。佐藤と高校同級だった。

小説家の峰隆一郎、文芸評論家の宗肖之介、評論家、エッセイストの勢古浩爾も卒業生だ。

漫画家の堀田かつひこは89年、『オバタリアン』で文芸春秋漫画賞を受賞している。

女性漫画家の小玉ユキは、代表作の『坂道のアポロン』が12年にテレビアニメ化された。

音楽では、ドラマー、パーカッショニストの小川慶太が、国際的に活躍している。世界的チェリストのヨーヨーマとの共演や、米国グラミー賞受賞など評価が年々、あがっている。

バリトン歌手の松尾興、シンガーソングライターの諸岡ケンジもいる。

日本テレビ出身で現在はフリー

のテレビ番組プロデューサー菅賢治がOBだ。

ビジネスで活躍した卒業生を、紹介しよう。

NTT移動通信網（現NTTドコモ）が世界初の携帯電話IP接続サービス「iモード」を、99年に開始した。その企画開発チームのリーダーを務めた松永真理が、OGだ。

「iモード」の松永真理

松永はリクルートで『とらばーゆ』などの編集長を務めた後、NTT移動通信網にスカウトされた。

松永真理（首相官邸HPより）

00年10月号の米フォーチュン誌では「ビジネス界最強の女性ランキング」のアジア部門で1位にランクされた。現在は、政府の企画会議の委員をしている。
原野直也はアミューズメント企業アトラスの創業者で、96年度の流行語大賞「プリクラ」の仕掛け人だ。「プリント倶楽部」が登録商標で、00年ころに女子高校生の間で大きなブームになった。
大企業のトップ経験者では、江頭邦雄（味の素）、尾崎元規（花王）、大川康寛（リズム時計工業）らがOBだ。
郵政官僚出身の団宏明は、日本郵政副社長、郵便事業会社社長などを務めたあと、日本棋院理事長を務めた。

地元の佐世保市に本店を置く親和銀行では、小田信彦が頭取を務めた。12年からは小幡修が、続いて14年からは吉沢俊介が現頭取だ。

親和銀行は07年からふくおかフィナンシャルグループの一員で、20年10月には十八銀行と合併し「十八親和銀行」となる。

「勉強だけで人が育てられるとは考えていない」と、部活動と勉強を両立させてきた校風を誇る。空手道、剣道、吹奏楽部、バレーボール部などが全国大会に出場している。

古賀幸一郎は、V・プレミアリーグの豊田合成トレフェルサ所属のバレーボール選手で、ポジションはリベロ（守備専門）。全日本代表登録メンバーに、09、10、13年に選出された。

佐世保南高校

長崎県立　●佐世保市

九州の北西端に位置し、長崎県内で2番目の人口の佐世保市。明治以来、軍港として知られ、現在も米軍や自衛隊の基地がある。

戦後の学制改革の際に、佐世保市内の公立高校は長崎市と同様、GHQの勧告に忠実に従った。市内の旧制中学5校を統合し南北2校の新制高校を設置した。その一つが佐世保南高校だ。地元では「南校」の略称でとおっている。

校訓は、「自彊《じきょう》自律《じりつ》　和敬礼節」だ。進んで、自らを鍛え律し、他者には優しく礼儀正しく―といった意味だ。

1997年度から米国での海外研修を行っている。08年度にはカリフォルニア州ビスタマリエタ・ハイスクールと姉妹校提携し、現在も訪問交流を続けている。

大学入試では例年、半分近い生徒が現役で国公立大に合格する。現役、浪人合わせ毎年度、九州大、熊本大、大分大に各数人が合格する。長崎大には約20人だ。

部活動では、04年に男子バレーが全国優勝を果たした。17年夏には女子バスケット、邦楽が全国大会へ出場している。

佐世保南高校は、市内中心部から南方約6キロの地点にある。その校地は、前身校の一つである旧制県立佐世保中学校の跡地だ。敷地内に犬尾川という川が流れている。

ノーベル賞の下村脩

2008年にノーベル化学賞を受賞した生物学者の下村脩は戦争中に、1年弱、佐世保中学に在籍、その後に旧制大阪府立住吉中学（現住吉高校）に転校した。

下村は生物発光研究の先駆者で第一人者であった。09年に、佐世保南高校の校庭に後輩の同窓生らによって下村の顕彰碑が建てられた。18年10月に死去した。

学者・研究者では、呼吸器感染症が専門の医学者・河野茂が長崎大学長、情報ネットワーク学が専門の数理工学者・尾家祐二が九州工業大学長だ。

元オランダ大使で外交史学の小池寛治、環境地理学の今泉俊文、体育学の岡崎寛、経済企画庁出身のエコノミストである吉冨勝らも卒業生だ。

文化人では、女性漫画家でテレビドラマ化、映画化された『モテキ』の作者である久保ミツロウがいる。

『魚心あれば嫁心』などの作品で知られ、日本のシナリオ界を代表する脚本家の一人である金子成人、放送作家の海老原靖芳がOBだ。

芸能では、NHKの子供番組「おかあさんといっしょ」の3代目「うたのおにいさん」を務めたたいらいさお、女優の吉村玉緒、落語家の三遊亭らっ好がいる。

1975年5月にエベレスト日本女子登山隊が、女性で世界初の登頂に成功した。実際に登頂したのは副隊長兼登攀隊長の田部井淳子（福島県立田村高校卒、16年10月死去）だ。

田部井は一躍、名が知られることになったが、15人の登山隊の隊長を務めていたのは、佐世保南高校出身の久野英子だった。

プロ経営者と呼ばれる原田

原田泳幸

原田泳幸は「プロ経営者」と呼ばれている。アップルコンピュータ（日本法人）、日本マクドナルドHD、ベネッセHDなどの社長やCEO（最高経営責任者）を歴任してきたからだ。

原田は佐世保南高校から東海大工学部に進学、理系ビジネスマンとして転職人生を送ってきた。

住友生命保険のトップを務めた吉田紘一もいた。

岡田甲子男は、天然調味料最大手のアリアケジャパンを創業し、東証1部上場企業に育てた。

波佐見焼の西海陶器会長・児玉盛介、白山陶器社長・松尾慶一、臨床検査センター、ピー・シー・エルの創業社長・前畑英介もOBだ。

地元の佐世保市長に就いた卒業生は、現職の朝長則男と前任の光武顕がいる。

臼杵高校

大分県立 臼杵市

大分県の東海岸に位置し、石仏やフグ料理で知られる臼杵《うすき》。戦国時代はキリシタン大名の大友宗麟の領地で、幕藩時代は稲葉家5万石の城下町だった。

2011年にバチカン市国で見つかった資料によると、江戸時代初期の臼杵藩の人口約5万6000人のうち27％がキリシタンだったという。

臼杵高校は、前身の旧制臼杵中学と旧制臼杵高等女学校など5校が、1948（昭和23）年に統合してできた新制高校だ。臼杵中の創立は1897（明治30）年だったので、120年を超える伝統がある。

同窓会は奨学金制度を設け、毎年数人を対象に1人当たり10万円を援助している。

英文学の野上豊一郎が1期生

旧制臼杵中学の1期生に、英文学者で能楽の研究者でもあった野上豊一郎がいた。旧制一高―東京大の学歴で、一高時代から夏目漱石に師事した。戦後に法政大総長を務めた。

イギリス演劇の研究で知られ、戦前に日英交換教授として外務省から派遣され、ケンブリッジ大学などで能楽を講義した。

妻は、臼杵市の旧家出身の小説家で文化勲章を受章している野上弥生子（東京・私立明治女学校卒）。夫が漱石門下であったことから漱石に文才を評価され、閨秀作家として押しも押されぬ存在となった。

1985（昭和60）年に99歳で没するまで現役の作家を貫いた。代表作の一つ『迷路』に、故郷の臼杵が描かれている。

野上夫妻の子は東京大や京都大の教授になっており、学者ファミリーを形成した。孫の1人は、哲学者でNHK経営委員の長谷川三千子（東京都立新宿高校卒）だ。

学者ではさらに、国文学者・歌人でロンドン大学教授もした西郷信綱、害虫防除の研究者である丸尾信勝、胃がん早期診断の権威である岡部治弥、アルミニウムの研究者である浅野祐一郎、日本最初の合成酒を開発した醸造学者の中村静らが卒業生だ。

経済界で活躍した卒業生としては、京阪電気鉄道社長、大阪商工会議所会頭を歴任した佐藤茂雄がいる。

佐藤茂雄

佐藤文夫は1990年代に第12代の東芝社長を務めた。後継社長に西室泰三（東京・私立武蔵高校卒）を据えたが、西室がのちに東芝のドンとなり専横ぶりを発揮したことで経営が悪化した。

進来要は、日本製鉄の子会社から分離独立した太平工業の初代社長を務めた。のちにブラジルの日本ウジミナス社長も務めた。

小野田セメント（現太平洋セメント）社長を務め財界人としても活躍した安藤豊禄は、ストライキを先導したとして臼杵中校長から強制転校を命ぜられ、5年生の2学期から大分県立佐伯中（現佐伯鶴城高校）に移り卒業した。

フンドーキンの経営者

臼杵市を拠点に全国展開している調味料メーカーとして1861（文久元年）創業のフンドーキン醤油がある。その社長をした2代目小手川金次郎は創業家の生まれで旧制臼杵中学の出身だ。

前述の野上弥生子は実姉だ。

小手川強二が現在、フンドーキン醤油の社長を、その弟の小手川励人がフンドーキン酒造社長をしている。そろって新制臼杵高校卒だ。2人の兄は大蔵官僚出身のエコノミスト小手川大助（兵庫県・私立灘高校卒）だ。

臼杵を代表するもうひとつの老舗・富士甚醤油の渡辺規生社長と、先代社長の渡辺広人も、そろって臼杵高校ＯＢだ。

フグ料理で知られる臼杵の老舗料亭・喜楽庵の女将・山本千代がＯＧだ。経営者の夫・山本康文は4代目で臼杵高校の6期先輩だ。3代目の山本喜平と5代目山本喜文も同校ＯＢ。つまり喜楽庵は3代にわたって臼杵高校出身者が支えている。

山本千代

料亭山田屋を経営していた山田晋太郎も「臼杵フグ」のブランド化の推進役を担っていたが、07年に死去している。ｇｌｏｂｅのボーカルＫＥＩＫＯ（大分県立臼杵商業高校卒）の父親だ。作曲家の小室哲哉（早稲田実業学校高等部卒）の義父ということになる。

臼杵市長をした卒業生では、三浦義臣、堀亮一、足立義雄、新名順次、後藤国利らがいる。現市長の中野五郎もＯＢだ。

１９７０年代初めに臼杵市では、セメント工場建設に反対する「風《かざ》成《なし》闘争」というのが起きた。これは日本の公害防止運動史上に残る画期的な住民運動だったが、前市長の後藤もこの運動にタッチし、のちに地方政界入りするきっかけになった。

地元の教育界に尽力

地元の教育界で尽力した卒業生では、新堂英夫が大分県教委教育委員長を、吉田純雄が臼杵市教育長を務めた。石仏の縁で臼杵市は１９９４年に中国・敦煌市と友好都市の締結をしているが、吉田は日中の偉人を取り上げた小中学生向け副読本『心の小径』を、13年に編纂・執筆した。

文化・芸術では、建築家の吉武東里が旧制卒で、国会議事堂の建築などに貢献した。彫刻家の日名子実三、洋画家では江藤純平、進来哲、池田正見ら、日本画では板井武夫らが卒業している。

大分南高校の書道講師である鹿苑晋史は17年、「書の甲子園」（第26回国際高校生選抜書展）で同校書道部を、団体の部で初優勝に導いた。

国際カラーコンサルタントの志田悦子もＯＧだ。

臼杵高校は文武両道を掲げている。野球部は終戦直後の１９４７年と49年に、夏の甲子園大会に出場している。

千葉ロッテマリーンズのヘッドコーチ・鳥越裕介、西鉄ライオンズで捕手として活躍した和田博実がＯＢだ。和田は、同じ大分県出身の投手・稲尾和久（県立別府緑丘高校・現芸術緑丘高校卒）の女房役で、2人は「黄金のバッテリー」といわれた。

高校野球の名監督・小嶋

高校野球で名監督の一人に挙げられる小嶋仁八郎が卒業生だ。旧制臼杵中時代にはエース投手だったが、甲子園出場経験はない。

大分県立津久見高校の野球部監督を30年間も続けた。甲子園出場は計14回に及んだ。うち春（1967年）と夏（72年）に各1度、優勝している。

水泳選手では、4人が五輪に出場している、旧制時代の石田英勝と新制になってからは佐々木末昭、高田康雄、橋本博だ。旧制卒の渡辺修は大分県水泳連盟理事長をし、こうした五輪選手を育成した。

メディア関係では、ジャーナリストの吉田敏浩が1996年にミャンマーの少数民族についてルポした『森の回廊』で大宅壮一ノンフィクション賞を受賞している。

俳優、映画監督として活躍した塩谷俊がOBだ。東日本大震災時に福島県相馬市の医療現場で奮闘する医師らを描いた演劇「HIKOBAE」の企画・演出を手掛け、話題となった。

『太陽にほえろ』シリーズをはじめ多くの映画やテレビに出演した下川辰平、落語家の三遊亭栄馬、『ちびまる子ちゃん』などのアニメに起用されている声優の三浦雅子らもOB、OGだ。

2010年度の「ミス・ユニバース・ジャパン」で優勝した板井麻衣子がOGだ。上智大学に進学し大分市役所に勤務していた。

軍人として名が残る卒業生としては、海軍を代表する潜水艦艦長だった木梨鷹一がいた。太平洋戦争が勃発して間もない時期に第2次ソロモン海戦で魚雷攻撃により大きな戦果を挙げた。

さらに秘密裡に遠くドイツまで往復し通信機器などの移送に従事した。

第2次大戦中の日本海軍の潜水艦部隊の行動については記録がほとんど残っていないが、吉村昭が『深海の使者』で、山岡荘八が『海底戦記』で小説にしている。木梨の功績もそこに著されている。

大学入試では毎年度、国公立大学への合格者は現役だけで約60人だ。大分大に約20人、長崎大に数人が合格する。専門学校に進む者も約20％いる。

別府鶴見丘高校

大分県立　別府市

温泉として全国的に知られる別府市。阿蘇くじゅう国立公園に指定されている鶴見岳から別府湾を一望する扇状地に、別府鶴見丘高校のキャンパスがある。

1910（明治43）年開校の私立別府女学校をルーツとする。30年には県に移管され、別府高等女学校と改称された。

一方、旧制の男子校は1933年に別府市立として設立され、41年には県立別府中学となった。戦後の学制改革の過程で、高女と中学が統合され、男女共学の別府鶴見丘高校となった。略称は「鶴高」だ。

大学入試実績は近年、向上している。毎年度、卒業生の約55％が現役で国公立大に合格する。九州大に数人、地元の大分大には約40人、長崎大、熊本大に各約10人だ。

卒業生には、世界的な科学者がいる。

「ニホニウム」の森田浩介

実験核物理学者で、原子番号113の新元素の合成に成功し、「ニホニウム」（Nh）と名づけた森田浩介がOBだ。

森田浩介

森田は九州大に進学、九州大大学院教授と理化学研究所超重元素研究グループディレクターの兼任で、04年に113番元素を世界で初めて合成した。16年には日本学士院賞を受賞した。

理化学研究所で情報基盤センターのセンター長を務める姫野龍太郎も卒業生だ。スーパーコンピューター「京」などの開発責任者だ。

元ソニー常務の宮岡千里もいた。ソニー創業者の井深大（兵庫県立第一神戸中学・現神戸高校卒）に才能を見いだされて「トリニトロン方式」のカラーテレビやCDなどを開発し、「世界のソニー」の礎作りに貢献した。

電磁波工学が専門で東京工業大学長を務めた内藤喜之と、通信工学者の田中公男は、宮岡と同期の1955年鶴高卒だ。

医学者では、病態情報解析学の安東由喜雄がいる。

人権派弁護士の徳田靖之

大分市で事務所を開いている徳田靖之は、人権派弁護士として知られる。らい予防法違憲国家賠償訴訟西日本弁護団代表で、ハンセン病国賠訴訟で指導的な役割を果たした。

また、ハンセン病患者に対する特別法廷での裁判について最高裁からの謝罪を勝ち取った中心人物でもある。鶴高の同窓会・鶴嶺会の会長だ。

官僚では、警察庁出身で宮内庁東宮侍従長を務めた末綱隆、環境事務次官を務めた関荘一郎がOBだ。

政治家では、03年~15年まで別府市長を務めた浜田博がいる。

文芸では、児童文学作家で『はれときどきぶた』が代表作の矢玉四郎がいる。竹細工職人の傍らノンフィクションを書いた鬼塚英昭もいた。

映画監督では昭和時代に活躍した貞永方久、声優ではラジオ番組でパーソナリティーを務めた城達也がOBだ。メディア関連では、RKB毎日放送アナウンサーの佐藤巧、ニッポン放送ディレクターの遠藤竜也がいる。

経済界では、家庭用電気器具などを製造販売しているサナーエレクトロニクス社長の高尾和歌子がいる。

化粧品のコーセーで、常勤監査役の荒金久美がOGだ。

別府温泉の鶴田ホテル（ホテルニューツルタ）社長の鶴田浩一郎は、別府の街の活性化に尽力、数々の観光イベントを企画している。

鶴高は、部活動も活発だ。バレーボール男子、新体操、バドミントン部男女などが、全国大会出場の常連だ。

高校時代にバレーボール部で活躍した高松卓矢は、日本体育大を経てVプレミアリーグの豊田合成トレフェルサ所属の選手になっている。13年には、全日本男子メンバーに選出された。

佐伯鶴城高校

大分県立　佐伯市

水泳、野球、陸上、体操などで多くの有力選手を輩出している。五輪に出場した選手や監督は延べ20人近くを数える。公立の普通高校で多種目にわたりこれだけの五輪選手を輩出しているのは、珍しい。

長野県立白馬高校や北海道立北海道小樽潮陵高校も10人近い五輪選手を出しているが、スキーなど冬期種目に限られている。

ともに1911（明治44）年設立の旧制佐伯中学と、佐伯実科女学校（のちに佐伯高等女学校）を前身とする学校だ。戦後の学制改革で両校は統合され佐伯第一高校となったが、51（昭和26）年に佐《さ》伯鶴城《いきかくじょう》高校と改められた。

佐伯は江戸時代、毛利家2万石の城下町だった。佐伯城跡のすぐ東にキャンパスがあり、佐伯城の別名である「鶴ヶ城」から佐伯鶴城高校という優雅なネーミングとなった。

文武両道を実践している高校であるが、その背景には69年から2002年までの33年間、普通科だけではなく体育科も設置されていたことがある。もっとも、水泳部は全国高校水泳選手権大会で50年に初優勝（競泳・男子学校対抗）して以来、6度も全国優勝をしているが、これは体育科が設置される以前の話だ。

佐伯鶴城高校は屋外に50メートル、室内に25メートルの温水プールを持っている。だから一年中、練習できる。

五輪出場は20人近く

水泳で五輪に出場した卒業生を挙げると、吉田喜一（36年ベルリン）、谷川禎治郎（52年ヘルシンキ、800自由形リレーで銀メダル）、野々下耕嗣（56年メルボルン）、高橋栄子と松本健次郎（64年東京）、岩崎邦宏（64年東京、68年メキシコ）、それに岡田正一（64年東京、女子競泳コーチ）だ。

高橋栄子は63年に220ヤードバ

タフライで当時の世界新記録を出している。

16年夏のリオデジャネイロ五輪では、渡辺一平が200メートル平泳ぎに出場した。渡辺は佐伯鶴城高校から早稲田大スポーツ科学部に進学、17年1月の東京都選手権200メートル平泳ぎ決勝で、2分6秒67の世界新記録を樹立した。現在はトヨタ自動車所属だ。

渡辺は日本で唯一の水泳世界記録保持者だったが、19年7月、韓国で行われた水泳世界選手権の男子200メートル平泳ぎで、アントン・チュプコフ（ロシア）が2分6秒12の新記録で優勝し、世界記録を破られた。

青木剛は、00年のシドニー五輪と04年のアテネ五輪で水泳代表監督を務め、シドニーで4個、アテネで8個のメダルを獲得し「競泳王国ニッポン」復活の立役者となった。15年秋から日本水泳連盟会長を務めている。

野球部OBで広島東洋カープで外野手だった広瀬純が13年4月に、「15打席連続出塁」のプロ野球新記録を達成した。

プロ、アマの野球選手

野球部は夏の甲子園大会に過去、3回出場している。プロ野球入りした卒業生は、広瀬のほか大石弥太郎、阿南準郎、野村謙二郎など9人がいる。阿南と野村は広島東洋カープの監督を務めた。大石も広島カープで8年間、投手をしていた。広瀬を含め九州の一高校から広島東洋カープゆかりの人物が4人も出ていることになる。

青木剛

プロ入りはしなかったが、山中正竹は佐伯鶴城高校から法政大に進学、1年時より投手として活躍し、東京六大学リーグで4年間で通算48勝（13敗）という最多勝記録を残している。

92年のバルセロナ五輪では日本代表監督を務めた。16年に野球殿堂入りし、18年に全日本野球協会会長に就いた。

アマチュアを貫いた野球選手としては、社会人野球で活躍した若林重喜もいる。佐伯鶴城高校時代は野村と同級で、三遊間コンビを組んでいた。バルセロナ五輪にも出場した。なお野村はソウル五輪に、広瀬はシドニー五輪に出場している。

陸上競技では、成迫健児がソウル五輪で400メートル・ハードルに出場した。佐伯鶴城高校―筑波大学―ミズノの経歴。体操では山脇恭二が、84年のロス五輪体操男子団体で銅メダルを取っている。

スポーツで名門高校、というわけではない。経済人や文化人などとして活躍している人物も数多くいる。

経団連会長の御手洗も学ぶ

キヤノンのトップ経営者で、日本経済団体連合会の会長を務めた御手洗冨士夫が、佐伯鶴城高校で学んでいる。都立小山台高校に転校し、中央大学に進んだ。

米国勤務が23年と長く、米国仕込みの合理的経営を持ちこんだ。キヤノンは屈指の高収益会社になり、私大出身者としては初めて経団連会長のポストに就いた。

経団連会長を退任後の12年には、77歳にしてキヤノンのトップの座に返り咲いた。16年3月末からは会長兼最高経営責任者（CEO）になった。

キヤノンはそもそも佐伯鶴城高校と縁が深い。キヤノンの創業者の一人であり、初代社長の御手洗毅が旧制佐伯中学卒の4期生だった。

御手洗毅は北海道大医学部に進学し、上京して産婦人科医になった。ひょんなことから前身の光学会社の経営をまかされた。

村上憲郎

医療用機器の開発を推進し、軌道に乗ると「右手にカメラ、左手に事務機」のスローガンを掲げ、キヤノンを急成長させた。御手洗冨士夫は毅の甥だ。

グーグルといえば、検索サイトの雄でインターネット社会を象徴する企業だ。その日本法人の代表をした村上憲郎も佐伯鶴城高校の卒業だ。

小野田セメント（現太平洋セメント）社長を務め財界人としても活躍した安藤豊禄は、ストライキを先導したとして臼杵中校長から強制転校を命ぜられ、5年生の2学期から佐伯中に移り卒業した。

　地元の経済界では、高橋靖周が大分銀行の頭取をした。佐伯市で320年余続く糀屋本店の女将（社長）・浅利妙峰は万能調味料「塩こうじ」を商品化し、全国的なブームを巻き起こした。71（昭和46年）卒。

　官僚になった卒業生では、御手洗康が第2代の文部科学事務次官を務めた。田中利明は17年4月から佐伯市長だ。

故郷をバックに芥川賞

　小説家でフランス語圏文学者の小野正嗣は、大分県蒲江町（現佐伯市）の生まれ故郷を舞台にした『九年前の祈り』で15年に芥川賞を受賞した。東京大の文科1類に入学したが法学部は避け、教養学部に進んだ。現在は立教大教授だ。18年よりNHKの「日曜美術館」のキャスターとして出演している。

　昭和から平成にかけての漫画家・富永一朗は旧制時代の卒業生だが、社会人になってから佐伯市で小学校教師をした。

　ゲームデザイナー、小説家の清松みゆき、ランドスケープデザイナーの団塚栄喜、脚本・演出家の中都留章仁、『プロジェクトX』シリーズが評判になったNHKの元プロデューサー今井彰、米国在住の画家で校章のデザインをした時田良太郎、講談師の旭堂左南陵らも卒業生だ。

　外見のみならず内面に潜む個性をもユーモラスに描く似顔絵をカリカチュアと言う。「さつ」（潮田紗希子）は10年秋に出場したカリカチュアの世界大会で1点モノの作品部門で1、2位を独占した。

　お笑いコンビ・ダイノジの2人は大分県出身だが、うち大谷ノブ彦は佐伯鶴城高校のOBだ。

　佐伯鶴城高校の校訓は、「自治」「信愛」「剛健」だ。校長を務めた甲斐直彦（国語科）は百周年の2011年に、これに加えて「鶴城新世紀四訓」を制定した。「文武一徳・敢為《かんい》邁往《まいおう》・自他共愛・進化創造」だ。甲斐は毎週、「校長通信」を発行し、名物校長となった。

　文部科学省からSSHに指定されている。

　大学入試では毎年度、卒業生の約50％が現役で国公立大学に合格する。九州大、熊本大に数人、大分大には約20人などだ。

大分舞鶴高校

●大分県立 ●大分市

戦後の1951（昭和26）年設立の共学校だ。大分市の東部に位置する。

「舞鶴魂」という校是がある。「締まれ、頑張れ、粘れ、押し切れ」だ。「学力の向上、心の教育、文化・スポーツの振興」の3つを、ミッションとしている。

大分県の高校で一つしかない理数科を設置している。文科省からSSHに指定されている。

大分舞鶴高校は、進学指導に熱心に取り組んでいる。①朝講座（7時40分～8時20分）の実施、②サタデーズセミナー、③夏季に授業日を10日増設、④学習習熟度別授業の実施―などだ。

大学入試では、現役で国公立大に合格する生徒が毎年度、約60%いる。19年春は現役、浪人合わせ、京都大、神戸大に各1人、大阪大3人、九州大に23人、熊本大に33人、地元の大分大に医学部医学科3人を含む46人が合格した。

南こうせつと伊勢正三

卒業生には、フォークシンガー界の大御所が2人いる。1970年代から活躍している南こうせつと、1年後輩の伊勢正三だ。

南こうせつ

南は伊勢などと「かぐや姫」を結成し、『神田川』『赤ちょうちん』など数々のミリオンセラーを作曲した。

伊勢は『なごり雪』『22才の別れ』などを作詞・作曲、「かぐや姫」「風」という両スーパーグループで一時代を築いた。

2人は2013年には、フォークユニット「ひめ風」をあらためて結成し、全国ツアーを開催した。高校時代の親友は60代半ばになっても、歌い続けている。

「石」の彫刻家として知られる村

井進吾、洋画家の佐藤哲もOBだ。

脚本家の井沢満、漫画家の安永航一郎とアキヨシカズタカ、声優の後藤敦、経済評論家の三原淳雄も卒業生だ。

ビジネスでは、18年6月に九州電力の社長に就いた池辺和弘がいる。

佐藤龍雄が東日本高速道路会長兼社長を、渡辺朱美がレノボ・ジャパン社長を務めた。

地元では、大分マリーンパレス水族館「うみたまご」を運営するマリーンパレス社長の橋本均が、卒業生だ。

学者では、法学者で東大教授の太田勝造、中国文学が専門で大阪外国語大学長、立命館アジア太平洋大学長を歴任した是永駿、交通工学の高田邦道がいる。


医師では、東京女子医大泌尿器科教授で付属病院長も務めた東間紘が卒業生だ。腎移植の第一人者で、東京女子医大での腎移植症例は２３００例にもなるという。

政治家では、１９７３年入学の同期で現職の国会議員が、２人いる。日商岩井出身で国民民主党の衆院議員・吉良州司と医師で同党の参院議員・足立信也だ。

官僚では、藤田耕三が、19年7月から国土交通事務次官だ。

高島宗一郎は、10年12月から福岡市長だ。九州朝日放送(福岡市)のアナウンサー出身で、福岡市長としては史上最年少の36歳で当選した。

釘宮磐は衆参議員のあと、03年から15年にかけて大分市長を務めた。

ラグビーでは花園に57回出場

部活動では、ラグビー部が強い。51年の開校と同時に創部され「校技」に定められた。全国高校ラグビーフットボール大会(花園)には18年末の98回大会で33大会連続の57回出場している。うち優勝1回、準優勝を3回している。

19年春の選抜大会(熊谷)には、4大会連続の12回目の出場を果たした。監督は母校出身の堀尾大輔だ。早大、サントリーで活躍した今泉清もOBだ。

松任谷由美(東京・私立立教女学院高校卒)の曲である『ノーサイド』は、１９８４年1月7日の第63回全国高校ラグビーフットボール大会決勝戦で、天理高校に敗れた大分舞鶴高校がモデルだ。

八代高校

熊本県立　八代市

「やつしろ」高校という。熊本県南で、県下第2の人口を有する田園工業都市である八代市にある。

1896（明治29）年、熊本県尋常中学済々黌《せいせいこう》八代《やつしろ》分黌《ぶんこう》として創立、すぐに八代中学として独立した。戦後の学制改革で、八代中学は旧制県立八代高等女学校を統合し、男女共学の新制八代高校となった。

2009年には県立八代中学を開校し、中高一貫校になった。略称は「八高《はちこう》」だ。

3つの「綱領」がある。「誠実にして真理を愛する」「自律を旨として協和を重んずる」「闊達《かったつ》にして進取の気象を尚ぶ」だ。

19年春の大学入試では現役、浪人合わせ、国公立大に計120人が合格した。北海道大、大阪大各1人、九州大9人、熊本大に20人、熊本県立大に15人が合格した。

部活動では、全国の頂点に立ったことも、過去に2度あった。いずれも59〜60年のことで水泳部員の佐藤好助が100及び200メートルバタフライの国体、インターハイなどでの優勝が一つ。もう一つは、60年度インターハイでの庭球部男子の団体戦優勝だ。

秋山幸二

最も知名度が高い卒業生は、プロ野球の福岡ソフトバンクホークス監督を務めた秋山幸二だ。

元ソフトバンク監督の秋山

西武ライオンズとホークスでプレーし、9年連続シーズン本塁打30以上を記録した。巨人の王貞治（早稲田実業学校高等部卒）の19年連続に次いで歴代2位だ。スラッガーとして鳴らしただけでなく、ソフトバンク監督として2度、日本一になっている。

「世界一速いおばあちゃん」とい

われる八代高女卒業生がいる。1923年生まれの守田満《みつ》だ。日本マスターズ陸上競技連合が認定する年代別記録において、80-84歳、85-89歳、90-94歳の三つのクラスの100、および200メートル走で、世界記録を保持している。

前述の佐藤好助は64年の東京五輪で200メートルバタフライに、また本田大三郎はカヌーに出場した。レスリング選手の田上高は72年のミュンヘン五輪に出場した。

東大紛争時の文相・坂田道太

政治家では、昭和時代に文相や衆院議長を歴任した坂田道太がいた。文相時代の69年には、紛争で荒れた東京大の入学試験の休止を決定した。

衆院議員や八代市長を歴任した父の坂田道男も、旧制時代の卒業だ。

折木良一は、自衛隊統合幕僚長、防衛相補佐官を歴任した。

経済界では、安田生命保険の社長になり、2004年に明治生命保険との合併を決め合併会社の会長になった宮本三喜彦がOBだ。

元電通社長の上田碩三、元日商岩井副会長の後藤又三、現職では日本製紙会長の馬城文雄がいる。

学者・研究者では、旧制時代の卒業生に「狂気」とも呼ばれた右翼思想家の蓑田胸喜がいた。

国際政治学者で東南アジア研究者の矢野暢、音楽教育学の江島幹雄、哲学の村岡晋一、ドイツ文学の森本浩一がOBだ。

医師では、ハンセン病治療に情熱をささげ、国内だけでなくインドでのハンセン病診療活動にも尽力した宮崎松記が卒業生だ。京大医学部卒。

森岡賢一郎は作曲家で、『ブルー・シャトウ』『今日でお別れ』で日本レコード大賞編曲賞を受賞している。

本岩孝之はクラシック歌手だ。日本では数少ないカウンターテナー（女声に相当する高音域）歌手でありながら、バス、バリトン、テノールまでの声域を誇る。

美術では、無彩色の葉を絵の具にした「葉彩画」を得意とした赤崎一雄、洋画家の岩崎日出巳がOBだ。

メディア関係では、共同通信社出身の政治評論家内田健三、気象予報士の平井信行、映画監督の遠山昇司がOBだ。

玉名高校

●熊本県立　●玉名市

玉名市は県北の中心的な都市で、人口は約6万6000人。九州新幹線の新玉名駅が設置されている。

1903（明治36）年に熊本県立熊本中学校（現熊本高校）の玉名分校として開校した。すぐに県立玉名中学校として独立した。

戦後の学制改革で、旧制高瀬高等女学校を前身とする学校と統合し、男女共学の新制玉名高校となった。

略称は「玉高《たまこう》」だ。2011年には附属中学が開校し、中高一貫教育校となった。

校訓は「至誠　剛健　進取」だ。スローガンは「夢実現・可能性への挑戦」だ。

戦前の37年に建造された本館は鉄筋コンクリート造3階建てで、当時、先進的だった幾何学的なデザインを取り入れている。正門と前庭池と併せ、01年に国の登録有形文化財に指定された。

大学進学では毎年度、卒業生の約40％が現役で国公立大に合格する。19年春の大学入試では現役、浪人合わせ、東京大、京都大に各1人、九州大に7人、地元の熊本大に33人、筑波大には1人が合格した。

「マラソンの父」金栗四三

明治の終り近くに旧制玉名中を卒業した金栗四三は、日本における「マラソンの父」と呼ばれる。

1912年、金栗は東京高等師範学校（現筑波大学）在学中にストックホルム五輪にマラソン選手として出場（レース途中で棄権）した。短距離選手の三島弥彦（旧制学習院・現学習院中高等科卒）と共に日本人初の五輪選手となった。金栗はその後、20年のアントワープ（ベルギー）、24年のパリ五輪にも出場した。

箱根駅伝の開催や高地トレーニングの導入など、生涯にわたってマラソンの振興と発展に貢献した。「金栗」の名を冠したマラソン大会や賞杯が現在、いくつもある。

熊本県の初代教育委員長も務めた。19年1月から放送されたNHK大河ドラマ「いだてん～東京オリムピック噺～」では、金栗がモデルの一人になった。

新制玉名高校になってすぐの52年には、第3回全国高校駅伝競走大会で優勝している。

いぶし銀の笠智衆

銀幕では、笠智衆《りゅうちしゅう》の名（本名）が、まさにいぶし銀のように輝いている。金栗より13期後輩の大正末近くの卒業だ。

笠智衆

42年に公開した監督・小津安二郎（三重県立第四中学・現宇治山田高校卒）作品の『父ありき』で初めて主演として登場した。以降、『晩春』『麦秋』『東京物語』など小津のほとんどの作品に出演した。

文芸では、16歳で夭逝した伝説の詩人がいた。海達《かいたつ》公子で大正末期の小学生時代から児童自由詩を書き、詩人の北原白秋（旧制福岡県立伝習館中学・現伝習館高校中退）から「珍しい詩才の持ち主」と称賛された。

詩人では、「念ずれば花ひらく」というフレーズで知られる坂村真民もいた。日本画では川本末雄がOBだ。

経営者では、参院議員で厚生相などを歴任した黒川武雄が、東京港区に本社を置く老舗和菓子店・虎屋の第15代当主を務めた。佃亮二は福岡銀行頭取だった。

続素美代は、女性登山家、冒険家だ。ヒマラヤやカラコルム山脈の8000メートル峰の登頂記録を持ち、08年には日本人女性で初の南極点到達を成し遂げた。

関東学院大教授で看護学が専門の深谷安子は、介護者と介護を受ける高齢者のコミュニケーションに関する論文が、世界の研究者からの引用件数でトップ10に入った。その功績が認められ、世界で最も権威ある紳士録とされる「マーキス・フーズ・フー」の2012年版に、その名が刻まれた。

活躍中の文化人では、漫画家の松森正、シンガーソングライターの関島秀樹、川原一紗らがOB、OGだ。

延岡高校

宮崎県立　延岡市

日向灘に面し、宮崎県北部にある延岡。旭化成創業地の工場群がある典型的な企業城下町だ。

前身である県立延岡中学校の設立は、１８９９（明治32）年。２０１９年でちょうど創立１２０周年を迎えた。

戦後の学制改革で延岡中学と県立延岡高等女学校が統合された。曲折を経て延岡高校の名前になったのは、１９５９年だった。

校訓は、「剛健　自治　信愛」だ。目指す生徒像として「自ら学び、高い志を持って目標に挑戦し続ける生徒」を掲げている。

毎年度の大学入試では現役、浪人を含め京都大に1人ほど、九州大に数人、熊本大に十数人、地元の宮崎大に約30人が合格する。

歌人の若山牧水がOB

戦前の歌人であった若山牧水が、この高校を象徴する卒業生だ。旧制中第1期卒で、在校中から短歌と俳句を始める。早稲田大に進学し卒業してすぐに処女歌集『海の声』を出版し、頭角を現した。

旅と酒をこよなく愛し、それに関する歌をたくさん詠んだ。日本各地に２００基を超える歌碑がある。１９２８（昭和3）年に肝硬変で43歳にして死去した。

若山牧水

昭和時代に「モダニズムの旗手」と言われた詩人の渡辺修三も、旧制卒で早大に進学している。

小説家で慶応大に進学し、『三田文学』編集長を務めた井伊直行がいる。山元泰生も文筆家だ。

経済界では、カメラ技術者でデジタルカメラ事業の急成長をリードした真栄田雅也が、16年からキヤノンの社長を務めている。

宇野正晃は、九州を中心にドラッグストア・チェーン店を展開するコスモス薬品（本社・福岡市）の創業者で現会長だ。東証一部に上場している。

鎌田正彦は物流会社のＳＢＳＨＤ（本社・東京都墨田区）の創業社長で、同社を一部上場企業に育て上げた。

高橋康徳は、企業情報専門のインターネットテレビ局であるカウテレビジョンの創業社長だ。

山内純子は全日本空輸取締役執行役員・客室本部長を務め、現在は宮崎銀行社外取締役だ。キャリア・ウーマンの草分けの一人だ。

平野亘也は宮崎銀行頭取だ。

建築士の小林純子は、「トイレ文化の改革者」として知られる。東京タワー、東京駅、成田国際空港など２００以上の公共施設のトイレの設計を手がけてきた。

メディア関連では、黒木重昭が週刊読書人の社長だ。高橋巨典は、テレビ宮崎所属の人気アナウンサーだ。米大リーグの解説者で、テレビ中継での出演も多い藤沢文洋もＯＢだ。

黒沢作品に出演した志村喬

昭和時代に活躍した味のある映画俳優が出ている。旧制兵庫県立第一神戸中学（現神戸高校）から延岡中学に転校してきた志村喬だ。

生涯で出演した映画は４００本を超えた。中でも黒沢明の監督作品では欠かせない存在だった。『生きる』『七人の侍』などが代表作だ。

物理学者で東大教授や高エネルギー加速器研究機構の特任教授などを務めた兵頭俊夫や、東大教授で電子工学が専門の年吉洋がいる。

文系では、農業地理学者で棚田研究の第一人者である中島峰広、歴史学者で宮崎県の郷土史を研究した石川恒太郎がＯＢだ。

医師では、榊原記念病院（東京都府中市）の副院長で小児心臓手術の「ゴッドハンド」と言われる高橋幸宏がいる。前述の人気アナ・高橋巨典は実弟だ。

大神のりえは、国際交流団体インド国際子ども村「ハッピーバリー」の代表だ。宮崎県の子どもたちをインドに派遣する「平和キャンプ」事業を、行っている。

民間人パイロットとして国内第一号の後藤勇吉が、旧制第11回の卒業生だ。１９２４年には国産飛行機で日本初の日本一周飛行に成功するなど、飛行家として名をはせた。

都城泉ヶ丘高校

●宮崎県立　●都城市

宮崎県の南西端にあり、鹿児島県と接している都城市。人口は16万1000人で宮崎市に次ぐ。

幕末までは薩摩藩の私領だった。このため現在でも、薩摩藩が残した文化が色濃く残っている。

都城泉ヶ丘高校では、高校入学時の1年生のオリエンテーションは先生ではなく2年生が指導する。薩摩藩には年長者が年下の子を教え諭す「郷中《ごじゅう》教育」というのがあったが、これはその名残と言えよう。

1899（明治32）年設立の県立都城中学校と、大正時代に設立された都城高等女学校を母体とする学校だ。戦後の学制改革にともなって、両校が統合され男女共学の都城泉ヶ丘高校となった。

石川県金沢市にも金沢泉丘《いずみがおか》高校（前身は旧制金沢一中）があるが、都城は「泉ヶ丘」と「ヶ」が入るのが特徴的だ。

附属中学がある中高一貫校

2010年からは附属中学を設置して中高一貫校になっている。附属中学は定員40人で、県内のどの地域からも受験できるため、4倍を超える人気がある。高校で普通科200人、理数科40人を募集する。中学からの進学者は全員、理数科に組み込まれる。

宮崎県は公立の中高一貫教育に早くから取り組んできた。1999年には全寮制の県立五ヶ瀬中等教育学校（五ヶ瀬町）が開校している。中学1年生から高校3年生までを一つの学校にする中等教育学校はすでに全国に普及しているが、五ヶ瀬は全国初の中等教育学校だ。都城の場合は完全6年制ではなく併設型の附属中学方式をとった。

教育スローガンは「生徒の個性や能力を最大限に伸ばし、保護者や地域に信頼される学校」だ。

文武両道であり、部活合宿ができる会館も備えている。バイオ科学など高度な実験ができる理科施設もある。

野球部は07年春の選抜高校野球大会で21世紀枠に選出され、1勝を挙げている。

19年春の大学入試では現役、浪人合わせ、九州大9人、神戸大3人、宮崎大27人、熊本大24人、鹿児島大31人の合格者を出している。

東国原英夫が大人気

著名な卒業生はタレントの東国原英夫だ。都城泉ヶ丘高校ではハンドボール部の選手だった。「そのまんま東」の芸名でお笑いタレント活動をしていたが07年に宮崎

東国原英夫

県知事になった。テレビでの露出が多く、自称「宮崎県のセールスマン」として宮崎の知名度アップに努めた。

県民からの人気は抜群だったが、11年に1期4年で知事を退任した。12年12月の衆院選に日本維新の会所属で当選したが、13年12月に衆院議員を辞職した。

政治家では、党人派ながら大蔵官僚より税制に精通していた自民党衆院議員の山中貞則が、旧制の都城中出身だ。鹿児島県選出の衆院議員として当選すること17回を数えた。防衛庁長官、通産相などを歴任、「国士」とも評された。

地元の都城市の市長を務めた卒業生は、戦後の公選制以降、5人いる。曽木重貴、蒲生昌作、堀之内久男、長峯誠と、現職で財務官僚出身の池田宜永だ。

この内、堀之内は衆院議員にもなり農水相などをした。長峯は現在、自民党所属の参院議員だ

防衛官僚だった西広整輝は、旧制都城中から新制大阪府立大手前高校に移り、東京大文学部に進学した。

防衛庁の事務方トップである防衛事務次官は、大蔵、通産など他省庁からの出向者で占められていたが、西広は1988（昭和63）年に生え抜き組としては初めて防衛事務次官に就いた。このため「ミスター防衛庁」と呼ばれた。

中近東専門の外務省職員だった井ノ上正盛は03年11月に、キャリア外交官の奥克彦（兵庫県立伊丹高校卒）とともに、イラク国内で何者かの銃撃を受けて殉死した。

当時、都城泉ヶ丘高校の3年生だった今村歩（女性）は、先輩の井ノ上の殉死をきっかけに、「自衛隊派遣に頼らないイラクの復興支援」の署名活動を独力で行った。5358人の署名を集め、04年に内閣府に提出したことがマスコミに取り上げられた。しかし、当時の首相・小泉純一郎（神奈川県立横須賀高校卒）は「読んでいない」とした。

「反権力」を貫いた人物としては、岡留安則がいる。高校時代は野球部だったが、法政大に進学してから新左翼の闘士となった。79年に月刊誌『噂の真相』を創刊、独立独歩で舌鋒鋭く社会批判を続けた。19年1月に死去した。

東京で弁護士をしている荒竹純一は、ベンチャー企業の支援や、ビジネス著作権法の研究者として知られる。

霧島酒造の経営者

経済界で活躍している卒業生では、霧島酒造の2代目社長・江夏順吉と、3代目の現社長・江夏順行の親子が光っている。

主力の芋焼酎「黒霧島」のブランド化に成功、同社の年間売上高は650億円を超え、焼酎メーカーのトップ企業になった。本社工場は都城市内にある。父は旧制都城中卒、息子は新制卒だ。

大企業のトップ経験者では、斉藤佳男が自動車メーカーのスズキ会長を、南園克己は日東紡社長を務めた。

小山田浩定は、医業経営コンサルや調剤薬局などの「総合メディカルHD」（本社・福岡市）を創業し、東証一部上場企業に育て上げた。現在は相談役。

黒木和雄

山下重憲は、電子機器、精密金型などの「新生電子」（本社・兵庫県尼崎市）を創業した。グループの従業員は、約1100人いる。

学者では、慈恵医大教授で腐食解剖の権威であった中村為男、ナノテクノロジーが専門の物理学者である今村裕志らが卒業している。

文化人では、映画監督の黒木和雄が卒業生だ。旧制の県立小林中学（現小林高校）から都城泉ヶ丘高校に転校してきた。同志社大に進学、岩波映画製作所に入社し、ドキュメンタリー映画で頭角を現した。1960年代半ばから劇映画を目指し、06年製作の『紙屋悦子の青春』が遺作となった。

作詞・作曲家の中山大三郎もOBだ。代表作に、1987（昭和62）年に歌手の島倉千代子（東京・私立日本音楽高校卒）が唄って大ヒットした『人生いろいろ』の作詞がある。

「人生いろいろ」

『人生いろいろ』のフレーズは、04年に当時の首相・小泉純一郎が衆院の委員会で引用して答弁したことが記憶に残る。13年11月に島倉が死去したことで、再びクローズアップされた。

作詞家では『昭和枯れすゝき』などで知られる山田孝雄、声楽では岡崎実俊、ソプラノ歌手では柳橋里美、東由子、長唄三味線では藤原睦子、J-POP歌手では馬渡松子らがOB、OGだ。

画家では、パリで修業した山田新一と塩水流功、都城市立美術館長を務めた野口徳次のほか、久留景信、常盤哲郎、有馬良作、山田藤男、池田昭圭らが卒業している。

小説家、詩人の黒木清次は芥川賞候補になり、戦後は宮崎市の日向日日新聞社（現宮崎日日新聞社）の社長を務めた。

NHK出身の清川輝基はNPO法人「子どもとメディア」（福岡市）代表理事で、子どもたちがスマホなど電子映像メディアと接触することについて功罪を論じている。

競馬調教師の橋口弘次郎は、都城泉ヶ丘高校から九州産業大学に進学したものの地方競馬の騎手となった。騎手引退後は、中央競馬の厩務員に転じさらに調教師にまでなった、という変わり種だ。

1935（昭和10）年に、都城で陸軍の大演習が行われた。旧制都城中に大本営が置かれ、昭和天皇が4日間、校舎内で宿泊した、という記録が残っている。

こうしたことから旧制都城中の生徒は戦前、軍人の道に進む者が多かった。陸軍士官学校や海軍兵学校に進学した卒業生は、1940（昭和15）年には26％、翌年には24％もいた。

「武蔵」の初代艦長で、海軍中将の有馬馨らが出ている。

小林高校

宮崎県立●小林市

「駅伝の小林」として全国に鳴り響いている。毎年12月に京都市内で行われる全国高校駅伝競走大会には、男子が全国最多の56回も出場している。

優勝7回を誇る。広島県立世羅高校（9回）、兵庫県立西脇工業高校（8回）に次ぎ、私立仙台育英学園高校（仙台市）の7回に並ぶ。

駅伝部は、陸上部とは別にある。女子駅伝部も独立している。駅伝部を育てたのは、外山方圀（宮崎県立宮崎大宮高校卒）だ。小林高校に体育の教諭として勤務し、のちに小林高校の校長も務めた人物だ。

外山の下で小林高校は、全国大会に24回出場し、優勝4回、準優勝3回を記録した。2連覇を達成した1977、78年には、中心選手に谷口浩美がいた。

マラソンの谷口浩美

谷口は、日本体育大—旭化成で長距離選手として活躍した。85年の別府大分毎日マラソンで初マラソンながら優勝した。87年には東京国際マラソン、ロンドンマラソンで優勝した。

92年のバルセロナ五輪、96年のアトランタ五輪に日本代表として出場した。バルセロナでは、20キロメートル過ぎの給水地点で後続選手にシューズを踏まれて転倒した。8位でゴールしたあとのインタビューで、「こけちゃいました。これも運ですね」とコメントし、テレビで何回も放送された。

97年に現役引退し、旭化成、沖電気、東京電力などでマラソン指導者として後進の育成に当ってきた。

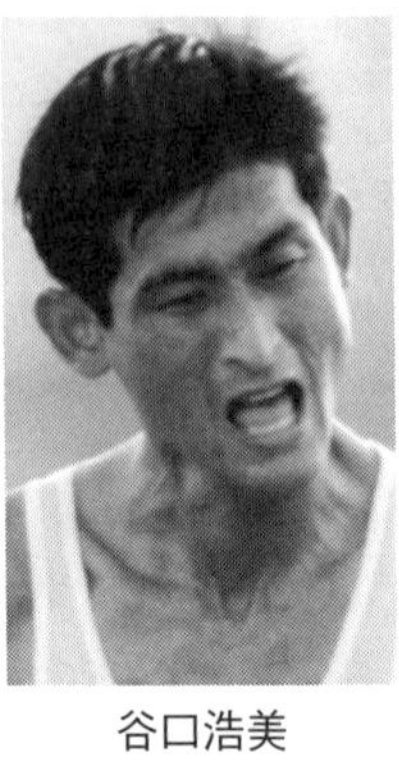
谷口浩美

横山美和は駅伝部OBで、17年3月まで駅伝部監督を務めた。96

年に保健体育教諭として赴任し、全国大会に20回出場を導いた。

創価大学陸上部監督の榎木和貴も駅伝部OBで、中央大学で主力選手として活躍し、箱根駅伝で4年連続区間賞を獲得した。

松本翔は、駅伝部OBの市民ランナーだ。東京大に進学し、在学時に学連選抜の一員として05年正月の箱根駅伝に出場、社会人になってからは14年の大阪マラソンで3位になった。

バスケットも強い。女子は、全国高校総合体育大会（インターハイ）に43回出場し、79年には優勝している。ウインターカップ（全国高校バスケットボール選抜優勝大会）にも33回出場し、78年に優勝している。

OGには、04年のアテネ五輪に日本代表として出場した楠田香穂里がいる。

男子も、インターハイ、ウインターカップとも11回出場し、インターハイでは準優勝を1回、ウインターカップでは2回、準優勝している。

バスケットを全国レベルに育てた指導者は現宮崎県バスケットボール協会長の北郷純一郎（宮崎県立都城泉ヶ丘高校卒）と、小林高校OBで宮崎県高原町教育長の西田次良だ。

ウエートリフティングも強い。宮原翔角は、17年3月の全国高校選抜大会で、62キロ級で2位に入った。その後も自己記録を更新し続けている。

小林市は宮崎市から60キロメートル西の内陸部にある。人口は約4万4000人だ。

市役所の近くにある小林高校は、1921（大正10）年創立の旧制小林中学を前身とする。戦後の学制改革で、旧制小林高等女学校と統合され、男女共学となった。地元では「コバ高」と呼ばれている。

体育コースは40人弱を募集

普通科3クラス、普通科探究科学コースと普通科体育コースが各1クラスある。

体育コースでは、駅伝、バスケット、野球などの運動選手を毎年、40人弱、募集している。県外からの入学も認められており、九州一円から選手が集まる。学校近くに寮が完備され、駅伝選手は寮住まいしている。

生徒の80％が、大学、短大に進

学する。40％弱の卒業生が現役で国公立大に合格する。宮崎大、熊本大、鹿児島大に各数人が合格する。福岡県などの私立大に進む生徒が多い。

卒業生で偉人としてあがめられているのは、23代目の日銀総裁を務めた森永貞一郎だ。

旧制小林中を4年で終了し（通称・4修）、旧制五高（熊本）―東大法―大蔵省のコースをたどり事務次官まで出世した。東京証券取引所理事長などのあと、74年に日銀総裁に就いた。

日銀総裁を務めた森永貞一郎

森永は、第一次石油ショックによる狂乱インフレのなか、政府の総需要抑制策と歩調を合わせ、金融引き締めを断行した。要職にあっても高ぶることなく、人徳温容の人として慕われた。

森永貞一郎

小林高校から徒歩3分の場所に、森永貞一郎記念館がある。小林高校には、成績優秀な3年生に贈られる「森永賞」が設けられている。

経済界では、斎藤晶議《あきのり》が「ネオジャパン」（本社・横浜市）の創業社長だ。ビジネスパッケージソフトの開発、販売で業績を伸ばし、東証一部に上場している。

林田洋は、映像コンテンツ制作の東北新社のトップを務めた。

越智一仁は電通のコミュニケーション・プランナーで、小林市の移住促進PRビデオ「ンダモシタン小林」を制作した。これは、小林市周辺の言葉をフランス語の発音に重ねたもので、地方自治体PR動画の先駆け的存在となり、多くのメディアで取り上げられた。

明石秀人は、焼酎製造の老舗・明石酒造（宮崎県えびの市）の社長だ。

文化人では、ガラス工芸作家の黒木国昭が卒業生だ。ガラス工芸では初めての国の卓越技術者「現代の名工」に選ばれている。

国内各都市や、欧米主要都市で何度も個展を開いており、米フィラデルフィア美術館などに作品が収蔵されている。

『紙屋悦子の青春』などで知られる映画監督の黒木和雄は、「霧島

の山　麓は広く…」で始まる校歌を作詞した。この校歌は旧制小林中学から新制小林高校に衣替えされたタイミングでつくられているが、黒木自身は3年の時に転校し卒業は県立都城泉ヶ丘高校だった。

タレントの斉藤慶子がOGだ。熊本大に進学、在学中に芸能界入りしたため中退した。熊本大出身の宮崎美子(熊本県立熊本高校卒)が人気を博していた直後であったため、「宮崎2世」と騒がれた。

書道の陣軍陽、洋画の貴島ユミ、前田利昌、橋本俊雄、詩人の銀色夏生、漫画家の友安よーいちがOB、OGだ。

ミュージカル女優の井料瑠美

ミュージカル女優の井料瑠美は劇団四季育ちで、『オペラ座の怪人』のクリスティーヌなど数多くのヒロインを演じた。

音楽では、ギタリストの大萩康司と西藤ヒロノブ、サックス奏者の宮里陽太、テノール歌手の内之倉勝哉がいる。

内之倉は国立音楽大の博士課程まで進んだ。オーストリアのウイーン音楽・演劇大に留学、11年には友愛ドイツ歌曲コンクールで優勝した。

昭和時代には、作詞家の八反ふじをがいた。日本作詞家協会の設立に尽力した。代表作に『残侠の唄』(北島三郎)、『新聞少年』(山田太郎)などがある。

学者では、数理計画法が専門の大山達雄、沖縄科学技術大学院大教授の新竹積がいる。新竹は量子波光学顕微鏡や波力発電機の開発など物理学の最先端の研究をしている。

中別府雄作は九州大生体防御医学研究所教授で、脳ゲノム機能学が専門だ。アルツハイマー病におけるDNA損傷の研究などをしている。

園田佳巨《よしみ》も九州大教授で、構造工学、都市工学が専門だ。

政治家では林野庁長官など農林官僚出身で、宮崎県知事を２００３年まで、6期24年間務めた松形祐堯が卒業生だ。6期目では80歳代になり、全国最高齢の知事だった。

小林市は１９５０年に市制を施行した。歴代市長のうち6人がOBだ。志戸本慶次郎、脇元正、森祐一郎、志戸本慶七郎、堀泰一郎(中退)、それに前職の肥後正弘だ。

鶴丸高校

●鹿児島県立　●鹿児島市

NHKの大河ドラマ『西郷《せご》どん』で18年、鹿児島は観光ブームにわいた。

西郷隆盛が仕えていた72万8千石・島津氏の居城であった薩摩藩の城は、「鶴丸」と呼ばれた。

旧制の県立第一鹿児島中学と県立第一高女とが、1949（昭和24）年に統合された際に、この「鶴丸」を校名に選んだ。

エピソードが残されている。戦後の学制改革ではGHQ（連合国軍総司令部）が「封建思想の打破」を名目に口をはさんだが、「鶴丸」が封建君主時代における城の別名であることを知らなかった。地元の申し出に対し、「鶴というのは平和的で結構である」と許可を与えたという。

県立一中は1894（明治27）年に県尋常中学校として設立された。第一高女は1902（明治35）年に県高等女学校として設立された。県尋常中学校の創設当時の洋風石造門柱2基が、かごしま県民交流センターの西門として現在も残っている。2008年には、国の登録有形文化財になった。

「好学愛知・自律敬愛・質実剛健」の気風が、時代に即応しながら建学の理念として継承されてきた。日常の生活規範としては「For Others」が掲げられている。

「甲鶴戦」が鹿児島名物

40年以上前から毎年、ライバルの県立甲南高校との間で各種のスポーツ対抗試合が行われている。「甲鶴戦」と称され、鹿児島名物の一つになっている。

九州の高校の難関大合格実績では、私立のラ・サール高校（鹿児島市）と久留米大学附設高校（福岡県久留米市）が飛びぬけている。

鶴丸高校は例えば72年には東大合格者を31人出したが、この40年では低迷が続いている。九州一円のアッパークラスの生徒を、私立中高一貫校に吸引されていることが背景にある。

19年春の大学入試では現役、浪人合わせ、東京大9人、京都大7人、九州大30人、東京工業大1人、一橋大に6人が合格している。私立大には延べで、早稲田大12人、慶応大14人だ。

地元の鹿児島大は84人だった。その内、医学部医学科は32人に達した。合格者数は計110人だったから、30%を鶴丸卒業生が占めたことになる。

ソニーの社長・吉田憲一郎

吉田憲一郎

卒業生の経済界での活躍ぶりを見てみよう。ソニーの社長兼CEO（最高経営責任者）に18年4月から就いている吉田憲一郎がいる。財務など管理畑出身だ。

大企業の社長経験者としては枝元賢造（サッポロビール）、吉留真（大和証券SMBC）が卒業生だ。

地元の経済界では、鹿児島銀行の上村基宏、沖縄航路を運航している海運会社のマルエーフェリー・有村和晃、種子島航路やタクシー、ホテル事業の市丸グループ・市丸隆二郎、鹿児島を拠点とする商社の南国殖産・上野喜一郎らが経営トップの経験者だ。

河瀬航大は入退室管理システムを開発した「フォトシンス」の創業社長だ。

OGの西村道子は、南九州などを地盤とする学習塾「昴」の社長だ。岡俊子は経営コンサルタントで、M&Aの専門家だ。三菱商事など数社で、社外取締役、社外監査役を務めている。

「政官」の分野では、太平洋戦争の開戦時と終戦時の外相・東郷茂徳と、警視総監、法相を歴任した下稲葉耕吉が、県尋常中学卒業後、地元の第七高等学校造士館で学んだ。

参院議員で、民主党内閣時代に法相を務めた柳田稔（現国民民主党）がいる。

自民党衆院議員で農水相を務めた森山裕は、鶴丸高校定時制課程夜間部に入学し働きながら通った。夜間部が県立日新高校（県立鹿児島西高校となり、12年に閉校）に移管され、日新高校を卒業した。

鹿児島県知事をした寺園勝志と

金丸三郎は旧制時代の卒業で、55年から75年の間、2人で県政をリードした。

　最高裁判事をした藤崎万里は、外務官僚時代にサンフランシスコ講和会議に随行、また日米安保条約改定交渉などにタッチした。

　大阪地検特捜部主任検事証拠改ざん事件というのが10年に起こり、検察庁は大揺れに揺れた。この時の検事総長・大林宏がOBだ。

　大林は10年12月に、わずか半年の在任で検事総長を辞任した。検事総長が不祥事で引責辞任をしたのは初めてのことだった。一方、前述の法相・柳田も失言問題がたたって10年11月に法相を辞任した。

民間人閣僚の大田弘子

　自民党政権時代の06年から08年にかけて民間人閣僚として経済財政政策担当相をした大田弘子が著名だ。鶴丸高校から一橋大に進学、民間エコノミストとして鳴らし政策研究大学院大教授になった。

　16年9月には安倍内閣の規制改革推進会議の議長に就いた。

　文化人では、『空想科学読本』などの漫画原作者・柳田理科雄、H氏賞を受賞している詩人の黒田三郎、小説家の河野修一郎、旅行作家の蔵前仁一、落語家の桃月庵白酒、漫画家の尾崎衣良、バレリーナの白鳥みなみらが卒業生だ。

　明治末から大正期にかけて美人画の画家として活躍した橋口五葉は、夏目漱石著の『吾輩は猫である』などの装丁を手がけたことで知られる。

　小説家でプロレタリア文学運動に参加した鹿地亘は、51年にアメリカ軍諜報機関（キャノン機関）に拉致され、米国のスパイになるよう強要された（鹿地事件）。

　メディア関連では、新制鶴丸第1回生の大山勝美はテレビプロデューサー、演出家で、「ドラマのTBS」の全盛期を支えた。

　TBSのプロデューサー、瀬戸口克陽は、高視聴率のドラマを数多く手がけている。自身のプロデュース作品から広まった「アラフォー」（40歳前後をさす）という言葉は、08年に流行語大賞に選ばれた。

　妻はTBSの同期入社だった自民党代議士の小渕優子（東京・私立成城学園高校卒）。優子は、首相をした小渕恵三（東京都立北高校・現都立飛鳥高校卒）の娘であり、08年に戦後最年少の34歳で入閣（少子化対策など）を果した。

　TBSアナウンサー出身の有村かおり（現在は松富かおりとして活躍）、NHKアナウンサーの鹿島綾乃もOGだ。

　メディアの経営者になった人物としては、NHK会長や駐仏大使をした古垣鉄郎、地元の南日本新聞社社長・逆瀬川尚文らも卒業している。

　地元テレビ局のトップ経験者では、南日本放送の竪山博美と中村耕治、鹿児島テレビの荒田静彦らがいる。

奈良女に進学した辛島美登里

　音楽では、シンガーソングライターの辛島美登里がいる。奈良女子大に進学し、在学中に自作の曲でシングル版を出した。

　学者では、日本近世史の原口虎雄、西洋法制史の勝田有恒、民法の好美清光、国際会計学者で東京経済大学学長を務めた久木田重和らがOBだ。

　産婦人科医である住吉稔は、76年に鹿児島市立病院で日本で最初の5つ子が生まれた際にプロジェクトチームの一員となった。その5つ子の父親は、当時NHK政治部記者だった山下頼充（鹿児島県立甲南高校卒）だった。

　やはり産婦人科医である永田行博は鹿児島大学長を、整形外科医の佛淵孝夫は佐賀大学長を務めた。

辛島美登里

　東京・虎ノ門病院血液内科部長の谷口修一は、白血病など血液がんを治す移植医療の第一人者だ。
　サレジオ修道会司祭だった尻枝正行は、1970年代から90年代にかけてローマ法王庁諸宗教対話評議会の幹部として活躍した。カトリック協会随一の日本宗教通で、日本の宗教指導者の間で信頼されていた。
　明治維新以来、薩摩（鹿児島）、長州（山口）の出身者が国政や軍部を牛耳った。旧制第一鹿児島中学から海軍や陸軍の軍人になった者は数多い。
　海軍中将・有馬正文、海軍大将で東條内閣末期に5日間だけ海軍相をした野村直邦らが出ている。

甲南高校

●鹿児島県立　●鹿児島市

ノーベル賞の授賞者が、出ている。半導体工学者で、名城大終身教授、名古屋大特別教授の赤崎勇（1929年生まれ）だ。青色発光ダイオード（LED）を発明・開発したことが評価され、2014年に物理学賞を授与された。

ノーベル賞受賞の赤崎勇

赤崎は、旧制鹿児島県立第二鹿児島中学校を卒業後、旧制第七高等学校（現鹿児島大）を経て京都大理学部化学科に進学した。名古屋大教授などを歴任し、11年には文化勲章を受章している。

赤崎と同時に、2人の科学者がノーベル物理学賞を受賞している。赤崎の弟子で、名古屋大教授の天野浩（静岡県立浜松西高校卒、1960年生まれ）が窒化ガリウムの半導体結晶から青色LEDの基礎技術を開発したとして、またカリフォルニア大サンタバーバラ校教授の中村修二（愛媛県立大洲高校卒、1954年生まれ、米国籍）がその量産技術を開発したことが評価された。

赤崎、天野、中村3人の物理学賞受賞は、08年に南部陽一郎（旧制福井県立福井中学・現藤島高校卒）、小林誠（愛知県立明和高校卒）、益川敏英（名古屋市立向陽高校卒）の3人が物理学賞を受賞して以来のことだ。

08年の受賞が理論物理だったのに対し、長寿命で消費電力が少ないLEDはすでに世界に普及している。赤崎らのノーベル賞受賞は人々に身近に受けとめられた。

赤崎勇

甲南高校の玄関には、赤崎が書いた色紙「見真」と「吾か道、一以て之を貫く」が掲げられている。

甲南高校は、県立中学造士館の流れを汲む県立第二鹿児島中学校

（１９０６＝明治39年創立）と県立第二高等女学校（１９１０＝明治43年創立）を前身とする。

　正面屋上のドームがシンボルになっている甲南高校の本館は、07年に国の登録有形文化財になっている。30年竣工の鉄筋3階建てだ。

　文部科学省からＳＧＨの指定を受けている。

「甲南」の由来は――校地が甲突川の南側にあり、明治維新の英傑大久保甲東（利通）と西郷南洲（隆盛）の生誕地も近くにあることから、新制高校に衣替えした時に、考案された。

　兵庫県芦屋市にも甲南高校があるが、私立だ。兵庫県南東部にある「六甲山」が校名の由来だ。

　また滋賀県甲賀市に甲南高校があるが、こちらは県立だ。３校とも独立した存在だ。

　鹿児島市内には、一中と一高女を前身とする県立鶴丸高校がある。甲南と鶴丸は良きライバル関係にある。「甲鶴戦」と呼ばれるスポーツ交歓会が毎年開かれ、市内の名物行事になっている。

校風は「のびのび」

　校訓は二中時代から受け継ぐ「剛　明　直」と、二高女時代から伝わる「気高く　優しく　健やかに」だ。鶴丸高校が「お堅い」のに対し、甲南高校の校風は「のびのびとしている」といわれる。

　部活動が活発で、水泳部、陸上部、弓道部、空手道部、ラグビー部などが全国大会に出場している。

　19年度の大学入試では現役、浪人合わせ、京都大１人、九州大26人、名古屋大３人、大阪大、神戸大各２人、地元の鹿児島大に１１８人の合格者を出している。現役で国公立大に合格する卒業生は例年、約70％ときわめて高い比率だ。

　赤崎のほかにも、学者・研究者になった卒業生は多い。

　日本近世史が専門の原口泉は、テレビ番組で時代考証や解説をしている。08年のＮＨＫ大河ドラマ『篤姫』、18年の『西郷《せご》どん』でも、鹿児島が舞台になったこともあり時代考証を引き受けた。

　旧制卒の教育学者で甲南女子大（私立・神戸市）学長をした鯵坂二夫、新制卒では欧州政治史の山口定、ケインズ経済学者で鹿児島国際大学長をした瀬地山敏、日本近世史の紙屋敦之、独文学者の谷川道子らも卒業している。

理系では、有機化学の桜井英樹、大気循環化学が専門で酸性雨の研究をしている村野健太郎、化学システム工学の船津公人らがいる。

経済界で活躍している卒業生では、ＩＴコンサルティングのフューチャーを創業し、現会長兼社長グループＣＥＯの金丸恭文がいる。政府の規制改革推進会議や働き方改革実現会議などの各種委員を務めている。

企業トップの経験者では元職、現職を含め、国生義夫（明治乳業）、浜田広（リコー）、古川治次（日本郵便）、前村哲路（ユニーグループＨＤ）らがＯＢだ。

政界では、旧制卒の四元義隆が特異な存在だった。右翼の実業家で、首相近衛文麿（旧制私立学習院中等科・現学習院高等科卒）のブレーン役や、戦後には中曽根康弘（旧制群馬県立高崎中学・現高崎高校卒）、細川護熙（東京・私立学習院高等科卒）の両政権で「陰の指南役」と噂された。

看護学者で参院議員だった南野知恵子は法相在任中の国会で、「重要な問題なので、私ではなく担当の役人から答えさせます」と答弁し、失笑を誘った。

旧制卒の鎌田要人と土屋佳照は、ともに自治事務次官のあと鹿児島県知事を務めた。１９７７年から96年まで２人で、県政を牛耳った。

坂元貞一郎は厚生事務次官を、文部官僚出身の今村武俊は鹿屋体育大学長を務めた。

14代沈寿官が19年6月死去

文化人では薩摩焼を代表する窯元「沈寿官窯」の14代宗家が、旧制二中の卒業だ。初代の沈寿官は、１５９０年代の文禄・慶長の役で豊臣軍が朝鮮半島に出兵した際、島津家が連行した80人の陶工の一人。

14代は本名大迫恵吉で、司馬遼太郎の『故郷忘じがたく候』のモデルになった人物だ。19年6月に死去した。

彫刻家の安藤照も旧制の卒業生だ。鹿児島市・城山公園下の「西郷隆盛」像や東京・渋谷駅前の初代「忠犬ハチ公」像などが代表作だ。現在のハチ公像は2代目で、息子の安藤士が制作した。

音楽では、クラシックの指揮者の下野竜也、下野と同期卒の歌手Ｓａｍｍｙがいる。

ゲームクリエイターの今村哲裕、

作曲家の鶴田睦夫、リコーダー奏者で作詞・作曲家の吉嶺史晴、音楽評論家の藤川毅もOBだ。

絵本作家の八島太郎、映画監督の番匠義彰、浜本正機もいる。

司会者が板についた恵俊彰

芸能ではお笑いタレント出身で、今やワイドショーの司会がすっかり板についた恵俊彰がいる。

声優・ナレーターの家弓家正、俳優の和田周、西田聖志郎らも。

文芸評論家の大河内昭爾と山崎行太郎、軍事評論家の大小田八尋、小説家の相星雅子、宮内勝典、脚本家の西岡悟、漫画家の甲斐谷忍らもいる。

恵俊彰

岩重慶一は、東京海洋大博士課程で海洋政策を学ぶ一方、イルカ保護の活動を続けている社会運動家だ。

メディア関連では、甲南高校第12期の山下頼充がNHK政治部記者時代の76年に、日本初の5つ子の父親となった。

毎日新聞社社長をした本田親男、南日本新聞社社長をした日高旺と水溜栄一らも卒業生だ。

スポーツでは、元競泳選手で08年の北京五輪で400メートルメドレーリレーの第一泳者(背泳ぎ)として銅メダルを獲得した宮下純一がいる。現在はタレント、スポーツ解説者だ。

野球では、戦前に立教大野球部エースで3割打者だった西郷準(西郷隆盛の孫)、二中時代の32年に全九州中等学校野球大会で佐賀中学から20三振を奪った有村家斉がいた。

卒業生ではないが、旧制二中教頭を務めた中《ちゅう》馬《まん》庚《かなえ》は、「Baseball」を「野球」と訳した最初の人物で、70年に「野球殿堂」入り（特別表彰）している。地元の私塾・三洲義塾から旧制一高（東京）に進み、野球に親しんでいた。

海軍少佐で、真珠湾攻撃における「九軍神」の一人・横山正治は、二中独自のクラス編成「軍人組」に入り、海軍兵学校に進んだ。獅子文六（東京・私立旧制慶応義塾普通部卒）の小説『海軍』は、横山をモデルにしている。

首里高校

沖縄県立 ● 那覇市

かつての琉球王国の王城で、世界遺産に登録されている首里城。19年10月末には焼失してしまったが、そのすぐ南で、首里城の迎賓館だったところに校地がある。幕末に米ペリー提督が来沖した際に、歓迎式典が行われた場所だ。

首里高校は、1798年に琉球王朝の第15代国王・尚温が、本土の藩校に当たる「国学」と呼ぶ学校を創建したのに源を発する。

以来、「海邦養秀」が建学の精神となっている。海に囲まれた邦(土地)で優れた人材を育成する、という意味だ。


1880年に「国学」を首里中学と改称した。沖縄で最も古い高校だ。その後、県尋常中学校—県中学校—県立第一中学校などと校名は変った。

太平洋戦争で、第一中学は壊滅した。生徒、職員が「鉄血勤皇隊」「通信隊」として沖縄戦に駆り出され、二百数十人が犠牲となった。

旧制一中は二百数十人が犠牲

同窓会が建てた「一中健児之塔」の前で、沖縄県の「慰霊の日」(6月23日)に合わせ毎年、慰霊祭が行われている。


戦後の学制改革で新制首里高校となったが、本土とは違った苦渋を味わった。米軍の施政権下に置かれたため、「那覇連合教育委員会立」という設置母体でスタートした。

1960年に「琉球政府立」に変わり、72年5月に本土復帰に伴って「沖縄県立」首里高校となった。

野球部は58年、夏の甲子園大会に沖縄代表として戦後初めて出場した。福井県立敦賀高校に0−3で敗れたが、熱戦のあと、選手たちが「甲子園の土」を手ですくい集めると、球場は涙と感動で静まり返った。

しかし那覇へ入港した際、植物検疫法に触れるとして、土は無残にも検疫官によって海に捨てられた。米国の統治下だったための秘話だ。

後日談がある。マスコミで報道され大きな反響を呼ぶ中、日航スチュワーデスが甲子園の小石を拾い集め、首里高校に贈った。小石ならば検疫法に触れなかったからだ。「日本の土」という歌や記念碑まで作られ、5年後の63年の夏の大会で首里高校が沖縄勢初の1勝を挙げることにつながった。

福原朝悦は県立一中OBで、首里高校が初の甲子園出場を果たした時の監督、教諭だ。

58年以来、染織デザイン科が1クラス40人、設置されている。沖縄の伝統工芸である染織産業の振興をはかるためで、特色ある学科だ。

ほとんどの生徒が4年制大学、専門学校、短大に進学する。琉球大に毎年度約80人が合格するなど国公立大に約120人が進む。進学で本土に渡るのは約2割だ。

本土とは違った独自の歴史、沖縄本島の18・2%の面積が米軍基地―といった問題などを背景に、「沖縄学」と呼ばれる独特の学問ができている。

「沖縄学の父」伊波普猷

「沖縄学の父」と言われているのが、伊《い》波《は》普《ふ》猷《ゆう》だ。尋常中学時代にストライキ事件を起し退学処分を食らったが、旧制第三高校（現京都大）から東京帝大に進学し、言語、文学、地理・歴史、民俗などを総動員した「沖縄学」を創始した。

沖縄研究家では、真境名安興、東恩納寛惇、比嘉春潮もいた。

歴史学者の高良倉吉は琉球史が専門で、首里城復元検討委員会をリードした。90年に伊波普猷賞を受賞、沖縄県副知事も務めた。

国際経済学者の真栄城朝敏は計量経済学が専門で、長年にわたり米ピッツバーグ大教授を務めた。同大の日本文化教室設立委員会会長でもあった。

教育者では、県立二中（現那覇高校）校長、沖縄民政府初代知事など歴任後に琉球大の初代学長に就いた志喜屋孝信、県立一中校長や琉球大2代目学長を歴任した胡屋朝賞、4代目学長の与那嶺松助らがいた。

行政法が専門の外間寛は、中央大学長・総長を務めた。中央大卒で、東大法学部助手も経験している。

渡久地朝明は沖縄国際大学長在

任中の04年8月、米軍ヘリが本館に墜落、炎上し、その事後処理に腐心した。宮城篤正は沖縄県立芸術大学長を務めた。

　栄養学の尚弘子は、女性として初の沖縄県副知事を務めた。

　医学者では、八重山群島のマラリア撲滅に精力を燃やした大浜信賢、細菌学の山田毅がいた。

「徳球」の徳田球一

　卒業生には多くの政治家がいる。もっとも著名なのは「徳球」のニックネームで親しまれた徳田球一だ。1922年の日本共産党の結党時からの代表的活動家で、戦前に治安維持法違反で逮捕され、獄中で18年も過ごした。

　戦後に衆院議員を務めたが、レッドパージ（公職追放）され地下に潜った。53年に北京で病死したことが、2年後に公表された。

徳田球一

　国政では、衆院議員を務めた漢那憲和、仲井間宗一、安里積千代、大城真順らがいた。
　沖縄が本土復帰する前の琉球政府行政主席を務めた当間重剛、大田政作、それに復帰後の沖縄県知事の平良幸市も卒業生だ。
　那覇市長は、68年12月から2000年11月までの32年間、OBの平良良松と親泊康晴が連続して務めた。岸本建男は名護市長を務め、普天間基地問題で苦慮した。

　文芸では、又吉栄喜が96年に『豚の報い』で芥川賞を受賞し、映画化された。数作品が、英語、フランス語、イタリア語で翻訳出版されている。

　昭和時代の詩人・山之口貘、推理作家の津野創一も卒業生だ。

　美術では、昭和時代に民芸ブームで人気となった陶芸家の新垣栄三郎、画家、染織家の名渡山愛擴、洋画の治谷文夫が卒業している。

　新垣優香は、沖縄の伝統染色技法「紅型《びんがた》」の気鋭の作家だ。

　音楽、舞踊では、オペラ演出家の粟国安彦、琉球舞踏家の新垣典子、「沖縄県民の歌」などで親しまれた城間繁、ファゴット奏者の大兼久潔、箏曲家の金城令菊、トランペット奏者の津堅直弘、琉球古典芸能舞踏家の船越節子らが卒